Ich habe Mallory zuletzt gesehen

Das Buch

Nach bereits zwei gescheiterten Versuchen macht sich 1924 George Mallory mit seinen Gefährten erneut auf, um als erster Mensch auf dem Dach der Welt zu stehen – dem Mount Everest. Trotz mächtiger Rückschläge schaffen sie es, bis in eine Höhe von 8 200 Metern vorzudringen. Am 4. Juni unternehmen Edward Norton und Howard Somervell den Versuch, den Gipfel des höchsten Berges ohne künstlichen Sauerstoff zu erreichen. Unter größten Anstrengungen schleppt sich Norton bis auf tödliche 8 500 Meter – ohne Sauerstoff ein Rekord, der erst knappe sechzig Jahre später gebrochen wird. Vier Tage danach: George Mallory und Andrew Irvine wagen mit elf Kilogramm schweren Sauerstoffflaschen den gefährlichen Aufstieg. Um 12.50 Uhr werden sie zum letzten Mal gesehen. Das Schicksal dieser beiden Pioniere bleibt bis heute das spektakulärste Rätsel in der Geschichte des Bergsteigens. Die packenden Berichte von Mallorys Gefährten lassen die tragischen Ereignisse einer der größten Everest-Expeditionen wieder lebendig werden.

Der Übersetzer

Willy Rickmer Rickmers wurde 1873 in Lehe bei Bremen geboren. Er gehörte zu den Pionieren der deutschen Bergsteiger, unternahm zahlreiche Forschungsreisen und war selbst als Schriftsteller tätig. Im Alter von 92 Jahren starb er am 15. Juni 1965.

E. F. Norton / N. E. Odell

Ich habe Mallory zuletzt gesehen

Die Originalberichte
der Expeditionsteilnehmer
von 1924

Aus dem Englischen
von Willy Rickmer Rickmers

Mit einem Vorwort
von Lene Gammelgaard

Econ Taschenbuch Verlag

Econ Taschenbuch Verlag 2000
Der Econ Taschenbuch Verlag ist ein Unternehmen der
Econ Ullstein List Verlag GmbH & Co. KG, München
© 2000 für die deutsche Ausgabe by Econ Ullstein List Verlag
GmbH & Co. KG, München
© 1925 by Edward Arnold Limited, London
Titel der englischen Originalausgabe:
The Fight for Everest (Edward Arnold Limited, London)
Übersetzung: Willy Rickmer Rickmers
Umschlagkonzept: Büro Meyer & Schmidt, München – Jorge Schmidt
Umschlaggestaltung: HildenDesign, München – Stefan Hilden
Titelabbildung: Fond: Foto: Bentley Beetham; © Royal Geographical Society,
London; Personen: © John Noel Photographic Collection
Satz: Josefine Urban – KompetenzCenter, Düsseldorf
Druck und Bindearbeiten: Ebner Ulm
Printed in Germany
ISBN 3-612-26744-2

EDITORISCHE NOTIZ UND DANK DES VERLAGS

Die englische Originalausgabe von *Ich habe Mallory zuletzt gesehen* erschien im Jahre 1925 unter dem Titel *The Fight for Everest* im Verlag Edward Arnold, London. Die deutsche Ausgabe *Bis zur Spitze des Mount Everest – Die Besteigung 1924* veröffentlichte ein Jahr darauf der Verlag von Benno Schwabe in Basel.

Zu großem Dank sind wir Frau Elisabeth Schuler von der Rickmers Reederei in Hamburg und ganz besonders der hilfsbereiten Frau Renée Rickmers verpflichtet, die außerordentlich interessantes Material über Leben und Wirken des Übersetzers zur Verfügung gestellt haben.

Wir haben uns bemüht, die Übersetzung von Willy Rickmer Rickmers ganz im Stil seiner Zeit zu belassen. Deshalb wurde auf jede Modernisierung des Textes verzichtet, sowohl hinsichtlich des Sprachstils, der Wortwahl, der Schreibweisen als auch der Orthographie.

Econ Taschenbuch Verlag, Mai 2000

ZUM DANKE

Trotz der großen Ansprüche an ihre freie Zeit sind unsre Gefährten dem Rufe des Mount Everest-Ausschusses gefolgt und haben Berichte über ihre Mitarbeit am Unternehmen geliefert. Sie haben es ermöglicht, dem Leser ein vollständiges Bild des großen Abenteuers zu entwerfen, wofür der Ausschuß ihnen an dieser Stelle den allerherzlichsten Dank ausspricht.

Juni 1925

Edward Norton bei seinem Versuch, ohne künstlichen Sauerstoff den Gipfel zu erreichen. Howard Somervell nahm dieses Foto in einer Höhe von 8500 Metern auf.

INHALT

I. TEIL
Der Bericht

II. TEIL

III. TEIL
Anhänge

BILDER

KARTEN

VORWORT
von Lene Gammelgaard

Auf der Suche nach dem Glück

Im Jahre 1924 machte sich eine Gruppe Engländer, unter ihnen George Leigh Mallory, auf, um sich einer der letzten großen physischen Herausforderungen der Menschheit zu stellen: der Erstbesteigung des welthöchsten Berges. Sie wurden getrieben von Abenteuerlust und dem menschlichen Urbedürfnis, das Unbekannte zu erforschen. Der Mount Everest galt der stolzen Kolonialmacht Großbritannien als der »dritte« Pol, als der letzte unberührte Punkt der Erde. Weder den Nord- noch den Südpol hatten die Engländer als erste erreicht. Nun sollte wenigstens der Mount Everest ihnen gehören.

Der Beginn des letzten Jahrhunderts war eine romantische Zeit, eine Zeit der Pioniere, für die Ehre noch eine Rolle spielte und die ihre Träume auslebten. Mallory und seine Teamgefährten wußten, daß es möglich und nur eine Frage der Zeit war, bis die letzten unberührten Punkte dieser Erde bezwungen sein würden. Das Feuer brannte in ihren Seelen und trieb ihre Körper bis über die Grenzen des Menschenmöglichen, um ihrem Traum näher zu kommen. Sie zählen zu den großen Pionieren, die der Menschheit nicht nur den Sieg des Geistes verkündeten, sondern auch die Möglichkeit aufzeigten, die Achttausender unserer Erde zu bezwingen und zu erforschen.

In ihrem Expeditionsbericht erzählen Mallorys Gefährten von all den Gefahren und Strapazen, die das Unternehmen mit sich brachte. Aber sie berichten auch von ihren Gefühlen und ihren Träumen, die sie zu ihren Extremleistungen anspornten. Sie begleiteten Mallory bis kurz vor seinem versuchten Gipfelsturm – und waren die letzten, die ihn noch lebend sahen. Denn Mallory bezahlte mit seinem Leben für seinen großen Traum.

Trotz des tragischen Ausgangs löste die Expedition von 1924 eine nicht enden wollende Begeisterung für den Berg der Berge aus. Auch ich wurde vom Gipfelfieber gepackt, auch mich trieb mein Leben lang das uralte Bedürfnis, das Unbekannte zu erforschen. Im Frühjahr 1996 erfüllte ich mir einen meiner Lebensträume – ich bestieg den Mount Everest. Somit war ich die erste Frau aus Skandinavien, die je auf dem Gipfel stand. Ich gehörte zum Team der Sagarmatha-Umwelt-expedition, die von dem international bekannten und geschätzten amerikanischen Bergsteiger Scott Fischer geleitet wurde. Sie war eben-so wohlgeplant und erträumt wie seinerzeit Mallorys Expedition – und auch sie endete tragisch. Beim Abstieg gerieten wir in ein schreck-liches Unwetter: Innerhalb von achtundvierzig Stunden war eine noch nie dagewesene Zahl an Todesopfern zu beklagen. Aufgrund des Aus-maßes dieser Katastrophe wurde in der Presse ausführlich darüber berichtet. Für mich war die Beharrlichkeit der Medien manchmal überwältigend, versuchte ich doch in den folgenden Wochen und Monaten erst einmal mit meinen persönlichen Erlebnissen während der Tragödie zurechtzukommen. Aber der Rest der Welt wollte nur eines wissen: Was ist dort oben wirklich passiert?

Die gleiche Frage beschäftigte die Weltöffentlichkeit im Mai 1999 noch mal: Denn nun war – nach 75 Jahren! – endlich die Leiche Mallorys gefunden worden. Und alle wollten wissen: Hat er damals den Gipfel erreicht? Dieses Medieninteresse verwunderte mich. All diese Ereignisse liegen doch schon so lange zurück, das Leben ist seit-her weitergegangen. Warum fasziniert Mallorys Geschichte bis heute?

George Leigh Mallory kam am 18. Juni 1886 als Sohn eines Pfarrers in Cheshire, England, zur Welt. Nach dem Besuch einer Privatschule studierte er Geschichte und Literatur in Cambridge. Er hatte den großen Wunsch, Schriftsteller zu werden. Um aber seinen Lebensunterhalt verdienen zu können, mußte er 1910 eine Stelle als Lehrer antreten. Die Routine des Lehrerberufs erfüllte ihn jedoch nicht, dafür war er viel zu chaotisch und kreativ. Zu seinen Schülern gehörte unter anderem der später weltberühmte Lyriker und Erzähler Robert von Ranke Graves, der über seinen Mentor Mallory einmal sagte, er sei im Schuldienst »fehl am Platze« gewesen. Zu Mallorys antiautoritärer Erziehung gehörten auch regelmäßige Kletterausflüge mit seinen Schülern in die Berge von Wales und selbst in die Alpen. Dort hatte er als 18jähriger seine Leidenschaft für die Berge entdeckt, als er zusammen mit seinem Lehrer an einer Tour auf den Mont Blanc und den Monte Rosa teilnahm. Ab da begann er seine Fähigkeiten auszubilden, und allmählich wurde er zum ambitioniertesten und besten Bergsteiger Englands.

Als der englische Alpine Club und die Royal Geographical Society ein Everest-Komitee gründeten und 1921 eine erste Erkundungsexpedition organisierten – damals wußte man nicht einmal, wie es im Himalaya aussah –, quittierte Mallory mit fliegenden Fahnen den Schuldienst. Er war inzwischen fünfunddreißig Jahre alt, Vater dreier Kinder und völlig unfähig, sich in den Niederungen des Alltags zurechtzufinden. Er traf die für sein Leben folgenschwere Entscheidung, an dieser ersten Expedition teilzunehmen, in der Überzeugung, daß der Everest eine Gelegenheit sei, die man sich nicht entgehen lassen dürfe; ein außergewöhnliches Abenteuer, das ihn bekannt machen und seiner späteren Arbeit als Pädagoge oder Schriftsteller zugute kommen würde.

Er hatte sein Lebensziel gefunden: als erster Mensch auf dem Dach der Welt zu stehen. Bereits ein Jahr später nahm er an der nächsten Expedition in den Himalaya teil, die jedoch nicht den ersehnten Gipfelsturm brachte. Sieben Träger kamen 1922 bei einem Lawinenabgang ums Leben – ein Unglück, das Mallory in schwere Selbstvorwürfe stürzte, weil er sich an ihrem Tode schuldig fühlte. Doch auch dies konnte ihn nicht davon abhalten, im Jahr 1924 erneut zum Mount Everest vorzustechen.

Im März 1924 kamen die Teammitglieder in Darjeeling an. Damals gab es nur eine Möglichkeit, von Indien nach Tibet zu gelangen – zu Fuß. Die Expedition brauchte mehrere Wochen, um ihr Basislager zu erreichen, unterstützt von einer Armee von Trägern und zahlreichen Sherpas. Im Mai wurden die ersten Versuche unternommen, den Gipfel zu stürmen – erfolglos. Anfang Juni näherte sich bereits der Sommermonsun und mit ihm schwere Schneestürme, die das Bergsteigen bis heute aufgrund der Lawinengefahr unmöglich machen. Die Zeit reichte gerade noch, um einen Vorstoß zum Gipfel zu wagen, bevor sich die Expedition vom Mount Everest zurückziehen mußte. Diesen letzten Versuch sollte der Erfahrenste und Beste aus dem Team unternehmen: George Leigh Mallory. Keiner kannte den Mount Everest besser als er. Aber es war auch seine letzte Chance, den Berg zu bezwingen, denn mittlerweile war Mallory bereits achtunddreißig Jahre alt.

Am 8. Juni 1924 um 12 Uhr 50 wurde George Mallory zuletzt lebend gesehen – im Anstieg auf den Gipfel des Mount Everest. Er verschwand hinter den Wolken und kehrte nie wieder zurück. Es gibt wohl kaum ein spektakuläreres Verschwinden. Was war geschehen? Seine Teamgefährten haben sich bis an ihr Lebensende immer und immer wieder dieselben Fragen gestellt und die spärlichen Tatsachen, auf denen sie ihre Vermutungen gründen konnten, wie Puzzleteile neu zusammengesetzt.

Die Spekulationen um Mallorys Tod gehen seit damals weiter und werden wohl nie aufhören. So machte sich 75 Jahre nach den dramatischen Ereignissen auf dem Dach der Welt die *Mallory & Irvine Research Expedition* auf, den berühmten englischen Bergsteiger zu finden. Und tatsächlich: Am 1. Mai 1999 entdeckten sie den mumifizierten Leichnam von George Mallory. Doch trotz dieses sensationellen Fundes lassen sich nur drei Dinge mit Gewißheit sagen: Mallory ist auf jeden Fall bis in eine Höhe von 8 480 Metern vorgedrungen, eine dort gefundene Sauerstoffflasche stammt eindeutig aus dem Jahre 1924. Und er ist beim Abstieg abgestürzt, nämlich von einem Punkt, der deutlich unterhalb des Fundortes dieser Sauerstoffflasche liegt. Dabei brach er sich ein Bein, quetschte sich die Rippen und verletzte sich schwer am Kopf.

George Mallory war der berühmteste Verschollene in der Geschichte des Bergsteigens. Bis zum heutigen Tage ist er ein Mythos – denn die Frage bleibt: War Mallory der erste Mensch auf dem Gipfel des Mount Everest? Selbst Sir Edmund Hillary hatte nach seiner erfolgreichen Erstbesteigung 1953 Zweifel und hielt nach Hinweisen Ausschau, ob Mallory 29 Jahre vor ihm diesen Triumph bereits ausgekostet hatte, wurde aber nicht fündig.

Die Antworten auf die Fragen, von wo und warum er abstürzte und ob er vor seinem Tod den Gipfel erreicht hat, wird das ewige Eis in über 8 000 Metern Höhe wahrscheinlich nie preisgeben. Denn Mallorys Kamera, die als einzige das größte Rätsel um den Everest lösen könnte, ist bis heute verschwunden. Aber eines ist klar, auch nachdem seine sterblichen Überreste gefunden wurden: Die Faszination seiner bergsteigerischen Leistung und die Rätsel um die letzten Antworten bleiben – sie bilden die Legende des George Leigh Mallory.

Es gibt keinen Zweifel daran, daß Mallory eine einzigartige bergsteigerische Leistung vollbracht hat. Er war der erste Mensch, der mit einer elf Kilogramm schweren Sauerstoffflasche bepackt weit über achttausend Meter kletterte. Und das in einer Zeit, als es so gut wie keine medizinischen Erkenntnisse darüber gab, wie der menschliche Körper in großen Höhen reagieren würde, und das Gebiet des Mount Everest geographisch so gut wie unbekannt war.

Ich habe größte Achtung vor seiner Leistung. Denn für eine moderne Bergsteigerin wie mich ist es nahezu unvorstellbar, wie Mallory in solche Höhen emporsteigen konnte mit der primitiven Ausrüstung, die ihm in den zwanziger Jahren zur Verfügung stand: Seidenhemd, Tweedhosen, Leinenjacke, Wickelgamaschen und Nagelschuhe. Erst 26 Jahre nach Mallorys Tod konnte eine französische Expedition einen der 14 Achttausender unserer Erde bezwingen, den Annapurna. Und es sollte noch weitere drei Jahre dauern, bis es Sir Edmund Hillary gelang, über die deutlich leichtere Südroute den Gipfel des Mount Everest zu erklimmen. Viele Abschnitte des Everest tragen bis heute die Namen, die ihnen Mallory auf seinen Expeditionen gegeben hat. So wird er auf immer mit diesem Berg verbunden bleiben.

Die Romantisierung, wie sie George Mallory erfahren hat, ist in unserer heutigen realismusbetonten Zeit kaum mehr denkbar. Für uns gibt es keine unfehlbaren Helden mehr. Menschen machen Fehler, und so mancher Held vergangener Tage würde heute zumindest als seltsamer Zeitgenosse gelten. Die Bereitschaft, unter Einsatz des Lebens die höchsten Berge zu besteigen oder unbekannte Gebiete dieser Welt zu erforschen, wurde als etwas Mutiges, Großartiges, Heldenhaftes angesehen. Wir dagegen fragen heute, was wertvoll daran sein sollte, sein Leben aufs Spiel zu setzen. Die Illusion, das Träumerische, verklären wir zu einem Mythos aus vergangenen Zeiten, und der Mensch von damals mit seinen für einen Realisten utopischen Vorstellungen und Zielen wird zu einem Idealbild aufgebaut. Ohne eine Portion Abenteuergeist und Romantik aber wären viele kompromißlos halsbrecherische Taten wohl niemals begangen worden. Das Beispiel Mallory zeigt, daß solcherlei Heldentaten nicht notwendigerweise Glück bringen. Aber sie haben ihm sicherlich höchste Glücksgefühle gegeben. Denn diese hängen nicht ab von der Bezwingung der höchsten Berge, sondern von der Einstellung, die man gegenüber der Welt hat. Es hängt von jedem einzelnen ab, wie er sein Leben lebt und erlebt.

Der Realist von heute fragt also: Warum riskiert man sein Leben und treibt seinen Körper bis an die Grenzen seiner Kraft, um so etwas Gefährliches und Überflüssiges zu tun, wie den Mount Everest zu besteigen? Die Bergbesessenheit, die mit Mallory ihren Anfang nahm und in der Katastrophe von 1996, inmitten derer auch ich war, gipfelte, zeigt, daß die Anziehungskraft des höchsten Gipfels und der Wunsch, ihn zu besteigen, etwas Größeres sein muß, als der Höhenmesser anzeigen kann.

Natürlich muß man, wenn man auf Berge steigt, sich des Risikos voll bewußt sein. Der Erfolg basiert zum Teil auf der inneren Einstellung und natürlich zum Teil auf Glück. Aber in jedem Fall bedeutet »hoch hinaus zu wollen« hier tatsächlich ein Spiel auf Leben und Tod. Der Bergsteiger muß lernen, Verantwortung für sich selbst zu übernehmen. Diese Einstellung habe ich stets vertreten, und auch Mallory war klar, daß er bei der Besteigung des Mount Everest sein Leben riskierte. Nachdem er sich 1924 entschlossen hatte, an der dritten Everest-Expedition teilzunehmen, sagte er kurz vor der Abreise zu einem Freund: »Das wird eher ein Krieg sein als Bergsteigerei. Ich rechne nicht damit, zurückzukommen.«

Eine Medaille hat immer zwei Seiten – Sieg und Niederlage. Es gibt jedoch auch die dritte Seite, die schmale Seite, die alles zusammenhält: Erwartungen, Verlockungen, Hoffnungen, Ziele und Träume. Und genau diese verbindende Seite führte Mallory und mich zum Mount Everest. Meine Kindheit und Jugend war geprägt von dem Drang, die vorgegebenen Grenzen meiner kleinen Welt zu überschreiten, auszubrechen aus meinem vorgezeichneten Lebensentwurf. Auszubrechen aus dem Gefängnis einer Gesellschaft, die alles vorherbestimmt und keinen Freiraum läßt für die persönliche Entfaltung, die meine Kräfte kontrollieren wollte. Ich nahm den Kampf auf gegen eine unsichtbare Macht, um mich nicht aufgeben zu müssen, nicht Erwartungen erfüllen zu müssen, mich nicht zu verlieren. Ich bestand auf meinem Recht auf Selbstverwirklichung, keineswegs eine Selbstverständlichkeit, weder zu der Zeit, als ich jung war, noch heute. Ich suchte nach neuen Wegen, auch für mich als Frau. Der Gedanke daran, die Ketten – wie ich es seinerzeit empfand – nicht sprengen zu können, schreckte mich mehr als alles, was mir hätte passieren können bei der Eroberung neuer Ziele. Dieser innere Drang führte mich letztendlich zu dem Entschluß, den Everest für mich zu besteigen.

Genau diesen inneren Abenteuerdrang hat wohl auch George Mallory empfunden, und ebenso den Wunsch, die Grenzen seiner Zeit und die Konventionen der Gesellschaft zu durchbrechen. Er war ein Mensch voller Träume, der den Kopf eher in den Wolken als in den weltlichen Niederungen hatte. Er mußte eine Familie ernähren und wollte doch der Enge seines Lehrerdaseins entfliehen. Er wünschte sich, seinen Traum vom Künstlerleben verwirklicht zu sehen. Das Bergsteigen war für ihn eine Kunst wie das Schreiben. In seinem bekanntesten Artikel *The Mountaineer as Artist* verglich er einen Tag in den Alpen mit einer Symphonie und beklagte, daß in der Bergsteigerliteratur bisher nur technische Aspekte Einzug gehalten hätten und das emotionale Erleben keinerlei Beachtung fände. Er sah das höchste Ziel des Bergsteigens in der Persönlichkeitsentfaltung und Selbstverwirklichung. Er fühlte sich beim Bergsteigen frei, frei von sich selbst. Mallory und ich waren auf der Suche nach dem Unbekannten und verspürten das Bedürfnis, die Beschränkungen des Alltags hinter uns zu lassen.

Ich bin überzeugt davon, daß der Mensch nach Glück strebt, wo und wie auch immer er es finden mag. Wir suchen nach einem besseren, anderen Leben. Von Kindheit an bin ich von diesem Drang erfüllt gewesen, war überzeugt, daß die Wirklichkeit auch als Traum gelebt werden kann. Ich wünschte mir, die Realität in das Gewand eines Traumes kleiden zu können, der ewig währte. Aber das wirkliche Leben enttäuschte mich. Meine innere Sehnsucht nach etwas, das über dem Alltag steht, wurde von Banalitäten, Monotonie und Bedeutungslosigkeiten zerstört. Doch der Everest war für mich keine Enttäuschung.

Ich bin auf dem Gipfel des Mount Everest gewesen und hatte das Glück, die Expedition zu überleben. Mein Ziel war es, mich selbst auf die Probe zu stellen, und mir widerfuhr die Ehre, daß der höchste Berg der Welt mir meine wahre Größe zeigte. Diese außergewöhnliche und zutiefst befriedigende Erfahrung ist George Mallory wahrscheinlich verwehrt geblieben, aber er hat alles daran gesetzt, sein Ziel zu erreichen. Mit dem, was ich für mich erreicht habe durch die Besteigung des Mount Everest, habe ich nun auch die Chance, ein erfüllteres Leben zu führen. Ich fühle mich stärker und besser gerüstet, das Leben mit all seinen Ungewißheiten zu bewältigen.

Der starke Wille, persönliche Disziplin und Jahre des Trainings und der Reisen brachten mich zum Himalaya. Die Gier auf Neues, die Lust zur Entdeckung und die Überwindung selbst gezogener Grenzen gaben mir die Kraft, den Gipfel zu erreichen. Ich mußte alles geben, aber ich hatte auch alles in mir – jeder hat diese Kraft in sich. Sie allein ist, was zählt – heute wie vor 76 Jahren. Nicht jeder kann oder möchte den Mount Everest besteigen, aber jeder kann den Mut und den Willen aufbringen, seinen Traum zu verfolgen, seinen Traum zu leben. Ich bin der Überzeugung, daß das Leben dazu da ist, voll und ganz gelebt und erfahren zu werden. Man sollte nicht zögern, sich die innersten Wünsche zu erfüllen. Man muß sein Ziel verfolgen und den Mut haben, nicht lockerzulassen, selbst im Angesicht der Niederlage. Dafür steht die Figur George Mallory. Er wird der »Galahad der Berge« genannt, seine Suche nach dem »Gral« ist exemplarisch für die Bemühungen aller Abenteurer, für ihre Suche nach dem Bedeutungsvollen, dem Höheren im Leben. Kurz gesagt, nach dem Sinn des Lebens. Dies hat Menschen seit Anbeginn dazu angestachelt, ihr Leben zu riskieren oder auch hinzugeben – um ihr Leben zu gewinnen.

Der Mount Everest und seine Besteiger sind ein Symbol für die Suche des Menschen nach Bedeutungsvollem, sie sind Zeugen für das Recht eines jeden Menschen auf Glück. Es gibt dieses Glück.

Lene Gammelgaard
Kopenhagen
Februar 2000

VORWORT

von Sir Francis Younghusband K. C. S. I., K. C. I. E.*

Dieses Buch ist der Bericht über einen abgeschlagenen Angriff. Vielleicht sind Mallory und Irvine auf den Gipfel gelangt; aber ihr Schicksal ward das Schweigen. Außer diesen beiden Engländern haben noch ein Schotte und neun Inder dem Mount Everest ihr Leben zu Füßen gelegt. Doch das grausame Verhängnis macht uns umso entschlossener. Und diese Beharrlichen sind nicht etwa wir, die Daheimbleibenden, sondern die Angreifer selbst, die auf große Höhen vorgedrungen sind und allen Gefahren getrotzt haben. Schon lange bevor man in der Heimat zu irgend einer Ansicht gelangt war, schrieb Oberst Norton in einem Zeitungsberichte, daß alle Teilnehmer den Angriff zu wiederholen wünschten. Auch im Volke ist man heute mehr als früher für den Plan begeistert. Als der Gedanke zuerst auftauchte, war man recht gleichgültig. Seit Jahren träumten Freshfield, Bruce, Collie, Longstaff und andre von einer Besteigung des Everest, die man versuchen wollte, sobald die politischen Zustände es erlaubten. Aber außer dem Alpine Club und der Geografischen Gesellschaft zeigte niemand Gegenliebe. Ein Aufruf ergab nur zweihundert Mark.

Heute ist es anders. Natürlich gibt es immer noch sehr viele Menschen, denen es ganz einerlei ist, ob der Mount Everest erstiegen wird oder nicht. Andre halten die angewendeten Gelder für sinnlos verschwendet. Wieder andre sagen, daß es verbrecherisch sei, Menschenleben für eine solche Sache zu opfern. Aber die Zahl derer, die den Wert

---

* Sir Francis Younghusband war Vorsitzender des Everest-Ausschusses, auf dessen Veranlassung die Expeditionsteilnehmer kurz nach der Tragödie ihren Bericht verfaßten.

der Tat erkennen, hat doch zugenommen. Durch einen Rückblick auf Zweck und Ziel sei hier versucht, die Menge dieser Anhänger zu vermehren.

Zunächst sei gefragt, was wir bisher gewonnen haben. Anfänglich war es noch ganz unklar, in welchen Höhen sich der Mensch behaupten kann und ob er dort den Anstrengungen des Bergsteigens gewachsen ist. Einige Jahre früher hatte man unter großen Mühsalen 7500 m erreicht; bis zum Gipfel des Everest fehlten aber noch 1340 m. War diese Strecke mit menschlicher Kraft überwindbar? Man mußte bei mindestens 8200 m übernachten, weil für den letzten Tag nicht mehr als höchstens 600 m übrig bleiben durften. War ein Lager in 8200 m Höhe denkbar? Konnte man auch nur die allerleichteste Ausrüstung so weit hinauf schleppen? Viele hielten es für unmöglich und meinten, daß die Kräfte nicht mehr reichen würden, auch wenn es gelingen sollte, ein Hochlager einzurichten.

Heute wissen wir, daß man sich in 8200 m häuslich niederlassen und ohne künstliche Atemhilfe bis 8500 m vordringen kann. Dies haben Norton und Somervell in einem Sommer mit sehr ungünstigem Wetter vollbracht. Beide hatten zudem schon gewaltige Anstrengungen hinter sich, denn in den vorhergehenden vier Wochen war ihnen die Einrichtung der Hochlager auf den Gletschern zugefallen, wobei ihnen Schneestürme und Kälte böse zusetzten. Trotzdem schlug sich Norton bis zu einer Stelle 275 m unter der Spitze durch. Man zweifelt heute gar nicht mehr am Siege von Bergsteigern, die weniger erschöpft sind, als Norton und Somervell es damals waren. Norton konnte deutlich sehen, daß weiter oben unschwieriges Gelände folgt. Unter günstigeren Bedingungen hätte er vielleicht selber den Gipfel erreicht. Es handelt sich heute fast nur um die Aufgabe, den Bergsteiger in guter Verfassung ans letzte Hindernis zu bringen. Die erhoffte Möglichkeit ist heute eine große Wahrscheinlichkeit und in den Augen vieler sogar eine Gewißheit.

Diese Hochbesteigungen tragen zur Selbsterkenntnis des Menschen bei. Wiederum hat er bewiesen, daß er seine Fähigkeiten steigert, indem er sie anwendet. Allmählich an Höhe gewinnend, entdeckt er seine Anpassung. Auf dem Gipfel des Mount Everest enthält die Luft nur ein Drittel des Sauerstoffes, der am Meeresspiegel vorhanden ist. Die letzte Reise hat deutlich gezeigt, daß man diesen Mangel durch langsames Eingewöhnen ausgleichen kann. Im Jahre 1875 wurde ein Mann ohnmächtig, und zwei Begleiter starben, als sie im Ballon auf 8500 m stiegen. Norton und Somervell haben dieselbe Höhe zu Fuß erkämpft, ohne einen Schwächeanfall zu erleiden.

Es hat sich auch herausgestellt, daß man die Höhe mit jedem Male besser verträgt als bei der ersten Besteigung. Die Teilnehmer an den beiden ersten Reisen vertrugen die dünne Luft viel besser als beim ersten Versuche. Die neuen Mitglieder der Expedition litten viel stärker unter den ungewohnten Verhältnissen.

Der menschliche Körper zeigt also eine beschleunigte Anpassung. Unsre Everestleute sind heute davon überzeugt, daß sie den Gipfel bezwingen, sobald sie sich gründlich in die Luftschicht zwischen 7300 m und 7900 m eingelebt haben, und zwar auch ohne Sauerstoff. Der Schlußpunkt von 8840 m läßt sich nicht erreichen, ohne daß man in den vielen Staffeln durch Sturm, Kälte, schlechte Unterkunft und schlechte Ernährung gelitten hat. Diese Entbehrungen schwächen den Leib, der aber nach unsrer heutigen Erfahrung so starke natürliche Hilfskräfte aufzurufen vermag, daß wir am Erklimmen des höchsten Punktes der Erde gar nicht mehr zweifeln.

Auch dem Geiste wachsen Schwingen, mit denen er sich über widrige Umstände erhebt und alle Hindernisse meistert. Zweifel und bange Vorsicht bedrückten die Ersten. Die gewaltige Herrscherin des Himalayas ist nicht nur groß, sie hat auch Kälte und Sturm zu fürchterlichen Bundesgenossen. Kein Wunder, daß man ihr nur zaudernd nahte. Nun aber, da wir das Schlimmste erfuhren, sind wir auch innerlich gewachsen und voller Siegeszuversicht. Der Bergsteiger weiß jetzt, was er zu erwarten hat. Er wappnet sich gegen Kälte und Sturm, braucht aber keine Giftgase, Feuerschlünde und Erdbeben zu fürchten. Der Mensch schützt sich gegen das Wetter und beschreitet vertrauensvoll den Weg, den er nun klar vorgezeichnet sieht.

Die Zuversicht des heutigen Everestbelagerers ist in der Tat bemerkenswert. Die Teilnehmer von 1924 querten Tibet mit dem Bewußtsein, daß sie den Gipfel bezwingen würden. Nur diesem Selbstvertrauen ist es zu verdanken, daß sie trotz des schlechten Wetters und der damit verbundenen wochenlangen Leidenszeit so hoch hinaufkamen. Oberst Norton erzählt von dem anregenden Gefühl, das er und seine Gefährten empfanden, als sie über den höchsten bisher erreichten Punkt hinaus gelangten. Nichts schien mehr unmöglich, der Fehlschlag vermochte das Vertrauen nicht zu erschüttern. Auch während des Abstieges zweifelten sie keinen Augenblick am künftigen Siege.

Der Everest kann sich nicht erhöhen, aber des Menschen Seele erhebt sich auch unter Rückschlägen.

Man vergleiche einmal Mallory mit den Scherpas, die im Schatten des Everest geboren werden. Sie sind trittsicher und abgehärtet; ihr Leben bringt es mit sich, daß sie Lasten über 5800 m hohe Pässe tragen. Unter der Leitung von Bergsteigern haben sie Gepäckstücke bis 8200 m befördert. Was körperliche Eignung anbelangt, hätten Dutzende von ihnen Aussicht, den Gipfel des Mount Everest zu erreichen. Aber es liegt ihnen nichts daran; es fehlt der Unternehmungsgeist.

Mallory war ein Mann mit kräftigem und durchgebildetem Körper, aber gegen Höhenluft oder Kälte lange nicht so abgestumpft, wie diese Leute, deren Dörfer 3600 m hoch liegen. Was die rein körperliche Anpassung betrifft, waren sie Mallory sicherlich überlegen. Aber in ihm brannte das seelische Feuer, das den Leib an die Grenzen der Kraft trieb. Keine äußeren Umstände zwangen ihn auf den Berg; er machte den letzten Versuch, trotzdem er schon das seinige geleistet und Anspruch auf Ruhe hatte. An allen drei Fahrten hat er sich beteiligt. Er entdeckte 1921 den Zugang, erkämpfte 1922 eine Höhe von 8200 m und übernahm 1924 die Hauptarbeit bei der Weganlage auf dem gefährlichen Nordsattel. Er hatte schon einen Versuch hinter sich, als er den letzten Gang antrat. Der seelische Auftrieb duldete kein müßiges Verweilen.

Manche der Scherpas bewiesen großen Eifer, aber als bäuerliche Bewohner der Berge fehlte ihnen das geistige Ziel. Obgleich der Mount Everest vor ihren Augen gen Himmel steigt, haben sie nie den Drang empfunden, sein Haupt zu betreten. Mallory, das Kind eines fernen Landes ohne einzigen Schneeberg, wurde durch die Sehnsucht tausende von Meilen übers Meer getrieben. Er wagte sein Leben, weil der Geist in ihm war.

Mallorys Geist trieb den Körper in den Tod. Aber sein und Irvines Sterben hat die Flamme in Tausenden entzündet. Sie haben ihr Leben nicht nutzlos vertan, denn ihr heldischer Tod hat zahllose Menschen auf dem weiten Erdenrund zu neuen Taten begeistert. Nicht jeder kann Everestbesteiger sein; aber Mallory und Irvine haben Unzähligen neuen Mut eingeflößt. Unsere Sorgen und Schwierigkeiten werden kleiner, wenn wir an die beiden denken. Mallory und Irvine werden immer zu den Pfadweisern gehören, die der Menschheit den Sieg des Geistes verkünden.

Es gibt sogar handgreifliche Belege für die Teilnahme, die der Kampf um den Mount Everest in der ganzen Welt erregt. Zehntausende und Hunderttausende haben Eintrittsgelder bezahlt, um Vorträge zu hören oder den prachtvollen Film zu sehen, den Hauptmann Noel aufgenommen hat. Die Leute messen der Sache Wert bei, denn sie lassen es sich etwas kosten.

Auch die nur nebenher erlangten wissenschaftlichen Ergebnisse sind nicht zu unterschätzen. Der Geologe Odell hat unsere Kenntnisse über diesen Teil der Erdkruste bereichert. Major Hingston hat reizvolle Beobachtungen über das menschliche und tierische Leben in großen

Höhen mitgebracht, wozu noch große Sammlungen kommen. Ebenso hat man die Landkarte ergänzt.

Das sind die mehr mittelbaren Ergebnisse. Andere lassen sich vorausahnen. Norton und Somervell erreichten die Höhe des Kantschendschunga, den man von Dardschiling aus erblickt. Angesichts dieses königlichen Berges werden sich die Reisenden vorstellen, daß jemand diese Höhe erklommen hat. Sie müssen sich auch sagen, daß der ganze Gipfelkranz vor ihnen ersteiglich ist, soweit es nur auf die Höhe ankommt. Aehnliches werden die Besucher Kaschmirs empfinden, wenn sie den Nanga Parbat bewundern, der trotz seiner Riesengestalt fünfhundert Meter niedriger ist als der von Norton erreichte Punkt. Solche Ueberlegungen reizen die Menschen, ihr Glück mit andern Himalayabergen zu versuchen.

Im Himalaya hat sich die Geschichte der Alpen wiederholt. Vor hundert Jahren fürchtete man den wilden Gebirgswall der Schweiz. Aber nachdem kühne Männer den Bann gebrochen hatten, gewöhnte man sich an die Schrecken der Berge, so daß heute keiner von ihnen jungfräulich geblieben ist. Aehnliches ist im Himalaya zu erwarten; auch hier wird die Erschließung unaufhaltsam vordringen. Nicht bloße Herrschsucht treibt den Menschen, sondern der Wunsch, die Schönheiten der Fels- und Eiswildnis zu genießen.

Reicher noch als jede Goldmine oder Oelquelle ist der unerschöpfliche Wunderborn des Himalayas. An der Schweiz können wir den Wert dieser ungehobenen Schätze ermessen. Millionen hat man in der Schweiz ausgegeben, um die Reize der Bergwelt allen Menschen zugänglich zu machen. Man denke an die gewaltigen Kosten der Bergstraßen und Bergbahnen. Dazu die vielen Gasthöfe und Fremdenpaläste, von denen Zahnradbahnen oder Aufzüge zu den Aussichtspunkten emporstreben. Sogar der Winter lockt die Menschen ins schneereiche Gebirge. Auch im Himalaya wird man dereinst keine Kosten scheuen, um dem Wandrer die Geheimnisse der Täler, Wälder und Firne zu erschließen. Es hat keinen Sinn, die Schönheiten der Alpen und des Himalayas zu vergleichen, denn jedes dieser Gebirge hat seine Eigenart. Schon der Abwechslung halber wird es die Menschen nach Asien ziehen, um dort Naturwunder besonderen Gepräges zu schauen. Eiszinnen über heißen Palmenwäldern oder Gletscherströme wie den Baltoro haben die Alpen nicht aufzuweisen. Auch der Alpenfreund wird diese neuen Eindrücke würdigen.

Die Schönheiten des Himalayas sind ja vornehmlich von Leuten entdeckt worden, deren Liebe zu den Bergen in den Alpen aufgekeimt ist. Man braucht nur an Conway, Freshfield, de Fillippi, Longstaff, an den Herzog der Abruzzen und an die Workmans zu denken. Die Everestbesteigung bildet nur einen vorläufigen Höhepunkt. Andere begeisterte Bergfreunde werden folgen.

Bald werden die Alpen nicht mehr das Zwischenglied sein. Der Himalaya ist der Grenzwall eines Landes mit 300 Millionen Einwohnern, die lange vor uns den Zauber des Gebirges erkannten und dort heilige Stätten gründeten, zu denen alljährlich Tausende wallfahrten. Schon gibt es viele Leute, die dort Erholung suchen. Sie werden sich vermehren, weil die Bergsteiger ihnen neue Wege weisen.

Allerdings verhüllt mancher sein Haupt, wenn er an diese Zukunft denkt. Mit Schrecken malt er sich die Hotels und Schwebebahnen von Kaschmir oder Sikkim aus. Aber der Himalaya ist viel, viel größer als die Alpen und bietet noch für Jahrhunderte freien Entfaltungsraum. Unzählige Menschen werden hier Leib und Seele erquicken. Durch europäisches Beispiel angefeuert, werden sich die Bewohner des Landes zu männlichen Taten aufraffen, so wie die Scherpas auf dem Mount Everest gezeigt haben, wessen sie fähig sind.

So weitet sich der Blick, der von den Hängen des Mount Everest in die ferne Zukunft schweift. Innige Dankbarkeit schulden wir den Männern, die uns diese Aussicht mit dem Einsatze ihres Lebens eröffnet haben.

I. TEIL

DER BERICHT

I

DER AUFBRUCH

von Brigadegeneral Hon. C. G. Bruce, C. B., M. V. O.

Es ist der erste März. Zum dritten Male versammeln sich die Teilnehmer einer Everestfahrt in Dardschiling.

Dieses Bewußtsein allein wirkt schon anspornend. Fast möchte es scheinen, als hätten die ersten Erkunder allen Rahm abgeschöpft. Aber dieser Eindruck erweist sich als falsch, denn auch den Nachfolgern boten sich neue Reize.

Nachdem die Reisenden des Jahres 1921 zunächst bekannten Pfaden durch Tibet gefolgt waren, begann mit Schekar eine geheimnisvolle Welt, die bei den Teilnehmern der zweiten und dritten Reise natürlich nicht mehr ganz dasselbe freudige Erschauern wach rief. Aber auch den Nachfolgern ward mancherlei Neues beschieden, so daß sie zur Kenntnis von Land und Volk beitragen konnten.

Heute kommt es einem etwas komisch vor, daß man das Buch über die zweite Reise »Der Angriff«* genannt hat. Es war allerdings einer; aber wie ein alter und weiser Bergsteiger vor vielen Jahren gesagt hat: »Es mögen ein Dutzend Angriffe notwendig werden; doch der Endsieg ist sicher.« Er hat den Nagel auf den Kopf getroffen.

Da wären wir also wieder und versammeln uns. Doch zunächst will ich kurz erzählen, wie wir hierher gelangt sind.

---

* Der Bericht der Everest-Expedition von 1922 erschien unter dem Titel *The Assault on Mount Everest* 1923 im Verlag Edward Arnold, London. Die deutsche Ausgabe *Mount Everest - Der Angriff* veröffentlichte ein Jahr später der Verlag von Benno Schwabe in Basel.

Norton und ich trafen am 16. Februar mit dem Postdampfer in Bombay ein. Am 18. waren wir in Delhi, wo wir alle Einzelheiten mit dem Höchstkommandierenden Lord Rawlinson und den politischen Behörden besprachen. S. E. der verstorbene Lord Rawlinson hat dem Unternehmen von vornherein große Teilnahme bewiesen und uns in jeder Weise unterstützt.

In Delhi trennten wir uns und verabredeten für den 27. Februar ein Zusammentreffen in Kalkutta. Ich begab mich an die Grenze und nach Abbottabad. Dort holte ich den Hauptmann Geoffrey Bruce und die vier Gurkha-Unteroffiziere ab, die Lord Rawlinson uns zugeteilt hatte. In Abbottabad kauften wir auch einige Sachen, die man dort am besten kriegt, zumal Wickelgamaschen. Ich will hier keinen Vortrag über Wadenbinden halten. Doch so viel sei gesagt, daß nur das Erzeugnis aus den Bergen von Kaschmir richtig gewebt ist. Druck auf Waden oder Knöchel stört den Blutumlauf und belastet das Herz, was dann weiterhin zu Erfrierungen führt.

Von der Nordwestgrenze eilten wir nach Kalkutta, wo wir Norton vorfanden. Hier hatte das Kaufhaus für Heer und Flotte (Army and Navy Stores) schon die Frachtstücke aus dem Londoner Dampfer übernommen und nach Kalimpong, dem Ende der Dardschiling-Eisenbahn befördert. Schmerzlich vermißten wir unsern alten Freund Brown, der vor sechs Monaten gestorben war. Als Vertreter der Army und Navy Stores hatte er immer väterlich für uns gesorgt. Ueberhaupt können wir diesem großen Kaufhause nicht dankbar genug sein.

Von Kalkutta begaben wir uns geradeswegs nach Dardschiling. So oft ich den Weg von Siliguri nach Dardschiling auch gemacht habe, immer wieder verjüngten sich seine Reize. Aus den Ebenen Indiens steigt man in die bewaldeten Berge und sieht ganz andere Menschen. Während der Zug emporklettert, genießt man prachtvolle Ausblicke in blaue Fernen. Nach Ueberschreitung der Wasserscheide von Ghum entfaltet sich das aufregende Schauspiel der Himalayagipfelrunde.

Jede Fahrt mit der kleinen pustenden Eisenbahn weckt alte Erinnerungen. Wie oft bin ich über Abkürzungen mit dem Zuge um die Wette gelaufen, wenn er eine Schleife der kunstvollen Anlage durchmaß. In diesem Jahre trafen wir auch wieder Narbu Jischee, den wir 1922 »Purana Miles« oder den alten Soldaten genannt hatten, und der sich neuerlich auszeichnete. In Dardschiling begrüßte uns Shebbeare, der ein Beamter der Indischen Forstverwaltung ist. Wir dürfen uns glücklich schätzen, ihn für das Unternehmen gewonnen zu haben. Hatte er doch beruflich viel mit den Stämmen zu tun, aus denen wir die Träger auswählten. Selbstverständlich kann man viel mit Menschen in Berührung kommen, ohne sie zu verstehen und ohne von ihnen verstanden zu werden. Das gehört aber dazu, wenn man gut bedient zu werden wünscht. Von Shebbeare wußten wir, daß er mit den Eingeborenen umgehen konnte; daher unsere Freude. Wir ernannten ihn zum »Fuhrherrn«, zum Oberbefehlshaber unseres Beförderungswesens. Als solcher trat er an die Stelle von Hauptmann Morris, dem diesmal kein Urlaub bewilligt worden war. Shebbeare hatte keine bergsteigerischen Erfahrungen; aber das war auch nicht erforderlich. Er konnte nie genug Arbeit kriegen und ließ sich durch nichts aus der Ruhe bringen.

Unser vortrefflicher Vertreter, Herr Weatherall, berichtete, daß zahlreiche Gebirgler, Scherpas, Bhotias usw. zusammengeströmt seien, um sich anwerben zu lassen. Wir empfanden darüber große Genugtuung, weil es zeigte, daß unser Ansehen nicht gelitten hatte, trotzdem sieben Träger auf der letzten Reise verunglückt waren.

Ebenso meldete sich unser alter Dolmetscher Karma Paul mit seinem Gehilfen Gyaldschen; beide brannten vor Eifer. Sogar Moti, der trübsinnige Flickschuster, wackelte herbei und brachte einen vom Schicksal heimgesuchten Bruder mit. Sozusagen durch die Hintertür pürschte sich Rhombu heran, der sanftmütige und flehentliche Naturaliensammler aus dem Stamme der Leptschas. Wortlos, mit dem Hute in der Hand, drückte er seine Bereitschaft aus. Wir merkten ihn für Major Hingston vor, der noch eintreffen sollte.

Allmählich fanden sich die andern ein: Somervell aus Travancore, Odell von den persischen Oelfeldern, Hingston aus dem Fliegerhospital zu Baghdad. Alle begaben sich sofort an ihre Arbeit. Norton und Shebbeare eilten nach Kalimpong, um das große Gepäck abzufertigen. Odell übernahm die Sauerstoffausrüstung.

Das Indische Amt hatte uns feierlich auf die höllischen Gefahren hingewiesen, die den Tibetern drohten, falls wir die geologischen Schichten durchwühlten oder Steine aus den Flanken der Berge rissen. Aber alles Böse kommt an den Tag; man entdeckte, daß Odell Geologe von Beruf ist. Sofort griff ich ein und entsetzte Odell seines Berufes. Er war nur noch Bergsteiger mit allerlei Nebenämtern. Drahtliche Beruhigungen überflogen den Himalaya nach allen Richtungen; das Vertrauen kehrte wieder. An uns sollte es nicht liegen, wenn höllische Geister und Seuchen aus der Erde brachen.

Hingston war gut durch einen mesopotamischen Winter gekommen (was viel heißen will) und stellte sich in bester Verfassung vor. Er übernahm das Amt des Stabsarztes und betätigte sich zugleich als Naturforscher. In jener Eigenschaft war er überquellender Begeisterung voll und peinigte die Reiseteilnehmer mit allen Martern, die er bei der Fliegertruppe gelernt hatte. Keine Schwäche des Leibes und des Geistes blieb ihm verborgen. Dem Naturforscher winkte ein so reiches Arbeitsfeld, daß wir hofften, es werde ihm wenig Zeit bleiben, sich um die Menschen zu kümmern. Er bekam auch alle Hände voll zu tun; Tiere und Menschen nahmen ihn gleicherweise in Anspruch. Leider wurde ich einer der ersten Gegenstände seiner Fürsorge. Zu seinen wissenschaftlichen Kenntnissen gesellten sich Gleichmut und Humor. Ich wette, daß mir keiner eine bessere seelische Bereitschaft für diesen schweren Pflichtenkreis vorschlagen kann. Hier sei ihm nochmals gedankt. Hingston war kein Bergsteiger; durchaus nicht.

Mount Everest von Tschogorong

Aber man lese das Buch zu Ende und urteile dann über diese Feststellung.

Somervell kam aus Südindien und sah leistungsfähig aus wie immer. Er erzählte uns von seinem vielseitigen Leben als Missionsarzt. Als solcher reiste er weit im Lande umher und huldigte dabei allen Sporten. Das erschlaffende Klima Travancores schien aber doch nicht ganz spurlos an ihm vorübergegangen zu sein. Jedenfalls freuten wir uns, daß es ihn noch nicht zur ewigen Seligkeit bekehrt hatte. Zuletzt traf ich ihn in Zermatt, als er im Sommer 1923 mit Bentley Beetham jenen fabelhaften sechswöchigen Feldzug machte, dem fünfunddreißig Gipfel zum Opfer fielen.

Das Auswählen der Leute war unterhaltsam wie gewöhnlich. Viele alte Freunde stellten sich wieder ein; so Pu, der uns nun zum dritten Male begleiten sollte. Ferner war da mein alter Träger und treuer Diener Lakpa Tschedee, der schon 1922 mitgekommen wäre, wenn das Sumpffieber ihn nicht verhindert hätte. Jetzt war er vollkommen auf der Höhe und zeichnete sich mehrfach aus, wie man noch lesen wird. In Dardschiling geboren, war er noch nie in Sola Khombu, der Heimat seines Vaters, gewesen. Der Ort liegt im Herzen des Scherpalandes an den Quellen des Dudh Kosi in Nepal. Wir nahmen mehr Träger mit als 1922; sie bewährten sich ebenso gut wie die vorigen.

Wir waren fast mit allem fertig, als die letzten eintrafen: Mallory, Irvine, Beetham und Hazard. Als gedienter Pionier und geübter Bergsteiger verwaltete Hazard einen verantwortungsvollen Pflichtenkreis. Bentley Beetham, ein gewaltiger Bergsteiger vor dem Herrn, war Somervells ständiger Begleiter und übernahm außerdem noch einen großen Teil der Lichtbildnerei, für die Noel keine Zeit hatte. Sodann Mallory, der Bayard der Berge, der Ritter ohne Furcht und Tadel. Er war der einzige von uns, der die Reise zum dritten Male mitmachte. Schließlich unser »geglückter Versuch«, nämlich Irvine, den Longstaff und Odell so warm empfohlen hatten, weil sie seine Leistungen in Spitzbergen kannten. Dazu brachte er einen vortrefflichen Charakter mit. Bald entwand er sich dem Versuchsstadium und entpuppte sich als reifer Geist im jugendlichen Körper. Außerdem entdeckten wir bemerkenswerte technische Fähigkeiten an ihm. Diese Eigenschaften, in Verbindung mit unendlicher Ausdauer und unendlicher Selbstlosigkeit, machten Irvine zu einem unsrer wertvollsten Gefährten.

Von Geoffrey Bruce darf ich eigentlich gar nicht reden. Als Vertrauensmann des Stabes beherrschte er alle Dienstzweige des Hauptquartiers. In meiner militärischen Laufbahn bin ich immer sehr von einem Schildknappen abhängig gewesen, dem ich alle ekelhaften Arbeiten zuschieben konnte, die ich nicht selber machen wollte, und der sich als Sündenbock hergab, wann ich selber etwas falsch gemacht hatte. Ich glaube das genügt zur Empfehlung. So nebenbei, ganz im Vertrauen, darf ich vielleicht noch hinzufügen, daß er auch auf den Bergen ein recht brauchbarer Mann ist, einer von jenen Naturbergsteigern, die jederzeit ihre fünf Sinne beisammen haben. Die einzige Gefälligkeit, die ich Oberst Norton habe erweisen können, war wohl die, daß ich ihm Geoffrey Bruce zuteilte.

Am 25. März brachen wir von Dardschiling auf. Außer mir war alles zu Fuß oder zu Pferde. Herren, Dolmetscher, Sirdar, Gurkhas, Diener, Köche, Träger, alles setzte sich in Bewegung. Nur ich saß hochvornehm im Kraftwagen, den Herr Wrangham-Hardy mir so freundlich geliehen hatte. Der Lenker war zufälligerweise ein Mann, den ich selber vor fünfundzwanzig Jahren für das kaschmirische Heer angeworben hatte. Er fuhr mich über Siliguri durchs Tistatal zum Bahnhofe Kalimpong und von dort nach dem Dorfe, das 1150 m höher liegt. Eine so steile Straße mit so engen Windungen bin ich noch nie im Kraftwagen gefahren. Ein abendliches Gewitter verstärkte das angenehme Gruseln. Bei Einbruch der Nacht waren wir wieder versammelt.

Hauptmann Noel, der Lichtbildner von 1922, war auch da und hoffte einen neuen Film aufzunehmen. Wegen der Entwicklungsschwierigkeiten in Tibet hatte er in Dardschiling eine Werkstatt aufgebaut, der alle Filmstreifen zugesandt wurden. Glücklicherweise gelang es uns, für befriedigende Postverbindung zu sorgen.

Im Jahre 1922 war es mir vergönnt gewesen, Dr. Grahams Pfadfindern zu Kalimpong einen Gruß von Sir Robert Baden-Powell zu überbringen. Auch diesmal durfte ich den ehrenvollen Auftrag ausführen. Wiederum spielte sich eine schöne Truppenschau ab. An der Spitze dieser nepalischen Pfadfinder stand ein junger Walliser, der aus meiner engern Heimat zu Glamorgan stammte.

Dann weiter nach Pedong; der eigentliche Marsch hatte nun begonnen. Wie üblich reisten wir in zwei Abteilungen; die erste unterstand mir, die zweite Norton.

Pedong ist mir ans Herz gewachsen. Es liegt sehr hoch über den Tälern Sikkims. Heuer hing die Luft voller Dunst, der entweder besonders dicker Nebel war oder Rauch aus den Waldbränden der Ebene.

Pedong liegt an der Grenze zwischen Britisch Sikkim und dem Staate Sikkim. Als ich gemütlich im Rathause saß, kam ein junger Schutzmann, um nach den Pässen zu sehen. Nachdem ich einige Papiere unterschrieben hatte und wieder in meinen Stuhl zurückgesunken war, erschreckte mich der junge Beamte plötzlich mit lautem Gebrüll: »Achtung – Links um – Marsch!« Dergestalt sich selbst befehlend grüßte er, machte Kehrt und verschwand mit dem Gefühle, seiner Pflicht genügt zu haben.

Trotz der Wärme in den tiefen Tälern bleibt der Weg durch Sikkim immer ein Genuß. Nach der Wanderung durch die wundervollen Treibhauswälder labt man sich an den saftigen Ananas von Rhenok.

Dann nach Rongli Tschu, das 800 m über dem Meere liegt. Hier ein kleiner Zwischenfall, der für die Scherpas bezeichnend ist. Die Leute betrugen sich sehr gut. Vor der Abreise von Dardschiling hatten sie selbstverständlich einen ordentlichen Steigbügeltrunk getan, der indessen ihre Liebenswürdigkeit und gute Laune nur erhöhte. Aber in Rongli schlugen zwei arg über die Stränge, denn sie waren an ein sehr starkes Gebräu geraten. Die Folge war eine tolle Schlägerei zwischen den beiden, wobei sie sich gründlich zurichteten. Schließlich brachte man sie ins Lager und weckte Somervell, der ihre Wunden nähte und verband.

Als sie sich am folgenden Morgen zum Verbandswechsel meldeten, hielt ich eine Standpauke für angebracht. Sie bedauerten den Vorfall, taten aber zugleich sehr gekränkt; sie seien Busenfreunde und hätten sich daher gar nicht gestritten. Nicht sie, sondern die Getränke seien aneinander geraten. Trotz dieser kindlichen Auffassung, in der viel Wahres steckt, zeigte sich später, daß grade diese beiden zu den weniger tüchtigen Trägern gehörten.

In Rongli begann der Anstieg über Sedongtschen, Gnatong und den Dschelep La. Wie auch 1922 kehrten wir bei der kleinen Teewirtin zu Ling Tham ein, die uns wieder ihren vortrefflichen Tee mit Schelibrot vorsetzte. Ihre Kinder waren inzwischen größer geworden. Diesmal hatten wir Glück mit der Aussicht, denn die Luft war klar.

Oben auf dem Kapup-Passe enthüllte sich das Feenreich des Kantschendschunga. Der Fuß der Berge tauchte in den blauen Dunst der Täler und die glitzernden Eishäupter schienen in der Luft zu schweben.

Ohne in Kapup anzuhalten ritten wir von Gnatong zum tibetischen Rasthause, das 10 km jenseits der Paßhöhe liegt. Dieses Schutzhaus ist natürlich nicht so gut ausgestattet wie die indischen Dakbungalos, aber aus festen Balken gefügt, bietet es dem Reisenden warmen Unterschlupf. Hier fiel mir wieder einmal der Unterschied zwischen dem westlichen und östlichen Himalaya auf. Trotzdem wir den ersten April schrieben, waren wir auf diesem 4400 m hohen Passe kaum durch Schnee belästigt worden. Auch fror es in der Nacht nicht stark. Auf der andern Seite lag allerdings etwas Schnee, der sich stellenweise in Eis verwandelt hatte und die Lasttiere sehr hinderte. Wie die schwer beladenen Maultiere aus Tschumbi über diese glatte Strecke kamen, ist mir ein Rätsel.

Damit vergleiche man den Zustand der andern großen Handelsstraße, die von Kaschmir nach Ladak oder Kleintibet führt. Der dortige Paß, der Sodschi La, ist nur 3600 m hoch. Ich übertreibe sicherlich nicht, wenn ich annehme, daß er am 1. April noch unter drei Meter Schnee vergraben liegt. Jedenfalls ist er noch nicht für Lastkarawanen gangbar. Der Dschelep La hingegen bleibt fast den ganzen Winter über offen und läßt die langen Maultierzüge mit ihren Wollballen durch.

Auf der Paßhöhe suchten wir vergeblich einen klaren Augenblick zu erhaschen, denn der Morgen war ungemütlich. Immerhin machten wir einige Aufnahmen, darunter ein Bild des Scherpas Angtarkee, eines der beiden Ueberlebenden aus dem Lawinenunglück von 1922. Der arme Teufel scheint sich nie ganz erholt zu haben. Er stürzte damals 20 Meter ab und wurde auf dem Kopfe stehend zwischen den Schneemassen eingekeilt gefunden. Wir hielten uns verpflichtet ihn wieder mitzunehmen. Er wurde aber bald krank und mußte mit mir umkehren.

Am nächsten Tage waren wir in Tschumbi oder richtiger Schaschima. David Macdonald, der Handelsvertreter, weilte oben in Tibet. Aber John Macdonald, der Sohn, sorgte für uns. Die Geschäfte waren bald erledigt. Hier holte uns die zweite Abteilung ein, bei der alles in Ordnung war. Nachmittags besuchten wir die Vorstellung einer tibetischen Tänzer- und Gauklertruppe.

Der Rasenplatz vor Macdonalds Haus bildete die Bühne. Spieler und Zuschauer boten ein höchst malerisches Bild. Dazu die vergnügte Stimmung aller Beteiligten, denn die fahrenden Leute unterhielten sich ebenso gut wie die Zuschauer.

Die gesamte Einwohnerschaft des Tschumbi-Tales war zugegen, einschließlich der in Tschumbi stehenden Abteilung des Pandschab-Regimentes. Ein als Mohammedaner mit langem Barte verkleideter Darsteller sah einem meiner mohammedanischen Freunde im Kaghan-Tale so ähnlich, daß ich herzlich lachen mußte.

Am 5. April setzten wir die Reise wieder in zwei getrennten Gruppen fort und durchschritten die herrliche Gautsa-Schlucht. Im Himalaya gibt es viele wildromantische Täler, aber der Engpaß von Gautsa zeichnet sich durch ganz besondere Wildheit aus.

Am 6. April waren wir in Phari. Dieses Phari begrüßte uns ganz anders als wir es gewohnt waren, denn trotz der Höhe von 4300 m herrschte diesmal ein äußerst mildes Klima. Das große Gepäck lag schon bereit und unser bewährter Tindel (Zeltflicker) hatte die Zelte zur Besichtigung aufgeschlagen.

Unverzüglich besuchten wir den Dsongpen. Mit den Eigentümlichkeiten der hiesigen Zivilbehörden nur zu gut vertraut, bereiteten wir uns auf einen hartnäckigen Schacher vor. Glücklicherweise hatten wir etwas vorgebaut und den gerade in Lhassa weilenden General Laden La auf die in Phari zu erwartenden Schwierigkeiten hingewiesen. Die Preise, die man zunächst von uns forderte, waren ungeheuerlich und standen in keinem Verhältnis zu den örtlichen Lebenskosten. Zwei Tage lang kämpften wir mit dem Dsongpen.

Wieder waren wir am 7. April in Phari vereint; wieder war es mein Geburtstag, und wieder öffnete ich die Flasche alten Familienrums, den mein Bruder aus England geschickt hatte. Dieser Rum ist oft gelobt worden. Aber nie hat er seine Pflicht besser erfüllt und nie ist er inniger gewürdigt worden, als bei diesen beiden Gelegenheiten, denn milder alter Rum ist in der Tat ein köstliches Labsal.

Der für Phari vorgesehene vollständige Rasttag wurde mit Major Hingstons zahllosen Leibesprüfungen ausgefüllt. Zu meiner großen Freude bekam ich hier ein viel besseres Gesundheitszeugnis als bei meiner Abreise aus London. Derweil muß der Teufel der Enttäuschung auf dem Dache gesessen und weidlich gegrinst haben. Zwischen den Prüfungen tobte die Schlacht mit dem Dsongpen, der ein höflicher, aber raubgieriger und geiziger Mensch ist. In Wirklichkeit befindet sich dieser Schwächling in der Gewalt seiner Unterbeamten, der Gyembus.

Es war offenkundig, daß diese Bande rauhbeiniger und munterer Hallunken sich nicht nur zum Vergnügen ins Amt gesetzt hatte.

Auf Umwegen erfuhren wir, daß der Dsongpen ein Telegramm aus Lhassa erhalten hatte, das ihm befahl, gut für uns zu sorgen und gerechte Preise zu vereinbaren. Ohne unsre geheimen Kenntnisse zu verraten, setzten wir den Leuten die Pistole auf die Brust. In offener Ratsversammlung schrieben wir einen Drahtbericht an den tibetanischen Großminister, uns über die Behandlung in Phari beklagend. Diese Blüffung wirkte; ein annehmbarer Vertrag wurde entworfen und unterschrieben. Dann, nach vielen feierlichen Verbeugungen, erklärten wir uns für befriedigt und zerrissen das Telegramm vor aller Augen.

So löste sich alles in Wohlgefallen auf. Blieb nur noch die Abreise, die sich, wie in Phari nun einmal üblich, zu einem langen Gestrampel ausdehnte. Der Aufbruch am ersten Karawanentage wird im Morgenlande wohl immer so bleiben.

Mit Hingston und John Macdonald verfolgte ich den mir noch unbekannten längeren Weg über Tuna-Dotschen-Tatsang. Hingston lockte der vogelreiche See von Dotschen. Die andern blieben auf der kürzeren Strecke; wir sahen ihr Lager hoch über uns in einem Tälchen an den Hängen des Tang La. Etwa 30 km weit hielten wir uns an die Hauptstraße nach Lhassa. Unterwegs belustigten wir uns mit dem Einkreisen von Wildeseln, denen wir öfters ganz nahe kamen.

Für einen Reiter ist diese Hochfläche ja recht angenehm, aber einem Fußgänger würde sie wohl etwas länglich vorkommen, trotzdem er andauernd den prachtvollen, eisgepanzerten Tschomolhari vor Augen hat. Den Bergsteiger überläuft ein Gruseln, wenn er diese Steilhänge bewundert.

Die Hauptmacht mußte der vielen Lasttiere wegen über die Pässe des Dorika La nach Kampa Dsong. Trotzdem man bei mildem Wetter aufbrach, erwartete man einen ungemütlichen Uebergang und wurde nicht enttäuscht. Auch mir blies ein kalter Wind entgegen, als ich mich Tuna näherte, das einer der düstersten und trostlosesten Orte ist, die man sich denken kann.

Am folgenden Tage packte mich das Fieber, so daß ich Norton mit der Führung betrauen mußte. Aber obgleich ich mich erholte, blieb Hingston unerbittlich. Trotz seiner Härte war Hingston wissenschaftlich sehr von mir begeistert, weil ich ihm Gelegenheit bot, zu beobachten, wie ein schwerer Malariaanfall sich in 4600 m entwickelt. Vor seiner Kunst mußte das Fieber nach vier Tagen weichen; jedoch war ich so geschwächt, daß man mich auf einer Sänfte aus Tibet hinaus beförderte.

Immerhin leistete ich einem Teilnehmer gute Dienste, denn mein alter Diener Lakpa genoß eine vorzügliche Leibesübung, als er mich die 30 km nach Phari trug. Mit dem so gestählten Körper vermochte er sich nachher auf dem Mount Everest besonders auszuzeichnen.

Dieser gehässige Fußtritt des Schicksals tat mir sehr weh. Aber überall gibt es etwas Versöhnendes, und meine Versöhnung hieß Norton. Gleich hier sei gesagt, daß er nichts angeordnet, veranlaßt oder getan hat, worauf ich nicht stolz gewesen wäre, wenn ich zu entscheiden gehabt hätte. Natürlich wäre es angenehm gewesen, einen Ersatzmann zur Seite zu haben, der den Betrieb im Standlager schon kannte. Die Hauptsache in solchen Fällen ist aber die ungebrochene Einheit und Stetigkeit des Oberbefehls. In diesem Punkte hat sich Norton glänzend bewährt.

Meine Bewegungen waren hinfort recht einfach. In den tieferen Lagen kehrten meine Kräfte mit erstaunlicher Schnelligkeit zurück. Nach einigen Rasttagen in Yatung (3000 m) konnte ich schon zu Pferde und zu Fuß nach Gangtok, weiter reisen, den Natu La bei tiefem Schnee überschreitend.

In Gangtok war Hingston immer noch stahlhart und wollte nicht auf das hören, was ich Vernunft nannte. Er verließ mich hier und eilte geradeswegs über Latschen nach Kampa Dsong. Unterwegs schrieb er mir Berichte über den prachtvollen Weg durch die Wälder und über die 300 Käfer, die er gefangen hatte ohne vom Pferde zu steigen.

Innigen Dank schulde ich Major Bailey und Frau, die mich während meiner Genesung in Gangtok beherbergten und pflegten.

Vom 27. April bis zum 8. August ist mein Tagebuch leer. Ich genoß Ruhe und Frieden – wenigstens leiblich – während die andern den großen Kampf wagten. Das war ein demütigender und schwer erträglicher Zustand. Nie werde ich den herzlichen Brief vergessen, mit dem Lord Lytton, der Statthalter von Bengalen, mir den Drahtbericht mit der Trauerkunde übersandte.

Die Geschichte der großen Taten und des großen Opfers steht auf den folgenden Seiten geschrieben, die ich andern Federn überlasse.

In einem der späteren Abschnitte bespricht Oberst Norton den Kampf um den Everest, zumal die noch ungelösten Fragen. Auf dieser Reise sind aber so viele Zweifel geklärt worden, daß wir heute einen viel klareren Ueberblick über unsre Aufgabe besitzen.

Das Unternehmen von 1924 litt schwer an der Ungunst der Witterung, die ausnahmsweise nichts mit dem Monsun zu tun hatte. Tiefdruckgebiete, die sich im Westen bildeten, zogen über Afghanistan, den nördlichen Pandschab und längs des Himalayas dahin, bis spät in den Mai stürmisches und kaltes Wetter verursachend. In den Vorbergen trat während dieses Monats eine bisher noch nie beobachtete Kälte auf. Diese Störungen des Luftmeeres äußerten sich im Everestgebiet als ununterbrochene Folge von tollen Stürmen mit großer Kälte; und das zu einer Zeit, wo man gewöhnlich verhältnismäßig klares, wenn nicht verhältnismäßig warmes Wetter erwartet.

Zu den schwierigsten Aufgaben gehört das Heranbringen der Bergsteiger an den Fuß des Berges, so daß sie dort in vorzüglicher Kampfbereitschaft anlangen. Sodann heißt es, sie weiterhin froh und kräftig erhalten.

Ohne Uebertreibung darf man sagen, daß die dreiwöchigen Anstrengungen, die dazu nötig waren, um das Lager auf dem Nordsattel einzurichten, die Leistungsfähigkeit der Europäer und Träger um mindestens ein Drittel herabgemindert haben. So verloren sie viel Kraft, derer sie eigentlich für den Gipfelsturm bedurften.

Ebenso gute Teilnehmer und einigermaßen günstiges Wetter vorausgesetzt, kann man die grundsätzlichen Fragen als gelöst betrachten, einerlei ob man mit oder ohne Sauerstoff vorgeht.

Wir brauchen nur eine Kampftruppe wie die letzte zusammenzustellen und den Berg anzupacken, uns der Gnade des Wettergottes empfehlend.

Auf einen Punkt möchte ich noch hinweisen. Wir haben diesmal sehr eingehende und wertvolle Erfahrungen über die Gewöhnung des Menschen an große Höhen über 5000 m gesammelt. Nicht nur hat man festgestellt, daß die Anpassung Fortschritte macht, sondern auch, daß früherer Aufenthalt in der Höhe sie beschleunigt. Sogar nach zwei Jahren gewöhnten sich alte Teilnehmer viel schneller an die dünne Luft als die Neulinge. Mallory vertrug die Höhe besser als irgend einer von den andern.

Sollten bis zur nächsten Reise mehrere Jahre verfließen, so möchte ich doch vorschlagen, daß die Teilnehmer zunächst längere Zeit in Gautsa (3650 m) verweilen, wo man sie leicht von Tschumbi aus verpflegen kann. Dort mögen sie Ausflüge machen und sich an die Höhe gewöhnen, ehe sie den Marsch nach Tibet fortsetzen. Dies ist ein Lieblingsgedanke Nortons.

Es scheint vielleicht so, als hätte ich den Sauerstoff verächtlich beiseite geschoben. Ich will aber nur betonen, daß die Höhengewöhnung die Hauptsache ist und daß man den Sauerstoff nur als äußersten Notbehelf im Endkampfe betrachten darf. Ich bin auch davon überzeugt, daß man eine viel bessere und leichtere Sauerstoffausrüstung herstellen wird.

Zuletzt noch ein Wort über die seelische Bereitschaft. Die Geschichte der Bergsteigerei wiederholt sich auch hier. Die schwersten Touren haben sich von der »Unmöglichkeit« bis zum »leichten Damenberge« entwickelt. Ebenso ging es mit der Höhe. Vor wenigen Jahren noch galt 7300 m als die Grenze des Menschenmöglichen. Wir Evereststürmer hatten uns daran gewöhnt, immer nur zu denken und zu sagen, daß unsre Arbeit erst bei 7000 m begönne. Es erschien uns selbstverständlich, daß jeder ohne besondere Mühe auf diesen Punkt gelangte, sei es mit oder ohne Traglast.

Diese anscheinend unlogische Denkweise führte in der Logik der Tatsachen zum gewünschten Erfolge.

II
DIE REISE DURCH TIBET

von Oberstleutnant E. F. Norton, D. S. O.

Der Aufbruch von Phari ist immer ein Ereignis. Zunächst hängt einmal der große Zweifel über uns, ob genug Lasttiere aufzutreiben sind. Der 7. April 1924 machte keine Ausnahme. Der Dsongpen und seine Gyembus (Hauptleute) legten uns die üblichen Steine in den Weg. Geoffrey Bruce und Shebbeare mußten sechs Stunden gütlich zureden, ehe sich das letzte der 300 Lasttiere in Bewegung setzte.

Dann kommt ein ganzer Tagemarsch angesichts des herrlichen Tschomolhari, dessen Gestalt immer wieder das Auge fesselt. Einige Kilometer südlich von Phari sieht der Berg am besten aus. Wir kamen etwas zu nahe an ihm vorbei, worunter seine Umrisse litten. Dafür gab es Durchblicke auf seine westlichen Strebepfeiler, die von vorn gesehen außerordentlich eindrucksvoll wirken. Beim Lagerplatz hat man einen kühn geschwungenen Grat vor sich, der als scharfer Felsenkamm beginnt, mit jeder Nadel von Chamonix wetteifernd, und sich als blitzende Eisschneide fortsetzt, die in der Welt ihresgleichen sucht.

Während der nächsten vier Tage überschreitet man die Ausläufer des Berges Pauhunri. Aus irgend einem Grunde ist dies die unwirtlichste Gegend von Tibet. Schon viermal bin ich diesen Weg gegangen, im Frühling wie im Sommer, aber niemals ohne Schneestürme mannigfacher Stärke. Es überraschte uns daher nicht, als abends Schnee zu fallen begann. Umso besser würdigten wir die Vorzüge des neuen Meßzeltes, das auf Grund früherer Erfahrung gebaut worden war und zu den schönsten Errungenschaften dieser Reise gezählt werden muß.

Mit Rücksicht auf den umständlichen Aufbruch, gab es am 7. April nur einen kurzen Tagemarsch. Am 8. April schritten wir fester aus und

45

legten 20 km zurück. Die Meilen der tibetischen Hochfläche ziehen sich in die Länge. Am Ende dieses Tages wunderten wir uns darüber, woher wir auf der letzten Reise den Mut genommen hatten, die 32 km dieser beiden Tage, an einem einzigen zu bewältigen, dazu noch bei Sturm und meistenteils zu Fuß. Damals übertrafen wir uns sogar selber, indem wir am nächsten Tage 40 km abhaspelten. Da der Weg in einer Höhe dahinzieht, die über dem Gipfel des Montblanc liegt, mußten wir uns tüchtig anstrengen. Um die Mitte des zweiten Tages überholte uns ein Bote von Hingston mit der Nachricht, daß General Bruce am Fieber darniederliege, was große Bestürzung hervorrief.

Am 9. April ritten wir bei 15 Grad unter Null durch einen schneidenden Wind und überschritten jene drei 5500 m hohen Pässe, die den Sammelnamen Donka La tragen. Erst gegen 5 $^1/_2$ Uhr abends konnten wir das Lager aufschlagen. Mein Tagebuch schließt mit den Worten: »Immer wieder bewundere ich die Leute, die nach 25 km Fußmarsch bei bitterkaltem Wetter wie Ameisen schuften, um ihre berittenen Herren zu behausen, zu erwärmen und zu nähren.«

Am 10. April wieder ein langer Marsch, der uns bei Dunkelheit ins Lager brachte. Wir zogen über eine trostlose Kiesebene, die im Norden von 5500–5800 m hohen Kalkgebirgen eingerahmt wird. Südwärts hebt sie sich sanft zu einem Kamm, über den die stumpfen Firngipfel von Pauhunri, Kintschendjhau und Tschomiomo lugen. Trotzdem diese Wüste völlig pflanzenleer erscheint, umschwärmen uns allseits Herden von Wildeseln und Gazellen, die so wohlgenährt aussehen, als wären dies die schönsten Weidegründe Asiens. Seit zwei Tagen ist uns kein menschliches Wesen begegnet.

An diesem Abend verdichtete sich unser Argwohn wegen des Wohlbefindens mancher Teilnehmer. Beetham hatte die Ruhr und Mallory beunruhigte uns durch Anzeichen, die Somervell mit der Möglichkeit einer Blinddarmentzündung rechnen ließen. Er verbrachte die Nacht mit Plänen, wie man im Falle höchster Gefahr am besten handle.

Am nächsten Tage folgt der steile Abstieg nach Kampa Dsong, das nach diesen Gewaltmärschen immer als Zufluchtshafen begrüßt wurde. Das malerische Dorf liegt in einer Hügelfalte, die alle Sonnenstrahlen auffängt. Auch der Abstieg auf 4200 m tat uns wohl. Von oben gesehen erstreckt sich die Ebene von Kampa 15 km gen Westen. Die Aussicht gewährt ein Farbenspiel, das man beim Näherkommen vergeblich zu erklären sucht. Die bunten Randhügel scheinen aus Putzpulver, Rost und Holzasche zu bestehen. Den Hintergrund säumen Schneeberge. Im Süden erheben sich die Riesen des Himalayas, wo Tibet an Nepal und Sikkim grenzt. Im Norden zieht eine nur im Sommer schneefreie Kette dahin, die das Ufer des Brahmaputra-Tales bildet. Ostwärts verlaufen die Gestalten des Gyankarkammes in die Massen der Everestgruppe, die trotz ihrer 160 km Entfernung alles überragt. Die vertrauten Umrisse von Everest und Makalu zeichneten sich heute fast wolkenlos vom Himmel ab. Erst als wir in die Tiefe tauchten und die Ferne aus den Augen zu verlieren begannen, hißte Everest das fliegende Schneebanner, das dem Königsgipfel gebührt.

In Kampa bezogen wir den umwallten Platz, den die Ortsbehörden uns stets so freundlich zur Verfügung gestellt haben. Ueber Tibet liegt eine gewisse Ewigkeitsstimmung, die einem besonders an den alten Lagerplätzen auffällt. Hier war noch jeder Stein an derselben Stelle wie vor Jahren; dieselben Tibethasen hüpften umher; vom Hügel erscholl der Ruf desselben Rebhuhns; in der geborstenen Weide nisteten dieselbe Elster und dieselbe kleine Braunelle.

In Kampa ist wieder Pferdewechsel nach gewohnter Weise. Der Dsongpen kommt einem entgegen, versichert mit unverbindlichen Redensarten, daß für alles bestens gesorgt wird, und überläßt uns der Häuslichkeit, nachdem er eine Besuchsstunde vereinbart hat.

Bei seinem nächsten Erscheinen wird er von Geoffrey Bruce und mir im Eßzelt zum Tee empfangen. Nach dem Austausche der Höflichkeiten und Geschenke erklären wir ihm, was wir brauchen. Er schildert dann die Schwierigkeiten, mit denen die Erfüllung unsrer Wünsche verbunden ist. Nun holen wir den großen Geleitbrief mit dem Siegel des Dalai Lamas hervor. Darinnen steht, daß alle Beamten uns behilflich sein müssen. Die Wirkung ist verschieden; manchmal wird das Schriftstück sehr achtungsvoll behandelt; manchmal scheint es wenig Eindruck zu machen.

Hinhalten und Aufschieben sind die Trümpfe des Besuchers; höfliche Festigkeit in Bezug auf Zahl und Tag ist unsere Karte. Zuletzt kommt der glorreiche Endkampf um die Mietpreise für Esel, Jak und Pferd. Im Geleitbrief heißt es »landesübliche Preise«, was leider nichtssagend ist.

Der den abwesenden Dsongpen vertretende Gyembu, ein häßlicher aber ehrlicher Kerl, zeigte glücklicherweise großes Entgegenkommen. Seine Forderungen waren so bescheiden, daß wir sie weiterhin als Maßstab der landesüblichen Preise benutzten. Wir kamen sogar billiger weg als 1922. An andern Orten, wie beispielsweise Tinki, mußten wir die Zusammenkunft wiederholen und sehr entschlossen auftreten, ehe man uns Tiere zu annehmbaren Preisen lieferte. Die durch den Dolmetscher geführten Verhandlungen endeten immer sehr liebenswürdig, so hart der Strauß auch gewesen sein mochte. Manchmal wurden wir auf die Burg geladen, wo die Schärfe des Wortes mit einem Gastmahl abgestumpft wurde. Es gab Nudeln, Hammelfleisch, Süßigkeiten, Tschang (Bier) und den fürchterlichen, mit Butter und Salz gewürzten Tee.

Infolge örtlicher Schwierigkeiten mußten wir vier Tage warten, ehe die Tiere versammelt waren. In vieler Hinsicht war uns das nicht unwillkommen. Die Kranken konnten sich ausruhen; vielleicht stieß auch der General wieder zu uns, von dem wir lange nichts gehört hatten. Wir richteten uns gemütlich ein, badeten und erholten uns von den vorhergegangenen Märschen. Zugleich bot sich Gelegenheit, den Angriffsplan auf den Mount Everest nochmals durchzusprechen.

Wir waren nämlich in eine Sackgasse geraten. Schon um Weihnachten hatte ich meine Ansichten in einem Rundschreiben entwickelt. Mallory machte damals verschiedene Einwände. In Dardschili und Phari waren wir – Mallory, Somervell, Geoffrey Bruce und ich – auch nicht ganz einig geworden. Es wurde daher beschlossen, die Beratungen über die endlosen Ebenen Tibets auszudehnen. Hier in Kampa hofften wir die grundsätzliche Unterlage zu finden, die wir während der nächsten vierzehn Tage mit den Einzelheiten ausfüllen konnten. Jetzt mußte etwas geschehen; täglich saßen wir beisammen. Manchmal waren es Mallory und ich; manchmal kamen Somervell und Bruce hinzu; einmal hatten wir sogar Vollsitzung der Bergsteiger.

Doch wir verließen Kampa ohne endgültigen Beschluß. Mallory und ich hatten uns genähert, aber nicht gefunden. Die Streitpunkte habe ich vergessen, erinnere mich dagegen der freundschaftlichen Weise, in der wir uns aussprachen. Soviel ich weiß, ist Mallory von Natur etwas ungeduldig. Dennoch zeigte er eine bewunderungswürdige Ruhe und Geduld, was man umsomehr anerkennen muß, als ich damals noch Leiter der Bergsteigergruppe war. Diese Stellung hätte natürlich ihm gebührt. Es war nur so gekommen, weil Mallory sich erst im allerletzten Augenblick zum Mitkommen entschließen konnte. Als ich dann infolge der Erkrankung des Generals die Oberleitung übernahm, rückte Mallory in die ihm gebührende Stelle auf.

Am 13. April traf uns der Schlag, den wir fürchteten. John Macdonald erschien allein mit einigen Packtieren, denn der General war in Hingstons Begleitung auf einer Tragbahre heimwärts befördert worden. Ein Brief Hingstons ließ uns keinen Zweifel an der Notwendigkeit dieses Entschlusses.

Wir waren recht traurig an diesem Abend im Meßzelt. Es ist schwer, andern klar zu machen, was wir an General Bruce verloren. Von Wellington sagte man in Spanien, daß der Anblick seiner alten Nase in entscheidenden Augenblicken zehntausend Mann wert sei. General

Bruces Nase hat mit der Wellingtons wohl nicht viel Aehnlichkeit, aber die in ihr versinnbildlichte Begeisterung konnte für seine Gefährten die letzten dreihundert Meter bedeuten. Er ist zum Leiter eines solchen Unternehmens geboren. Bei Nepalern und Tibetern genießt er großes Ansehen, denn er versteht sie wie kein andrer Europäer und trifft den richtigen Ton mit ihnen. Infolge des Vertrauens, das ihm die tibetischen Beamten entgegenbringen, überwand er viele Hindernisse, denen wir nun ohne seine Hilfe gegenüberstanden. Zugleich besaß er in hohem Maße die Fähigkeit, die Teilnehmer der Expedition zusammenzuhalten und ihnen seinen eignen Frohmut einzuflößen. Trotzdem wir uns auch weiterhin ausgezeichnet vertrugen, vermißten wir doch sehr die heitere Stimmung, die nur General Bruce zu erzeugen vermochte.

Als Erbteil hinterließ er uns eine vorbildliche Einrichtung. Es wird schwer sein, wieder eine so geeignete Truppe zusammenzustellen. Mallory, Somervell, Geoffrey Bruce und ich hatten schon 1922 große Höhen erreicht; Mallory machte die Reise zum dritten Male. Odell, Beetham und Hazard waren sehr erfahrene und ausdauernde Bergsteiger. Irvine war ein sicherer Begleiter und hatte sich in Spitzbergen als Forschungsreisender ausgezeichnet.

Unsre Gesellschaft bot allen, die sich mit solchen Dingen beschäftigten, ein belehrendes Beispiel. Durch fortschreitende Auslese hatten wir den Mustermenschen für große Höhen ermittelt, der dem Bilde entspricht, das ich mir schon immer vom körperlich tüchtigen Menschen gemacht hatte. Er mißt 1.80 m und wiegt 72 kg. Mallory, Somervell, Geoffrey Bruce und Hazard kamen diesem Durchschnitt so nahe, daß ein Kleiderwechsel kaum aufgefallen wäre. Bruce ist ein vielseitiger Turner und Reiter; Hazard, der magerste, hat große Kraftleistungen vollbracht; Somervell blickt auf eine lange Liste bezwungener Berge zurück; Mallory, der geschmeidige Bergsteiger, hat auch als Fußballspieler und Ruderer Lorbeeren geerntet. Odell, der nur um 5 cm län-

Träger im Standlager

ger ist als die andern, hat in den Alpen und in Spitzbergen riesige Ausdauer bewiesen.

Beetham und ich standen an den äußersten Enden der Stufenleiter. Der etwas untersetzte Beetham ist gewandt wie eine Katze und – nach Somervells Bericht – auf langen Alpenfahrten ein sehr anstrengender Gefährte. Trotzdem er noch nie auf einem Gaul gesessen hatte, bändigte er sein tibetisches Pferd sehr bald. Es war ein erhebender Anblick, diesen »reitenden Bergsteiger« über die Ebenen Tibets dahin sausen zu sehen. Was mich anbetrifft, so entspreche ich ungefähr der euklidischen Definition einer geraden Linie. Irvine war groß und stark, wie es einem Ruderer für Oxford ziemt; er hatte kräftige Schultern und verhältnismäßig dünne Beine. Als Jüngster war er nur 22 Jahre alt, während wir andern zwischen 33 und 40 standen.

Außer dem gerade abwesenden Hingston waren da noch Noel, Shebbeare und John Macdonald. Noel, der Filmdreher, hatte die meisten Gelder für die Reise zusammengebracht. Seiner Arbeit wegen bildete er ein kleines unabhängiges Unternehmen für sich, mit eigener Ausrüstung und eigenen Leuten. Im Jahre 1922 war er bis zum Nordsattel vorgedrungen und gehörte daher zu unsern besten Ratgebern, zumal er seine Kräfte stets uneigennützig fürs Ganze opferte.

Shebbeare und Bruce teilten sich ins Beförderungswesen. Shebbeare ist Beamter der indischen Forstverwaltung. Er hat sich besonders mit zahmen und wilden Elefanten abgegeben, je wilder, je lieber. Trotz der merkwürdigen Elefantenarmut Tibets war Shebbeare hier sehr gut verwendbar, weil er sich ins Wesen der mongolischen Völkerstämme der Vorberge eingefühlt hatte. Bei den Trägern war er ebenso beliebt wie bei uns. John Macdonald, der Sohn des Handelsvertreters zu Yatung, begleitete uns ins Standlager und kehrte dann nach Phari zurück. Ihm verdanken wir die Postbotenkette, die uns mit der Außenwelt verband. Seine genaue Kenntnis der Tibeter und seine Arbeitsfreude machten ihn zu einem wichtigen Helfer des Unternehmens.

Die 70 Träger, Knechte, Köche und Diener waren in Dardschiling unter General Bruces Aufsicht gewählt worden. Ich beschränke mich zunächst auf eine allgemeine Würdigung dieser prachtvollen Leute, über deren Schultern wir sozusagen auf den Mount Everest kletterten. Sie waren ausnahmslos Mongolen, nämlich Bhotias oder Bewohner Tibets und Scherpas oder Nepaler tibetischer Rasse. Ebenso wie die Engländer, hatten wir auch diese Mannschaften nach einem aus der Erfahrung gewonnenen Vorbilde ausgesiebt. Der Hochgebirgsträger muß leicht und drahtig sein, damit er außer seiner Last nicht noch schweres Fleisch und schwere Knochen zu schleppen braucht. Ferner verlangt man einen offenen Kopf. Der Bauer mit dem stumpfsinnigen Gesicht taugt ebenso wenig wie der schwerfällige Riese. Man glaubt eine kindlichere Ausgabe des englischen Soldaten vor sich zu haben, mit dem unsere Trägerschar so manche Tugend teilt. Das Rauhbein, das unter dem Einflusse von Kultur und Trunk so viel Schererei macht, leistet im entscheidenden Augenblicke oft mehr als der Sanftmütige.

Eine wertvolle Kerntruppe bildeten die vier Gurkha-Unteroffiziere, die uns das Regiment nun schon zum zweiten Male geliehen hatte. Auch Geoffrey Bruce ist uns von den Sechsten Gurkha-Schützen zur Verfügung gestellt worden, so daß wir ihnen viel Dank schulden.

Auf die Leistungen der Leute kommen wir noch zurück. Hier sei nur noch hinzugefügt, daß man den Gurkhas jeden Posten anvertrauen konnte, wo es auf unbedingte Zuverlässigkeit ankam. Beispielsweise waren sie es, die den großen Geldschatz bewachten. Alle zeichneten sich durch ein außergewöhnliches Maß von Pflichtgefühl aus. Der Tod des Feldwebels Schamscherpun ging uns sehr nahe und beschloß eine vielversprechende militärische Laufbahn.

So sah die Truppe aus, die ich nun führen sollte. Dabei darf ich nicht vergessen, noch eine besondere Dankesschuld abzutragen. Während General Bruce mir eine unübertreffliche Organisation übergab, hat sein Vetter Geoffrey Bruce dafür gesorgt, daß wir den Berg glücklich erreichten. Im Jahre 1922 hatte ich mich nicht viel mit den tibetanischen Behörden abgegeben, wohingegen Geoffrey allen Verhandlungen beiwohnte und gründlich mit dem Verfahren vertraut wurde. Auch sein Charakter und seine Tüchtigkeit machten ihn zu mehr als meiner rechten Hand.

Während mir die sanfte Rede liegt, glänzte Bruce durch die forsche Tat. Kein Wunder, daß unser alter Freund, der Dsongpen von Schekar, etwas betreten fragte, ob jener entschlossene junge Offizier an den Beratungen teilnehmen werde. Als wir ihn später damit neckten, meinte er: »Nun, ein junger Soldat muß ja schließlich fest und bestimmt sein«. Das haben die eigensinnigen Gyembus und andere Unterbeamte denn auch entdeckt, wann die letzten zwanzig Gepäckstücke auf der weiten tibetischen Ebene lagen und noch keines der fehlenden Lasttiere zu erblicken war.

Am 15. April verließen wir Kampa Dsong. Der Weg nach Tinki führt geradeaus westlich über eine Fläche, die ein runder Hügelrücken durchzieht. Jenseits dieses Walles stiegen wir nach Linga ab, wo wir lagerten. In den umliegenden Sümpfen waren Gänse und Brandenten schon mit der Brutpflege beschäftigt; die Tiere sind hier so zahm wie Hausgeflügel. Am 16. April zogen wir an den Gewässern entlang, die zum See von Tinki hinleiten. Shebbeare war dorthin vorausgeeilt, um die Lasttiere auf die Beine zu bringen, die wir von Kampa aus bestellt hatten. Er kam uns mit dem Dsongpen und großem Gefolge entgegen.

Dieser Dsongpen, ein junger Mann von nur 21 Jahren, war der Nachfolger seines kürzlich verstorbenen Vaters und wartete noch auf die Nachricht aus Lhassa, die ihn in seinem Amte bestätigen sollte. Der Jüngling war liebenswürdig und höflich, so daß wir trotz anfänglicher Ueberforderung bald zu einem befriedigenden Abschlusse gelangten. Nach eintägigem Aufenthalte konnten wir den Marsch fortsetzen.

Hier legten wir endlich auch den Besteigungsplan fest. Mallory gebührt das Verdienst, aus dem Gewirr widerstreitender Meinungen einen

Plan entwickelt zu haben, der die Vorzüge aller Ansichten in sich vereinigte und an diesem Abend einstimmig angenommen wurde. Ich werde diesen bis zur letzten Trägerlast ausgearbeiteten Plan später erklären. Obgleich das Schicksal uns an der Ausführung aller Einzelheiten verhindert hat, halte ich ihn doch für die beste Grundlage, die man sich denken kann.

In Tinki fiel noch eine andere Last von meiner Seele. Die Kranken besserten sich zusehends. Mallorys Beschwerden erwiesen sich als harmlos, und Beetham war wieder so weit hergestellt, daß er bei uns bleiben durfte. Es fehlte nicht viel und wir hätten ihn zu den schwedischen Missionaren in Latschen schicken müssen, wo er uns dann – vielleicht – auf dem Heimwege begrüßen konnte. Ich war sogar schon drohend in seinem Zelte aufgetaucht, mir vorkommend wie der Henker mit der Seidenschnur. Das Opfer kämpfte so heldenmütig um eine Gnadenfrist, daß ich mich erweichen ließ und bis spätestens Tinki vollkommene Besserung anbefahl, andernfalls er tiefere Luftschichten aufsuchen müsse. Ich glaube, daß er seine Wiederherstellung nur beharrlicher Entschlußkraft zu verdanken hat. Ich habe immer bedauert, daß dieser unbeugsame Wille der Erkämpfung des Weges zum Lager III geopfert wurde und infolge einer späteren Erkrankung nicht auf den höchsten Teilen des Berges zur Geltung kam.

Mit der Besserung meinte ich natürlich die Ueberwindung des heftigen Ruhranfalles, denn man erholt sich nur sehr langsam, wenn die Behandlung mit zwanzig Kilometer langen Märschen in 4600 m Höhe verbunden ist.

Leichten Herzens brachen wir somit von Tinki auf. Wir strebten nun über den Paß Bahman Doptee und längs des Tschiblung Tschu ins Tal des Phung Tschu.

Die Lasten wurden während der nächsten sechs Tage hauptsächlich auf Eseln befördert. Die kleinen Tiere tragen ebensoviel wie ein Jak, nämlich 70 kg, dazu noch in schnellerer Gangart. So legen sie täglich bis 40 km zurück und übersteigen Pässe, die 900 m über die Ebene emporragen. Man staunt, wie sie das mit ihren dünnen Beinchen fertig bringen.

Wir waren nun ordentlich in Schwung gekommen. In der Frühe genossen wir zumeist sonniges und windstilles Wetter. Um sieben Uhr frühstückten wir im Freien; das Meßzelt war schon auf zwei flinken Maultieren voraus. Um halb acht oder acht befand sich die ganze Karawane auf dem Marsche, eine zwei Kilometer lange Kette bildend, die aus Gruppen von Lasttieren, Reitern und Fußgängern bestand. Um die Kräfte zu schonen, stiegen wir nur streckenweise von den Pferden. Es gab jedoch einige sehr entschlossene Fußgänger unter uns, wie zum Beispiel Shebbeare, der nur selten ritt.

Gegen 11½ Uhr pflegten wir uns in kleinen Gruppen hinter irgend einem Windschutz zum Taschenimbiß zu setzen. Der neue Lagerplatz wurde gewöhnlich um zwei Uhr erreicht; manchmal dauerte es auch bis sieben Uhr abends. Das Meßzelt stand schon bereit und war kilometerweit als willkommene Landmarke sichtbar. War alles in Ordnung, dann zeigte eine Rauchfahne an, daß der Koch über dem Feuer aus Jakmist saß und Tee zubereitete. Wir ließen uns zum ausgiebigeren Gabelfrühstück nieder, währenddessen das andere Gepäck mit den Schlafzelten eintraf. Um fünf Uhr herrscht großer Lagerbetrieb; in den Trägerzelten sieht man grinsende Gesichter um ein Mistfeuer, auf dem das Essen schmort. Die Luft ist so dick, daß kein Europäer sie länger als fünf Minuten aushält.

Um halb acht wird die Hauptmahlzeit aufgetragen; um halb neun geht man zu Bett. Die größte Nachtkälte betrug während dieses Marsches ziemlich regelmäßig 12 Grad.

Es war ein schönes Leben; umso mehr als sich eine hoffnungsfreudige Stimmung bemerkbar machte, die bei der weiteren Besprechung des Feldzugplanes stetig anwuchs. Außerdem fühlten sich alle mit jedem Tage leistungsfähiger. Besonders aufmunternd wirkte die ungetrübte Kameradschaft, denn wir vertrugen uns umso besser, je näher wir uns kennen lernten.

Ich ging viel mit Mallory, der eine lange Wechselrede oft mit den Worten beschloß: »Wenn eine Mannschaft ohne Sauerstoff es fertig bringt, in 8200 m zu übernachten und eine andere mit Sauerstoff in 8000 m übernachtet, dann ist die Sache gemacht, aufwärts wie abwärts«.

Von Tinki aus erklommen wir den 5200 m hohen Bahman Doptee und stiegen auf der andern Seite ins Tal des Tschiblung Tschu. Diesem folgten wir zwei Tage und lagerten am 20. April an seiner Mündung nicht weit von den Triebsanden von Schiling. Am 21. April erstiegen wir eine Anhöhe über dem Lager und genossen den Anblick des 100 km entfernten Mount Everest, der sich von Osten her als reiner Firnberg zeigt. Vom Gipfel senken sich scharf geschnittene Grate herab und verlieren sich 1800 m weiter unten im Gewimmel der kleineren Berge. Hier kehrt uns der Riese seine schönste Seite zu.

Wir drangen nun ins Tal des Phung Tschu oder Arun ein und blieben bis Schekar Dsong, drei Tage, auf seinem linken Ufer. Langweilige Kalkberge erhoben sich zu beiden Seiten tausend Meter über den Fluß und versperrten die Aussicht auf Schneeberge. Gen Schekar hin wird die Gegend immer dürrer und öder, an eine Mondlandschaft gemahnend. Die Flanken der pflanzenlosen Hügel spielen in allen Farben vom Zitronengelb bis Rosarot oder Dunkelviolett.

Am 23. April erreichten wir Schekar Dsong, wo unser alter Freund, der Dsongpen, uns entgegenkam und seine Unterstützung versprach. Mit Freude vernahmen wir die Botschaft, daß die neuen Lasttiere in zwei Tagen bereit sein sollten. Alle Einzelheiten wurden schon am Nachmittage des gleichen Tages durchgesprochen und erledigt. Es war ein Vergnügen, mit diesem geschäftstüchtigen Manne zu verhandeln, der das Heft in der Hand hielt und das Räderwerk seines Betriebes doch so geräuschlos laufen ließ. Es blieb uns nicht verborgen, daß seine Gyembus nur so sprangen, wenn er mit dem Finger winkte.

Durch irgend ein Mißverständnis hatte sich ein Fehler zu unsern Gunsten in die Rechnung eingeschlichen. Klein, wie er an sich war, machte er immerhin eine nennenswerte Summe aus, wenn man ihn mit 300 mal nahm. Wir wollten das nachträglich wieder gut machen, aber der Dsongpen weigerte sich, einen abgeschlossenen Vertrag zu ändern.

Den 24. April verbrachten alle mit Arbeiten an ihren Sachen. Odell und Irvine stellten hier fest, daß die Sauerstoffgeräte an großen Mängeln litten. Die Ventile hielten nicht dicht. Viele Stahlflaschen waren halb oder ganz leer. Die beiden plagten sich den ganzen Tag und schufen eine vereinfachte Vorrichtung, die abends von Mallory und Somervell auf den Steilhängen des Klosterberges geprüft wurde. Auf meinen Wunsch schrieb Odell dem Mount-Everest-Ausschuß einen ausführlichen Bericht über die Mängel der Ausrüstung.

Ich entledigte mich einer schwierigen Pflicht, indem ich den Bergsteigern ihre Anteile an den Besteigungsversuchen zuwies. Seitdem wir den Entwurf fertig ausgearbeitet hatten, glaubte ich eine gewisse Unruhe bei den Bergsteigern zu bemerken, so daß ich die Zeit für gekommen hielt, Klarheit zu schaffen. Dann kannte jeder seinen Posten.

Wir wollten den Berg so bald wie möglich von zwei Mannschaften zu je zwei Bergsteigern angreifen lassen, deren eine mit Sauerstoff ging. Die beiden Mannschaften sollten nach einer Nacht in 8000 m und 8300 m am gleichen Tage zum Gipfel aufbrechen, zwar unabhängig vorgehend, aber jederzeit bereit, sich gegenseitig zu unterstützen. Vier weitere Bergsteiger bildeten die Rückendeckung und drangen vor, falls die andern erfolglos zurückkamen. Dieser Nachschub konnte sich nach den Ratschlägen richten, die sich aus den Erfahrungen der Vorhut ergaben.

Es ist bezeichnend für die Siegeszuversicht aller Beteiligten, daß niemand den zweiten Versuch für notwendig hielt, falls der erste Angriff unter halbwegs günstigen Bedingungen stattfand. Infolgedessen herrschte eifriger – allerdings unausgesprochener – Wettbewerb um die Plätze in den ersten Stoßtruppen. Diese Einteilung empfand ich als eine der weniger angenehmen Pflichten des Oberbefehlshabers, trotzdem ich mich natürlich aufs Urteil von Mallory, Somervell und Bruce stützte.

Die Besetzung ergab sich indessen sozusagen zwangsläufig. Zunächst war einmal erforderlich, daß sich bei jeder Mannschaft einer befand, der Nepalisch oder Hindustanisch verstand. Die besten Bergsteiger und alle Leute, die den Mount Everest schon kannten, mußten möglichst gleichmäßig verteilt werden. An die Spitze gehörten alle, die in der besten Verfassung waren und sich vermutlich am schnellsten an die Höhe gewöhnten. Zu jeder Sauerstoffausrüstung gehörte einer der mit ihr vertrauten Fachleute. Meinen Platz ließ ich mir von Mallory und Somervell anweisen.

Es ergab sich folgende Ordnung: Erster Versuch, Mallory und Irvine mit Sauerstoff; Somervell und ich ohne. Zweiter, Geoffrey Bruce und Odell mit Sauerstoff; Beetham und Hazard ohne. Selbstverständlich blieben Aenderungen vorbehalten. Diese Einteilung samt den Begründungen unterbreitete ich allen Beteiligten am Vorabend der Abreise von Schekar Dsong.

Wenn sich irgend einer enttäuscht fühlte, so ließ er es doch nicht durch Widerspruch merken; ein schönes Zeugnis für den kameradschaftlichen Geist, der alle beherrschte.

Dem Dsongpen verehrten wir einige der schönsten und wertvollsten Geschenke. Wie wir aber später erfuhren, sehnte er sich nach einem Feldstuhle und nach einer der billigen Schneebrillen, wie unsere Scherpas sie trugen. Der kleinere der beiden Wünsche war leicht zu erfüllen, aber die Stühle reichten knapp für uns. Daher versprach ich ihm einen Klappstuhl aus Dardschiling zu schicken, was ich vier Monate später getreulich hielt.

Am 25. April begannen wir die letzte Staffel des Anmarsches, uns südwärts dem ersehnten Berge zuwendend. Die Strecke von Schekar nach Panglee ist kurz und erfreulich. Die Reise näherte sich ihrem Ende und wir kosteten die verbleibenden Wandertage noch gründlich aus. Unsere große Gesellschaft bot den Vorteil vielseitigen Gedankenaustausches mit allerlei Menschen. In Abwesenheit des Naturforschers Hingston widmeten Shebbeare, Beetham und ich uns der Beobachtung der Vogelwelt. Odells geologische Kenntnisse wurden häufig in Anspruch genommen. Somervell zeichnete viel und ich bemühte mich vergeblich, ihm nachzueifern.

Unterwegs hatten wir auch Gelegenheit die Träger zu beobachten. Bruce, Shebbeare und ich suchten Leistungsfähigkeit und Wesensart der einzelnen Leute zu erkennen. Sie sind muntere, dienstwillige Gesellen und immer zu Scherzen aufgelegt. Ein gewisser Mingma, dessen unschuldsvolles Kindergesicht gar nicht zu seinem Charakter paßte, wurde mit dem Beinamen Kukar (der Hund) belegt, weil er zu Beginn der Reise einem seiner Freunde den Finger abgebissen hatte. Jedesmal, wenn wir an ihm vorbeikamen, knurrten und bellten wir ihn an. Shebbeare konnte sich stundenlang mit den Trägern unterhalten. Auch Somervell kam glänzend mit ihnen aus. Beim täglichen Krankenappell hatte er ein scharfes Auge auf Tapfere und Wehleidige. Ernstliche Erkrankungen kamen bei den Leuten zwischen Phari und Standlager nicht vor.

Am 25. April übernachteten wir in Panglee und überstiegen am nächsten Tage den letzten Hochpaß. Er heißt Pang La und erhebt sich 900 m über die Hochfläche. Wir betraten ihn genau drei Wochen nach Beginn des Marsches durch Tibet. Drei Wochen scheint nämlich die Zeit zu sein, die man zur Höhengewöhnung braucht. Daher prüften wir aufmerksam unsern körperlichen Zustand mit Hinsicht auf vermutliche spätere Leistungen. Zu meiner Freude stellte ich oben fest, daß ich meine Gehzeit gegen 1922 um eine Viertelstunde verbessert

Lager II

hatte, zumal da mir Mallory und Odell auf den vorhergehenden Pässen einfach davongelaufen waren.

Vom Pang La entfaltete sich eine Rundsicht des Himalayas mit dem Mount Everest in der Mitte. Er liegt etwa 55 km in der Luftlinie entfernt. Mit einem Blicke erfaßt man vier der höchsten Berge der Welt. Erklettert man einen Hügel neben dem Passe, so gesellen sich noch jederseits zwei Riesengipfel hinzu, die äußersten Flankenpfeiler bildend. Von links nach rechts sehen wir Gosainthan, Tscho Uyo, Gyatschung Kang, Mount Everest, Makalu und Kantschendschunga. Sie stehen so weit auseinander, daß keiner vom Nachbarn erdrückt wird. Jeder beherrscht eine Gruppe geringerer Berge, die sich als gezackte Mauer von einem Ende des Gesichtskreises zum andern erstrecken. Oberhalb von 6200 m ist alles Eis und Schnee, es sei denn, wo senkrechte Wände keinen Niederschlag dulden. Nur die Gipfelpyramide des Mount Everest ist trotz ihrer mäßigen Neigung schneefrei und schwarz. Der ewige Nordwestwind hat die obersten 1800 m fast rein gefegt.

Der Tag war außerordentlich windstill, so daß wir auf der Paßhöhe eine Stunde lang in der Sonne sitzen konnten. Den Rucksäcken entstiegen Feldstecher, Bildkammern und Malbücher. Den Aufstieg bis zur Nordschulter – 8200 m – betrachteten wir als erledigt; nur die letzten 600 m verdienten Beachtung. Nachdem wir den Mount Everest auf allen denkbaren Wegen erstiegen hatten, wandten wir uns dem Makalu zu, von dem wir gründlich abblitzten. Es wird sehr lange dauern, bis dieser Berg die übliche Entwicklung durchgemacht hat und zum Damenberg geworden ist.

Der Pang La ist ein Ort, an dem man gewöhnlich schon sehr frühzeitig Blumen, Schmetterlinge und Eidechsen findet. Im Abstiege zerstreuten sich alle auf der Suche nach Pflanzen und Tieren. Die Ausbeute war diesmal gering. Indessen sah ich eine Seeschwalbe nordwärts fliegen. Die Frühlingsboten Tibets haben einen Glauben, der Berge versetzt.

Abends lagerten wir bei Taschidsom im Tale des Dsakar Tschu, der uns jetzt bis zu seiner Quelle beim Standlager geleitete. Dort entspringt er der Zunge des Rongbukgletschers. Am 27. April legten wir die langweiligste Strecke zurück, nämlich die 24 km nach Tschödsong, dem höchsten Dorfe, bevor die Hochgebirgswüste uns umfängt. Nur das Kloster Rongbuk unterbricht die steinige Oede.

Diese Strecke verhält sich zur tibetischen Ebene und zum Gletscher, wie der Anmarsch durch verwüstetes Gebiet zu den fruchtbaren Feldern im Rücken und dem Schlachtfelde an der Front. Es ist ein trostloses Tal; es ist eng und der Fluß kommt einem lächerlich klein vor, wenn man bedenkt, welch mächtigen Gletschern er entspringt. Die Uferberge sind häßliche, braune Kalksteinbuckel, reizlos in Farbe und Form. Zu beiden Seiten hat man die etwa 20 km langen Altmoränen, die sich wie endlose Eisenbahndämme dahinziehen. Gegen die braunen Bergflanken sehen sie fast weiß aus, weil sie aus kristallinischem Gestein bestehen, das ich in meiner Unwissenheit Granit nenne, obgleich Odell einen andern Namen dafür hat. Diese Felsblöcke stammen aus den Wänden des Mount Everest, des Gyatschung Kang und ihrer Nachbarn. Im Talhintergrunde tauchen allmählich die fast ganz hinter ihren Endmoränen verborgenen Gletscherzungen auf. Die zunehmende Kälte und der bissige Wind verkünden, daß wir uns dem Reiche nähern, wo es nur noch Fels und Firn gibt.

Bald öffnet sich ein Blick ins Gletscherbecken des Gyatschung Kang, und bei der nächsten Wegbiegung zeigt sich eine weiße Schulter, die nur dem Westgipfel des Everest angehören kann. Noch ein Stückchen weiter, und die vertraute Gestalt des Everest taucht fast gleichzeitig mit dem Rongbukkloster auf.

Wir lagerten auf der Moränenterrasse dicht vorm Kloster. Zu unserm Leidwesen war der Oberlama gerade krank, so daß er uns nicht den Segen erteilen konnte, worauf wir der Träger wegen so großen Wert legten. Außer guten Geschenken schickten wir ihm eine Jaklast

Zement, den er sich 1922 erbeten hatte, um das Heiligtum auszubessern. Diesen Zement hatten wir den ganzen Weg von Dardschiling her mitgeschleppt. Hazard, unser Pionier, erbot sich das richtige Mischen zu zeigen, was er bei der nächsten Gelegenheit auch tat.

Am 29. April legten wir die letzte Staffel zurück, die 6 1/3 km vom Kloster zum Standlager. In Rongbuk verabschiedeten wir uns von den lieben Pferdchen, die uns so wacker bis hierher getragen hatten. Das Steingeblock wurde jetzt zu schlimm für sie. Unter der Obhut der Reitknechte sollten sie nun im nächsten Dorfe ihren Urlaub verleben. Dort winkten ihnen verhältnismäßig laue Lüfte und sogenannte Grasweiden. Als wir uns in der entgegengesetzten Richtung entfernten, konnte ich eine leichte Anwandlung von Neid kaum unterdrücken.

Wir wanden uns durch die Moränenhügel und standen gegen Mittag auf dem alten Lagerplatze, der so aussah, als hätten wir ihn erst gestern verlassen. Eine Stunde später war der letzte Jak verschwunden und unser Ameisenhaufen sich selber überlassen. Es gab viel zu tun; jedem war seine Aufgabe zugewiesen. Wir ernteten den Lohn für die geduldige Arbeit, die wir auf dem Herwege mit Papier und Bleistift geleistet hatten, denn alles spielte sich nun ohne Zeitverlust ab. Bald standen die Zelte; der bunt zusammengewürfelte Lastenberg, über 300 Stück, begann sich zu entwirren. In Reih und Glied ordneten sich die Kisten, die schon am nächsten Morgen durch tibetische Träger zum Lager I befördert werden sollten. Dann kam der Schnee in wirbelnden Pulverflocken. Er verhüllte die Landschaft und ließ uns erschauern. Aber er hat wenigstens das Angenehme, daß er nicht näßt. Man kann stundenlang im Schnee stehen; dann schüttelt und bürstet man sich und ist wieder trocken. In meinen Aufzeichnungen steht, daß dies einer der kältesten Tage war, die wir jemals im Standlager erlebten. Wir arbeiten in voller Winterrüstung, bis an die Augen und Ohren in Wollsachen gehüllt. Doch arbeiteten wir ununterbrochen bis zur Dämmerung, was uns ermöglichte, am nächsten Tage 150 Trägerlasten abzufertigen.

Wir hatten Phari einen Tag früher als 1922 verlassen. Unterwegs wollte ich einen weiteren Tag einsparen, um dergestalt zwei Tage früher im Standlager einzutreffen als 1922. Das war uns gelungen. Durch diese Eile hofften wir den ersten Versuch am 17. Mai unternehmen zu können. Dann blieb uns immer noch Zeit zu einem zweiten Versuche, auch wenn der Monsun schon am 1. Juni eintreten sollte, was ja außergewöhnlich früh ist. Die restlichen zehn Tage genügten dann, um die Hochlager neu zu beschicken und den Bergsteigern eine kurze Erholung zu gönnen.

Aber vor dem ersten Versuche gab es noch viel zu tun. Wir mußten die Lager I, II und III einrichten und den steilen Gletscherpfad zum Nordsattel auskundschaften. Daran schloß sich dann der Aufbau des Lagers IV mit seinen Vorräten und Sauerstoffgeräten. Von dort aus sollten Bruce und Odell mit fünfzehn Trägern zum Lager V in etwa 7800 m Höhe aufbrechen, wo auch der Bedarf für noch höhere Lager aufzustapeln war. Sodann brachen Somervell und ich vom Lager IV auf, schliefen einmal im Lager V und gingen dann weiter zum Lager VII (8300 m). Während wir uns auf dieser Strecke befanden, stiegen Mallory und Irvine von IV nach VI (8000 m), wo sie übernachten sollten. Wir durften also keine Zeit verlieren, wenn wir alles dies bis zum 17. Mai durchführen wollten.

Außerdem erschien es uns wichtig, daß die Bergsteiger bald übers Standlager hinaus kamen, um die Anpassung zu beschleunigen. An einen wochenlangen Marsch in der durchschnittlichen Höhe von 4300 m gewöhnt, mußten wir uns nun auf die nächsten Stufen vorbereiten. Das Standlager liegt bei 5100 m; von da ab kommt man unaufhaltsam höher und höher. Für mich, wenn vielleicht auch nicht für alle, bedeutet die 5000-Meter-Grenze einen Wendepunkt. Ein deutliches Unbehagen stellt sich ein. Die kleinste Bewegung wird anstrengend; mit Mühe kriecht man in den Schlafsack; mit Aufbietung großer Willenskraft zieht man die Stiefel an. Das Anzünden der Pfeife ist eine Staatshandlung, denn der Atem versagt zugleich mit dem Zündholz und die Pfeife geht aus, ehe man die Puste wieder hat.

Ich muß bekennen, daß der erste Gang zum Lager I für mich ein Leidensweg ist. Als ich ihn dieses Jahr beschritt, erlahmten Arm und Schulter unter dem Gewicht des Eispickels, so daß ich mir einbildete, ich müßte einen leichteren beschaffen. Das Steigen wird zur Qual und die frische Luft bringt keine Erleichterung. Schwerer Druck lastet auf Körper und Gemüt.

Das bessert sich mit jedem neuen Gange zum Lager I, wiederholt sich aber mit jeder durch die höheren Lager bezeichneten Staffel. Obgleich man nach der Rückkehr ins Standlager viel von den weiter oben ausgestandenen Leiden vergißt, bleibt der Aufenthalt in der Höhe über 5000 m immer eine ungemütliche Sache. Es scheint einem immer etwas zu fehlen; und in der Tat, es fehlt etwas, nämlich der Sauerstoff, der Lebensodem.

So endete der erste Abschnitt der Reise. Wir waren pünktlich im Standlager eingetroffen und durften uns einer erstaunlich guten Krankenliste rühmen. Alles war bisher so glatt gegangen, daß wir uns in verzeihliche Vorfreude wiegten. Die abends sieben Uhr zum Essen versammelte Gesellschaft war nicht grade unbändig lustig, legte aber durch eine Höhenluft gedämpfte Heiterkeit an den Tag. Noch ahnten wir nichts von den rauhen Winden, die der Berg des Schicksals für uns zusammenbraute.

III
DER RONGBUKGLETSCHER

von Hauptmann J. G. Bruce, M. C.

Wie Oberst Norton schon sagte, war der erste Angriff für den 17. Mai bestimmt. Bis dahin gedachten wir alle Lager bis zum Nordsattel hinauf fertig zu haben. Dazu bedurfte es angestrengter Tätigkeit. Wir durften keinen Augenblick verlieren. Infolge der sorgfältigen Vorbereitungen von Norton und Shebbeare, die alle Kisten genau ausgerechnet und bezeichnet hatten, wuchsen die beiden ersten Lager wie Pilze aus der Erde. Viel verdanken wir auch den Gurkha-Unteroffizieren, die das tibetische Aufgebot mit viel Geschick und Verständnis behandelten.

Bei der Ankunft im Standlager verfügten wir über rund 150 tibetische Träger, die wir mit Erlaubnis des Dsongpens von Schekar in den Dörfern zwischen Schekar und Rongbuk ausgehoben hatten. Sie bekamen vier Tankas (etwa eine Mark) täglich und dazu einige Nahrungsmittel. Sie durften nicht auf Eis und Schnee verwendet werden. Nach Beendigung der Arbeit sollten wir sie schnell wieder heim schicken, wo die Feldbestellung ihrer harrte. Im übrigen mußten sie für sich selber sorgen, was besagt, daß sie in 5500 m Höhe ohne Decken übernachteten. Mit weniger abgehärteten Menschen wäre diese Etappenversorgung unendlich viel umständlicher, wenn nicht unmöglich gewesen.

Um den Bergsteigern Arbeit zu ersparen, schlug ich Norton vor, die Gurkhas mit der selbständigen Einrichtung der Lager I und II zu betrauen, einschließlich der Beschickung des Lagers II mit den Nachschüben für die noch höheren Lager. Er war einverstanden. Am 30. April machten sich drei Unteroffiziere auf den Weg. Ihrem Befehle unterstanden 150 Tibeter, Männer, Frauen, Knaben, von denen jeder 18 kg trug ohne Rücksicht auf Alter oder Geschlecht. Anfänglich versuchte ich, den Frauen und Knaben die leichteren Lasten zuzuschieben, was indessen nicht gelang, so daß ich das übliche Verfahren einhalten mußte. Alle Tibeter umschnüren den Stiefelschaft mit schönen bunten Wollbändern; jeder kennt seine Farbe ganz genau. Man läßt sich von jedem ein solches Strumpfband geben, schüttelt den Haufen durcheinander und legt ein Band auf jede Last. Jeder ergreift das ihm zufallende Los und schultert es ohne Widerspruch.

Der erste Tag beglückte uns mit prachtvollem Wetter. Vom Standlager aus folgten wir den singenden und scherzenden Trägern mit den Blicken. Die lange Reihe wand sich durch die Moränenhügel zur Uferterrasse empor und verschwand im Tale des Rongbuk-Ostgletschers. Der gute Anfang erfüllte uns mit frohen Hoffnungen. Im Standlager gab es heute ein Festessen mit fünf Gängen und Sekt.

Zwei der Unteroffiziere waren schon 1922 dabei gewesen, so daß sie den Weg und die Lagerplätze kannten. Vom Lager I sollten sie sofort 75 Träger zurückschicken und die andre Hälfte für den Vorschub ins Lager II dort behalten. Die fünfundsiebzig trafen auch richtig ein; aber am folgenden Morgen hieß es, daß zweiundfünfzig von ihnen in der Nacht ausgerissen seien. Das war ein übler Strich durch die Rechnung, denn ein Streik zu dieser Zeit warf alle Pläne über den Haufen. Daher begab ich mich mit Norton und Shebbeare ins Lager I, um nach dem Rechten zu sehen. Dort herrschten indessen Ordnung und Zufriedenheit.

Gleich nach unserer Ankunft kamen die Tibeter vom Lager II zurück. Sie waren ganz vergnügt. Wir lobten sie und versprachen für den morgigen Abend einen guten Schmaus nebst Trinkgeld. Sie freuten sich sehr und versicherten uns, daß auch die übrigen Lasten am nächsten Tage im Lager II sein würden. Trotz aller Umfragen gelang es nicht, den Schleier zu lüften, der über dem geheimnisvollen Verschwinden der Zweiundfünfzig lag.

Man wundert sich besonders über die Frauen. Eine schleppte ihr zweijähriges Kind oben auf der Last von 5300 m bis 6000 m und erklärte sich bereit, den Weg auf Wunsch zu wiederholen. Eine Grauhaarige gab uns eine Tanzvorstellung, ehe sie sich zum Essen niedersetzte. Diese Beobachtungen gaben uns neuen Mut. Vielleicht konnten wir den Fahrplan trotz der Ausreißer einhalten, wenn wir die Lücke mit unsern Scherpas stopften. Zudem berichteten die Gurkhas, daß sich der Weg in den zwei Jahren kaum verändert habe und ganz unschwierig sei.

Für Rongbuker Verhältnisse war das Lager I sehr gemütlich, denn es sammelte fast alle Sonnenstrahlen und ließ nur wenig Wind herein. Es befand sich einige hundert Meter oberhalb der Mündung des Rongbuk-Ostgletschers. An beiden Talseiten leiteten steile Schutthalden zu senkrechten Felswänden empor. Hie und da sieht man Blöcke, die der schleifende Wind in Fabelgestalten verwandelt hat. Die Steinhütten von 1922 waren noch brauchbar. Dächer aus Zeltplanen machten sie bald zu wohnlichen Unterkünften für die Gurkhas. Jedenfalls war das Lager I das angenehmste von allen; nur schade, daß es weiter oben kein ähnliches gab.

Nachdem wir in Gesellschaft von Todschbir, Hurke und Schamscher ein Glas heißen Tees getrunken hatten, stiegen wir wieder zum Standlager ab. Unterwegs begegneten wir Noels Leuten, die zwei Maultiere mit dem Kurbelkasten vor sich her trieben. Sie sagten, daß die Tiere ganz gut durchkämen; sie sind auch glücklich im Lager I eingetroffen. Später griff Noel wieder auf Träger zurück, weil die Futterbeschaffung zu umständlich war. Das Heu mußte aus 35 km Entfernung von Tschodsong heraufgebracht werden.

Inzwischen warteten wir im Standlager auf die Nachricht, daß Lager II fertig sei; dann kamen wir an die Reihe, um die Staffeln von dort aus weiter vorzuschieben. Am Abend des 2. Mai meldeten Tedschbir und Hurke, daß alles erledigt sei und daß die Tibeter zur Ablöhnung kämen. Wir hatten schon gefürchtet, daß ein während des Tages ausgebrochener kleiner Schneesturm die Arbeiten verzögern würde. Die Leute erhielten die versprochene Belohnung in Gestalt von Schmaus und Trinkgeld. Es war ein Vergnügen, sie essen zu sehen. Wir waren mit ihren Leistungen sehr zufrieden und behielten sechs der besten für Lagerdienste zurück.

Das Nächste, was uns bevorstand, war das Einrichten der höheren Staffeln. Zu diesem Zwecke teilten wir unsere Träger in zwei Gruppen von je zwanzig Mann; die übrigen zwölf standen als Ersatz bereit.

Die Gruppe 1 sollte sich unter der Führung einiger Bergsteiger bei III festsetzen und von dort aus zum Nordsattel vordringen. Einen Tag später folgte die Gruppe 2, um die Nachschübe von II nach III zu besorgen. Der Ersatz blieb einstweilen im Standlager und diente zum Ausfüllen von Lücken, die durch Krankheiten oder Unfälle entstanden. Oberhalb des Standlagers liegt ja die Gefahrenzone, in der man immer auf Zwischenfälle gefaßt sein muß. Jeder Gurkha erhielt ein Gletscherlager zugewiesen, wo er für Ordnung, Verpflegung und Weiterbeförderung zu sorgen hatte.

Da die rechtzeitige Durchführung bis zum 17. Mai so sehr von unsern Trägern abhing, sei ihnen hier eine kleine Abschweifung gewidmet. Von den Köchen und sonstigen Helfern abgesehen, hatten wir in Dardschiling 70 Mann angeworben. Infolge frühzeitiger Bekanntmachung waren 300 Leute zusammengeströmt, aus denen wir die besten wählen konnten.

Unter ihnen befanden sich viele, die wir schon von 1922 her kannten und die wir sofort wieder einstellten, soweit sie sich damals bewährt hatten. Das Aussieben der andern machte größere Schwierigkeiten, weil man sich nur nach äußeren Merkmalen richten konnte. Da eine Fähigkeitsprüfung unmöglich ist, muß man sich auf sein Glück verlassen. Wir ließen uns hauptsächlich vom reinrassigen Aussehen leiten und zogen drahtige Gestalten den Riesen vor. Unter den Erwählten befanden sich allerdings auch einige große Kerle, aber kei-

Rongbuk-Ostgletscher

ner von ihnen zeigte sich den Anstrengungen der höchsten Vorstöße gewachsen.

Die Reise von Dardschiling zum Standlager bot Gelegenheit, die Träger einzulaufen und die besten vorzumerken. Sie wurden gut verpflegt, gekleidet, gebettet und brauchten nicht viel zu tragen. Dieser Grundsatz machte sich gut bezahlt, denn bei der Ankunft im Standlager war keiner auf der Krankenliste. Allerdings kostete es auch einige Mühe, sie auf dem schmalen Weg zu halten, denn die Scherpas und Bhotias sind ein leichtlebiges Völkchen, das einen Durst zu löschen hat.

Als Träger sind sie unübertrefflich, weil sie von Jugend auf Lasten schleppen. Schon als ganz kleine Kinder holen sie Wasser oder Feldfrüchte für den Haushalt. Als Gebirgler sind sie trittsicher und furchtlos; das rauhe Klima der Heimat hat sie abgehärtet. Einige unserer Leute kamen von Sola Khombu, dem Scherpadorfe in Nepal, südlich von Nangba La. Sola Khombu liegt auf einer wichtigen Handelsstraße zwischen Nepal und Tibet. Der Weg führt über den 5800 m hohen Paß Nangba La. Fünf Monate lang herrscht dort ein lebhafter Verkehr; und unter den Reisenden bemerkt man oft Weiber mit kleinen Kindern.

Die widrigen Verhältnisse dieses Jahres ließen deutlich erkennen, wie schwer es ist, die richtigen Leute auszuwählen. Sehr schwierig ist es auch, zu beurteilen, wie viel Stoßkraft ein Mann nach längern Entbehrungen noch in sich hat. Eine Zeitlang geht alles gut; im nächsten Augenblick klappt er geistig und körperlich zusammen. Indessen waren nicht alle so unberechenbar. Die »Tiger«, von denen noch die Rede sein wird, ließen uns nie im Stich.

Der 3. Mai war ein kalter und stürmischer Tag mit drohenden Wolken. Mallory und Irvine brachen mit ihren Trägern zum Lager III auf, wo sie einige Tage zu bleiben gedachten, um sich an die Höhe zu gewöhnen. Dort wollten sie auch die Sauerstoffgeräte prüfen. Gleichzeitig setzten sich Odell und Hazard in Bewegung, denen die Aufgabe zufiel, den Weg auf den Nordsattel zu bahnen. Noel begleitete sie mit einem Teil seines Filmgepäcks. Einen Tag später folgte Hawildar Umar mit der zweiten Trägergruppe. Wir andern mußten noch einige Tage im Standlager warten, bis die Vorhut oben alles eingerichtet hatte.

Im Standlager herrschte rege Betriebsamkeit. Unser Tschonsai, der vom Dsongpen zu Schekar gestellte Begleitbeamte, sorgte für regelmäßige Zufuhren von Fleisch und Jakmist. Das gab jedesmal eine große Abrechnung. Eines Tages erschienen unternehmungslustige Scherpas aus Sola Khombu mit Kartoffeln. Sie wußten vom Jahre 1922 her, daß wir gerne Gemüse kauften. Wir nahmen ihnen den ganzen Vorrat ab und baten um Nachlieferung. Ein anderes Mal tauchte ein verdächtig aussehender Kerl mit zwei Eseln auf, die geheimnisvolle Lasten trugen. Er entpuppte sich als Verkäufer chinesischen Branntweins und wurde schleunigst über die Dreimeilengrenze befördert.

Schließlich kam noch ein Bote des Schikars von Taschidsom, der sich beklagte, daß wir zwei seiner Untergebenen geschlagen hätten. Obgleich die Beschuldigung grundlos war, mußten wir ihr nachgehen, denn wir hingen vom guten Willen dieses Mannes ab, der unsere Pferde in Pflege hatte und Fleisch ins Lager lieferte. Daher schickten wir Paul nach Taschidsom, um den Beamten zu besänftigen. Diese Gesandtenrolle lag unserm Paul ausgezeichnet; stolz bestieg er sein Roß und ritt talwärts. Bei aller Eitelkeit ist er ein sehr tüchtiger junger Mann. Er entledigte sich seines Auftrages mit Erfolg und kam nach einer Woche mit den freundlichen Grüßen des Schikars von Taschidsom zurück.

Ehe Norton das Standlager verließ, regelte er den Arbeitsplan des Gurkha-Feldmessers Hari Singh, den die Indische Landesaufnahme uns geliehen hatte. Am wichtigsten wäre der Rongbuk-Westgletscher gewesen. Indessen schien es zu gewagt, die Leute ohne bergsteigerische Aufsicht in dieses Gebiet zu schicken. Da keine Bergsteiger für solche Aufgaben frei waren, mußte sich Hari Singh auf leichter zugängliches

Gelände beschränken. Er brach am 5. Mai mit einigen tibetischen Trägern auf und machte im Laufe der nächsten Wochen sehr schöne Karten der Gebiete am Gyatschung Kang-Gletscher und östlich vom Rongbukkloster.

Am 6. Mai machten sich Norton, Somervell und Beetham auf die Beine. Norton und Somervell sollten sich im Lager III in aller Ruhe auf ihren sauerstofflosen Ersteigungsversuch am 17. Mai vorbereiten. Beetham hatte sich fast vollkommen erholt. Den Leib mit Willenskraft zwingend, war er der Gefahr entronnen, nach Dardschiling abgeschoben zu werden. Da er für den Gipfelangriff noch nicht in Betracht kam, wollte er sich in den Staffeln nützlich machen und vor allem Noel bei den photographischen Arbeiten unterstützen.

Alles schien sich soweit gut abzuwickeln, als ich am 7. Mai an die Reihe kam. Norton hatte mich gebeten, den Beschluß zu machen, alle Lager zu besichtigen und den Unteroffizieren alles nochmals genau einzuschärfen. Am 11. Mai sollte ich Odell im Lager III treffen und mit ihm aufsteigen, um das Lager vorzuschieben. Mit mir gingen die Ersatzmannschaften, unter denen sich einige alte Leute von 1922 befanden. Ursprünglich hatten sie sich darüber geärgert, so weit ins Hintertreffen zu geraten, denn es hieß ja, daß die Belohnungen mit den erreichten Höhen stiegen. Ich beruhigte sie, daß alle Gelegenheit bekämen, sich auszuzeichnen. Noch ahnte ich nicht, daß meine Worte eine Weissagung enthielten.

Am 8. Mai kamen wir ins Lager II. Die Zelte standen wie vor zwei Jahren neben dem gefrorenen See, über dem sich glitzernde Eiswände erheben. Das Lager war vollständig besetzt, obgleich wir nur einen Koch und einen oder zwei Träger anzutreffen erwarteten. Auf der Strecke hatte es einen Zusammenbruch gegeben, der zur Massenflucht ausgeartet wäre, hätte sich Norton nicht zufällig im entscheidenden Augenblick eingefunden und das Verhängnis beschworen. Er und Somervell waren am 7. Mai ohne Zwischenfall ins Lager II gekommen. Dort aber hörte er, daß die auf dieses Lager gestützte zweite Trägergruppe in ein fürchterliches Unwetter geraten war. Es war so schlimm, daß Mallory die Lasten zwei Kilometer vor III abwerfen ließ und die Leute zurückschickte. Am gleichen Nachmittag gegen fünf Uhr kamen einige gänzlich ermattete Träger aus der Richtung des Lagers II. Sie gehörten zur ersten Gruppe, die vor zwei Tagen aufgebrochen war. Seitdem hatte der Sturm sie im Lager III festgehalten, wo bisher noch kein Aufenthalt für sie vorgesehen war, so daß jeder nur eine Wolldecke und etwas ungekochte Gerste vorfand. Endlich hielten sie es nicht länger aus und traten den Rückzug an. Infolgedessen drängte sich im Lager II fast die doppelte Anzahl von Menschen, für die es eingerichtet war und die zudem noch gepflegt und ermuntert werden mußten. Daher blieb nichts anderes übrig, als die Zelte auszupacken und die Vorräte anzubrechen, die für die höheren Staffeln bereit lagen. Mallory, Irvine, Odell und einige Träger befanden sich anscheinend noch im Lager III. Erst als Mallory selber herunter kam, hörte ich Genaueres.

Ein Sturmwind mit dreißig Grad Kälte hatte sich auf sie geworfen und Verzweiflung in die Reihen getragen, so daß man das Gepäck liegen lassen mußte. Infolgedessen wurde die Besatzung von III abgeschnitten. Nachdem man zwei Tage lang kümmerlich das Leben gefristet hatte, schickte Mallory die Leute hinunter. Nur mit Mühe gelang es ihm, sie aus den Zelten zu treiben und in Marsch zu setzen. Die andern waren noch oben; Odell und Hazard wollten heute den Anstieg zum Nordsattel erkunden.

So standen die Dinge am 8. Mai. Sie sahen nicht rosig aus, am wenigsten für unsern Anführer, der nun neue Entscheidungen treffen mußte. Glücklicherweise gehört er zu den Führern, die Herren der Lage bleiben und ihre Gefährten mit dem gleichen Geiste beseelen. Norton ist ein solcher Mann, obgleich er es in seinen Berichten nicht durchblicken läßt. Er ordnete an, daß sich die erste Gruppe im Lager II ausruhen sollte. Inzwischen konnte Somervell, der immer eine besonders glückliche Hand mit den Leuten hatte, die zweite Abteilung hinaufführen, um das abgeworfene Gepäck aufzulesen und das Lager III wohnlicher zu machen. Innerhalb der nächsten 24 Stunden hoffte man die erste Gruppe so weit zu haben, daß sie die Nachschübe von II nach III besorgen konnte. Das Anbrechen der für die Hochlager vorgemerkten Vorräte und die Umstellung des Planes ließen es geraten erscheinen, Shebbeare aus dem Standlager herbeizurufen. Dank seiner Sprachkenntnisse war er der geeignete Lagerobmann für II. Das ging aber nicht so schnell, weil er die Geldkisten nicht allein lassen durfte. Daher schickten wir Botschaft an Hazard, er möge Shebbeare im Standlager ablösen.

Den Rest des Tages verbrachten wir damit, den Plan neu einzurenken und den Trägern Mut zuzusprechen. Am nächsten Morgen brachen Norton, Mallory und ich mit sechsundzwanzig Trägern zum Lager III auf. Die Ersatzmannschaften kamen jetzt zur Geltung; sie trugen die schwersten Lasten und wirkten anfeuernd auf die andern.

Der Gletscherpfad war ähnlich wie vor zwei Jahren. Der einzige Unterschied war der, daß wir die tiefe Senke inmitten des Gletschers nicht auf dem kürzesten Wege überschritten, sondern in ihr weiter gingen bis sie in den flachen oberen Gletscher auslief. Allseits umgaben uns die Eistürme des Troges; sie wurden immer kleiner, je mehr wir uns dem oberen Ausgange näherten. Die Oberfläche des Gletschers bestand aus glattem Eise mit mannigfaltigen Löchern und Rissen, in denen sich Pulverschnee angesammelt hatte. Die Steigeisen erwiesen sich als fast unentbehrlich, und auch die Träger sahen ihren Nutzen bald ein.

Bald nach dem Verlassen des Lagers II begann es zu schneien, was den ganzen Tag andauerte. Auf halbem Wege begegneten wir Hazard, der dem Standlager zustrebte, um Shebbeare abzulösen. Er erzählte uns, daß er am Vortage mit Odell zum Nordsattel zu gelangen versuchte.

Sie bezwangen aber nur drei Viertel des Weges; am Fuße des letzten Eishanges hatten sie Seile und Hacken hinterlegt. Er schilderte uns das Lager III als einen höchst ungemütlichen Ort. Angesichts des zunehmenden Schneetreibens war zu erwarten, daß es bei unserer Ankunft noch ungemütlicher sein werde als geschildert. Da der Sturm die Plauderei störte, verabschiedeten wir uns und stampften vorwärts. Von dort, wo das abgeworfene Gepäck lag, schickten wir die meisten Träger nach II zurück und behielten nur acht Ersatzleute. Im Lager III (6400 m) begrüßte uns ein richtiger Polarsturm, der zwei Tage anhielt. Der Platz war trostlos, obgleich der beste, den man hier finden konnte. Jeder Eiswind, der da droben blies, mußte hier vorbei.

Niemand rührte sich; das Lager war wie ausgestorben. Kein Wunder, daß die Träger wie ein Häufchen Unglück dasaßen, überfiel sie doch dieser schreckliche Schneesturm, nachdem sie sich kaum vom vorhergehenden erholt hatten. Viele waren wie gelähmt und versuchten nicht einmal Essen zu kochen, trotzdem wir ihnen die Petrolbrenner ins Zelt schoben. Glücklicherweise sprangen die acht Unentwegten ein; sie kochten für die andern und rappelten sie etwas auf. Im Freien konnte man es kaum aushalten. Daher verschlangen wir ein hastiges Mahl und krochen in die ausgezeichneten Schlafsäcke, in denen man wenigstens nicht zu frieren brauchte.

Der Schneesturm blies mit unverminderter Kraft; Pulverschnee drang durch alle Ritzen und bedeckte uns mit einer dicken Schicht. Es war eine schreckliche Nacht. Bei der geringsten Bewegung rutschte eine kleine Lawine in den Schlafsack und hinterließ beim Schmelzen einen nassen, kalten Fleck. Die Zelte bestanden eine schwere Prüfung. Trotzdem das größte nur 7 1/2 kg wog, brach keines zusammen.

Am Morgen hörte es auf zu schneien. Aber der Wind, der den gefallenen Schnee vor sich her trieb, war von einem Schneesturm nicht zu unterscheiden. Bis gegen zehn Uhr durfte man nicht einmal die Nase aus dem Zelte strecken. Dann aber erschien Kami, der Koch, mit einem Frühstück, das wir niemals vergessen werden. Immerdar wird es sein Geheimnis bleiben, wie er überhaupt etwas zustande brachte. Als er meldete, daß angerichtet sei, krochen wir zu fünfen in das ihm benachbarte Zelt. Besonders waren wir auf einen Becher heißen Tees erpicht, der indessen zu unserm großen Leidwesen noch nicht fertig war. Statt dessen reichte Kami ein Gericht herein, das er »Monkri« zu nennen beliebte. Der Augenschein belehrte uns, daß es aus Makkaroni bestand. Auch ohne die Dankbarkeit zu vergessen, die ich Kami schulde, darf ich sagen, daß es ein sehr widerwärtiges Gericht war. Aber ehe das Monkri vertilgt war, gab es keinen Tee; erst mußten wir den Topf leeren, der dann an Kami zurückging. Nach einer Stunde kam der heiße und erquickliche Tee, von dem wir heftig mehr begehrten, obgleich er in dem fettigen Monkrikessel gebraut war. Damals ging uns der Humor der Sache noch nicht ordentlich auf; später mußten wir immer lachen, wenn jemand Monkri oder Kami Tscha (Kami-Tee) erwähnte.

Nach dem Frühstück besprachen wir die Lage. Mallory und Irvine sollten noch am selben Tage zum Lager II absteigen, um sich von den großen Anstrengungen der letzten Tage zu erholen. Zugleich faßten wir die vollständige Räumung ins Auge, falls dieses Wetter andauern sollte. Die beiden hatten sich aufgeopfert und Großes geleistet. Irvine war ein unermüdlicher Arbeiter. Nach dem Kampfe mit Sturm und Schnee setzte er sich abends noch mit den Werkzeugen ins Zelt, um die Sauerstoffgeräte auszubessern. Er saß noch auf, als die andern schon in den Schlafsäcken lagen.

Als Mallory und Irvine uns verlassen hatten, peitschte der Sturm immer noch wütend auf den Schnee ein. Gen Mittag schlugen sich Norton und Somervell mit siebzehn Trägern zum Gepäckhaufen durch und brachten neunzehn Lasten mit. Auch die Herren trugen ihr Teil. Ich blieb mit Odell im Lager, um den Schnee aus den Zelten zu räumen und womöglich eine warme Mahlzeit vorzubereiten. Die heimkehrenden Träger waren fast erledigt, denn sie hatten einen schweren Kampf mit dem Sturm hinter sich. Sie ließen sich in ihre Zelte fallen und blieben liegen. Wir zwangen sie zum Essen und Trinken, zogen ihnen die Stiefel aus und packten sie in die Schlafsäcke. Noch nie habe ich so müde Menschen gesehen. Man muß aber auch bedenken, daß sie schon seit fünf Tagen Lasten durch dieses fürchterliche Wetter schleppten.

Der Abend kam, der Wind verdoppelte seine Kraft. Wieder füllten sich die Zelte mit Schnee und allgemeinem Unbehagen. Das Thermometer fiel auf 22 Grad unter Null. Der Wind tobte, die Zeltwände knatterten, Schlaf war unmöglich. Der Morgen dämmerte, aber der Wind ließ nicht nach. Auch beim schönsten Wetter war der Weg auf den Nordsattel nun für einige Tage gesperrt, so daß uns nur noch der Rückzug übrig blieb. Bei der Beratung um 9 Uhr früh betrug die Kälte immer noch −18°.

Zunächst sollten die Leute antreten, um die Zelte niederzulegen, da wir es nicht wagen durften, sie den Windstößen auszusetzen. Leichter gesagt als getan. Die Leute waren nicht hoch zu kriegen; stumpfsinnig brüteten sie dahin. Sogar die farbenprächtig ausgemalten Genüsse des Standlagers lockten sie nicht. Nach langem Zureden ermannten sie sich endlich. Während ich mich um die Zelte kümmerte, schrieben Norton und Somervell alle Sachen auf, die hier liegen blieben.

Dann machten wir uns auf den Weg, den Norton so treffend die »Via dolorosa« nannte: über den windumtosten Gletscher zum Lager II und dann über meilenlange Blockfelder zum Standlager, wohin wir alles bis auf den letzten Mann zurückzogen. Wir waren der trübselige Zug eines geschlagenen Heeres mit Lahmen, Kranken und Schneeblinden.

Kurz vor dem Lager II trafen wir Irvine, der uns berichtete, daß der Träger Tamding das Bein gebrochen habe und daß er Somervell suche, um das Bein zu schienen. Dieser Träger war auf dem Marsche durch Tibet Somervells Diener gewesen. Somervell vermißte damals einiges Unterzeug. Als wir das Bein untersuchten, stellte sich heraus, daß

Tamding die Kleidungsstücke geliehen hatte. Der Bruch war nicht schlimm, schmerzte aber stark. Von seinen Gefährten wurde Tamding auf einer Tragbahre ins Standlager getragen.

Am 11. Mai waren Mallory, Beetham, Irvine und Noel im Standlager; Somervell und Odell befanden sich mit der Hälfte der Träger im Lager I; Norton und ich bildeten mit dem Rest der Leute die Nachhut im Lager II.

Norton und ich teilten ein Zelt, das Shebbeare für uns hergerichtet hatte. Da wir müde waren, gingen wir früh ins Bett. Am Morgen erwachte ich aus erquickendem Schlummer und wunderte mich, daß Norton über eine schlecht verbrachte Nacht klagte. Er verglich die Lagerstätten und machte mich schließlich darauf aufmerksam, daß er nur eine Lage Eiderdaunen zwischen sich und dem Gletscher gehabt hatte, während ich mich wollüstig auf zwei Matratzen nebst Daunendecken rekelte.

Um 9¼ Uhr verließen wir das Lager II, das so stehen blieb wie es war. Im Lager I trafen wir Somervell, der alle Hände voll zu tun hatte, denn andauernd kamen Kriegsverletzte. Am schlimmsten stand es mit dem Gurkha Schamscher, der an einer Gehirnblutung litt und besinnungslos war. Manbahadur, der Flickschuster, hatte beide Füße bis über die Knöchel erfroren. Ein andrer lag mit Lungenentzündung darnieder. Mit Ausnahme von Schamscher konnten wir alle abwärts befördern. Ein Gurkhakamerad und mehrere Träger blieben bei ihm.

Im Standlager fanden wir die ersehnte Zuflucht. Da gab es geräumige, warme Zelte, reichliche warme Mahlzeiten und üppige Feldbetten. Besonders freuten wir uns über Hingston, der inzwischen eingetroffen war. Wir begegneten ihm schon unterhalb des Lagers I, denn er hatte sich sofort aufgemacht, um nach Schamscher zu sehen. Er hatte General Bruce heil in Gangtok abgeliefert und war uns dann nachgeeilt. Er kam gerade zur rechten Zeit, als wir ihn am nötigsten brauchten.

Der Trog im Rongbuk-Ostgletscher

So endete der erste Versuch auf den Mount Everest. Er hatte uns zurückgeschlagen; aber noch fühlte sich keiner von uns besiegt. Zunächst mußten wir einige Tage rasten. Inzwischen wurde das Wetter wohl besser und gab uns Gelegenheit zum zweiten Angriff. Am 13. Mai ritt der Dolmetscher Paul zum Kloster Rongbuk, wo er den Lama bitten sollte, die Leute am 15. Mai zu segnen. Sie legten großen Wert darauf, und wir taten alles, um diesen Wunsch zu erfüllen. Der Spaziergang zum Kloster war gesund und der Segen hob den Mut.

Nach einem Tage im Standlager sahen die Träger schon bedeutend frischer aus. Um jedoch das Höchste aus ihnen heraus zu holen, erschien irgend eine Umstellung geboten. Norton und ich steckten die Köpfe zusammen. Wir beschlossen, die Mannschaften in drei feste Gruppen einzuteilen, deren jede einen Obmann und einen Obmannstellvertreter bekam. Diese Obleute sollten höheren Lohn erhalten und wie Unteroffiziere behandelt werden. Die verflossenen Tage hatten das Gute gehabt, uns zu zeigen, wer die Tüchtigsten waren, so daß es keine Mühe kostete, die sechs Anführer zu bestimmen. Wir riefen sie heran und erklärten ihnen die Sache. Soweit es möglich war, erlaubten wir ihnen, ihre Leute auszusuchen. Der Vorschlag schien zu gefallen. So wurde ein gesunder Wetteifer angeregt. Von den drei Obmännern wurden Narbu Jischee und Lobsang später berühmt, als sie mit den besten ihrer Leute zum Lager VI in 8200 m Höhe vordrangen. Bei der Neueinteilung sorgten wir auch dafür, daß zwei Mann in jeder Abteilung mit dem Metakocher und Primus umzugehen verstanden.

Mittlerweile bemühte sich Hingston um die Kranken. Manbahadur, der Flickschuster, war übel zugerichtet. Man hätte ihm beide Füße abnehmen müssen, wenn er am Leben geblieben wäre. Die andern machten gute Fortschritte. Gegen elf Uhr brachen Hingston und ich mit der Bahre zum Lager I auf, um Schamscher zu besuchen. Wir hofften, daß es ihm besser ginge. Aber Hurke kam uns entgegen und sagte, daß er sehr um Schamscher besorgt sei. Vielleicht konnten wir sein Leben retten, indem wir ihn tiefer beförderten. Wir trugen ihn sanft zutal, aber er starb einen Kilometer vor dem Standlager. In ihm verlor das Unternehmen einen tapferen jungen Mann, der uns mit Eifer und Hingebung gedient hatte. Manbahadur starb einige Tage später. Beide wurden beim Standlager begraben.

Dann folgte wieder ein Tag emsiger Tätigkeit. Obgleich die Lager bis III hinauf ziemlich vollständig waren, mußten wir alle Listen genau durchgehen. Kleider und Vorräte der Träger bedurften der Nachschau; die Köche erhielten Unterricht am Primuskocher. Das Wetter blieb mürrisch; im Standlager fiel Schnee, und der Berg sah abweisender aus denn je.

Am 15. Mai sollte die Einsegnung vor sich gehen, von der niemand ausgenommen war. Vor dem Abmarsch erhielt jeder Mann zwei Rupien als Spende für den Lama. Dann machten wir uns auf den 6 km langen Weg zum Kloster. Dort blieben die Leute im großen Vorhofe, während wir über enge und dunkle Treppen ins Wartezimmer des Lamas gebeten wurden, wo ein Mahl bereit stand. Nachdem wir die Nudeln verzehrt hatten, führte man uns vor den Heiligen Lama, der auf seiner Altane vor einem Altar saß. An den Seiten standen andre Priester. Wir setzten uns oben auf Bänke; die Leute standen im Hofe hinter uns. Dann traten wir einzeln vor den Lama, der jeden von uns mit einer silbernen Gebetsmühle am Kopfe berührte. Nach uns kamen die Gurkhas und die Träger. Die einfache und würdige Handlung machte auf alle großen Eindruck. Zum Schluß hielt der Lama eine kurze Rede, in der er zum Ausharren ermahnte und zugleich versprach, für alle zu beten.

Die Feier befriedigte uns sehr. Man sah den Leuten an, daß der heilige Mann großen Einfluß auf sie ausübte. Sie faßten wieder Mut und hatten bei der Rückkehr ins Standlager ihre alte Munterkeit nahezu gänzlich wiedergewonnen. Abends erschien der Dolmetscher Paul im Meßzelt und meldete, daß die Träger »ihm und dem Obersten Sahib« sehr dankbar für die schöne Feier seien.

Der 16. Mai war klar; der Berg zeichnete sich blendend vom Himmel ab. Das Wetter sah hoffnungsvoll aus, und wir beschlossen, am nächsten Tage wieder aufzubrechen. Seit dem 12. Mai hatte Mallory einen neuen Plan ausgearbeitet, der die Bewegungen aller Beteiligten für die nächsten zehn Tage regelte. Im großen und ganzen war es der alte Plan, nur daß der letzte Versuch vom 17. auf den 29. Mai verlegt wurde. Am Vorabend gingen die Unteroffiziere mit einigen Leuten ab, um das Lager I zu besetzen. Alles schien wieder im Trimm zu sein; mutgeschwellt blickten wir einer neuen Zukunft entgegen. Indessen spielte uns das Schicksal am nächsten Morgen schon wieder einen Streich. Beetham hatte einen schweren Anfall von Hüftweh und konnte sich kaum bewegen. Er tat uns furchtbar leid, denn er hatte seine alte Form wiedergewonnen und freute sich auf den Kampf.

Am Abend des 19. Mai waren alle Stellungen bis zum Lager III zurückerobert. Das Wetter versprach sich zu halten, denn die letzten Tage waren schön gewesen, obgleich noch Wolken um den Berg hingen. Die Bergsteiger verteilten sich jetzt folgendermaßen:

Norton, Somervell, Mallory, Odell im Lager III.

Irvine und Hazard im Lager II auf dem Wege nach III.

Shebbeare als Verbindungsmann im Lager II.

Noel und ich im Lager I auf dem Wege nach III.

Hingston und Beetham im Standlager.

Oberst Norton wird im nächsten Abschnitte schildern, was nun geschah.

IV
DER NORDSATTEL

von Oberstleutnant E. F. Norton, D. S. O.

Dieser Abschnitt sei der Eroberung des Nordsattels gewidmet. Es ist die Geschichte eines Sieges, der uns so schwächte, daß das Mißlingen des Gipfelsturmes sozusagen selbstverständlich wurde.

Der Leser der früheren Everest-Berichte wird sich erinnern, daß der Monsun oder Regenwind die Hauptsorge des Bergsteigers ist. Alles hängt vom Zeitpunkte seines Eintreffens ab; man muß mit ihm um die Wette laufen. Im Jahre 1922 kam er ungewöhnlich früh, nämlich am 1. Juni. Sein feuchtwarmer Hauch verursachte die Lawine an den Hängen des Nordsattels. Sieben Träger hat sie dahingerafft; die andern blieben durch einen glücklichen Zufall verschont. Damals hatten wir Grund zu glauben, daß der Monsun um vierzehn Tage zu früh ausgebrochen war. Man darf sich eben nie auf seine äußerste Frist verlassen. Im Jahre 1924 verleitete uns das schlechte Wetter zur Annahme, daß wir schon zu spät gekommen seien. Wir fürchteten, daß er uns seine ganze Kraft spüren lassen werde, ehe wir uns auf dem Nordsattel festgesetzt hatten.

Die Vorboten des großen Regenwindes sind nicht durchaus klar bestimmt und unmißverständlich, denn zu Beginn herrscht oft wechselndes Wetter mit klaren Zwischenräumen. In meinem Tagebuch finde ich oft Hinweise auf »einleitende Monsunströmungen«. Wir standen demnach unter dem Eindrucke, daß wir den Nordsattel so schnell wie möglich erreichen müßten, um die letzten klaren Tage auszunutzen, die sich vielleicht noch vor dem Eintreffen des Hauptwindes boten. Das ist die Erklärung, warum wir bis zur Erschöpfung mit einem Wetter kämpften, das gar nichts mit dem Monsun zu schaffen hatte. Wie sich später herausstellte, herrschten im ganzen Himalaya außergewöhnliche Verhältnisse. Die ältesten Pflanzer von Dardschiling vermochten sich nicht an solche Stürme und Kälteeinbrüche zu erinnern.

Vor dem Aufbruche hatten wir einen telegraphischen Wetterdienst mit Mallorys Verwandten in Colombo und mit der Wetterwarte zu Simb vereinbart. So hofften wir, über das Vordringen des Monsuns auf dem Laufenden zu bleiben. Von Zeylon und der malabarischen Küste aus braucht er etwa drei Wochen, um Nordindien zu erreichen. Die Drahtberichte gingen pünktlich ab, kamen aber zu spät, weil sie von Phari durch Reiter und Läufer befördert wurden. Die erste Nachricht, die uns nützliche Winke gab, traf uns auf dem endgültigen Rückzuge zum Standlager wenige Tage vor dem Ausbruch des Regenwindes im Rongbuktal.

Das Lager III befindet sich in der südlichen Flanke des höchsten Seitengletschers, der aus der Bucht zwischen Everest und Nordgipfel in den Rongbuk-Ostgletscher fließt. Sein Talschluß wird durch den Nordsattel gebildet. Oben auf dem Joche sammeln sich gewaltige Schnee- und Firnmassen an, die sich stetig über die Steilhänge abwärts bewegen. Infolgedessen wechselt das Bild von Jahr zu Jahr. Beispielsweise verlief 1922 kurz unterm Joch eine schmale Spalte. Sie hatte sich inzwischen in einen klaffenden Schrund verwandelt, dessen unterer Rand abgesunken war und nun von einer riesigen Eiswand überragt wurde.

Wie schon berichtet, mußte die Partie vom 8. Mai unterhalb der Paßhöhe umkehren. Da die Zeit drängte, wurden Odell, Mallory und Somervell dazu bestimmt, den Sattelweg anzulegen. Die beiden letztgenannten kannten die Hänge ja schon. Ich beschloß sie zu begleiten, weil Mallory Höhenhusten und Somervell Sonnenstich hatte. So konnte ich als Ersatzmann einspringen, falls einem von beiden schlecht wurde. Der tüchtige Träger Lhakpa Tsering begleitete uns mit einer Ladung Seile, Mauerhaken und Pflöcke für die Geländersiche-

rung. Als ich ihn fragte, ob er sich hinauf getraue, antwortete er stolz:
»Ich bin doch vor zwei Jahren zweimal bis 7600 gekommen.«

Am Morgen des 20. Mai stiegen wir vom Lager III gegen den Nordsattel an, zunächst der linken Ufermoräne folgend. Nach alter Berg-
steigersitte beginnt man in der Frühe recht langsam. In 6400 m Höhe
wird daraus ein schneckengleiches Kriechen. Bald merkte ich aber,
daß einer von uns, nämlich Somervell, nicht nur an der Morgenträg-
heit litt. Auf dem heißen Gletscherwege zum Lager III hatte er gestern
den Sonnenstich bekommen, was sich während der Nacht als Fieber
mit hoher Blutwärme äußerte. Am Fuße der Steilhänge wurde sein
Zustand augenfällig. Dennoch mußten Mallory und ich lange auf ihn
einreden, ehe er sich zur Umkehr entschloß.

Ein kurzer Blick auf die Hänge entschied unser Vorgehen. Schon
im Zelte hatten wir uns über die grundsätzliche Anlage des Weges ge-
einigt. Den leicht gangbaren Lawinenstrich mußten wir vermeiden.
Von Norden nach Süden schräg aufwärts durch die Hänge zog sich ein
kilometerlanger Schrund, der oberhalb jener Lawinenstelle endete.
Nach Ueberwindung der sanften Neigungen unterhalb des Schrundes
konnten wir dessen unteren Rand als sichere Anstiegslinie benutzen.
Aber zwischen dem oberen Ende des Schrundes und dem Lagerplatze
sahen wir keine Hänge, die bei schlechten Schneeverhältnissen durchaus sicher gewesen wären. Von unten kommend vermochten wir uns
jedoch rechtzeitig über den Zustand dieser Strecke zu unterrichten,
wie es Bruce und Odell drei Tage später taten.

Odell und Hazard hatten beim ersten Versuche den Weg von 1922
eingeschlagen. Daher schickten wir Odell und Lhakpa Tsering jetzt zu
den weiter links aufbewahrten Seilen, die sie zu uns herüber bringen
sollten, während Mallory und ich mit dem Stufenschlagen halb rechts
hinauf begannen.

Bis zum Schrunde gab es nur einfache Stufen- oder Stampfarbeit,
bei der wir uns ablösten. In der Höhe gingen Mallory und ich sehr gut

zusammen, obgleich er weiter unten oft zu schnell für mich war. Hier hielten wir Schritt. Unterhalb des Schrundes kam eine steile Stelle, die man leicht mit einem festen Seile sichern konnte. Als wir auf dem Rande der Spalte standen, fanden wir einen Argwohn bestätigt, der uns inzwischen aufgestiegen war. Im Randwulste hatte sich nämlich durch Verwerfung eine Kluft gebildet, die sich nur umgehen ließ, wenn man in den Spaltengrund hinabstieg. Drüben führte ein fast senkrechter Eiskamin in die Höhe.

Voller Ungeduld drangen wir vor, um uns von der Ueberwindlichkeit des Hindernisses zu überzeugen. Odell und der Träger waren uns schon auf Rufweite nahe gekommen.

Es war immer reizvoll, Mallory angesichts einer Schwierigkeit zu beobachten. Man konnte fast sehen, wie sich seine Nerven anspannten und wie er sozusagen die Lenden gürtete. Mit der ihm eigentümlichen Gewandtheit und Sicherheit packte er den Kamin an. Ich folgte ihm dicht auf den Fersen und gab gelegentliche Tritthilfen mit der Pickelhaue. Der erste Durchstieg durch den Kamin war recht kitzlig und mühsam. Die Seiten des engen Spaltes bestanden aus hartem Blaueis; im Hintergrunde häufte sich weicher Schnee, der keinen Fußhalt bot und unergründliche Tiefen zu verbergen schien. In 6700 m Höhe sind solche Turnkunststücke außerordentlich anstrengend, und wir freuten uns sehr, als wir nach einstündiger Arbeit aus dem Schlunde tauchten. Unter uns sahen wir die Köpfe von Odell und Lhakpa, die langsam nachdrängten. Odell schleppte die Sicherungspflöcke.

Wir setzten nun den Weg auf der Kante des Schrundes fort. Rechts gähnte der Eisrachen, links war Luft. Große Stufen schlagend, erreichten wir eine etwas ebenere Leiste, die uns ans Ende des Schrundes geleitete. Nun folgten steile Firnhänge. Wir mußten eine flache Mulde queren, die den obern Teil des Anstieges von 1922 darstellt. Dieser Abschnitt wurde unter Aufbietung alles menschlichen Scharfsinnes ausgebaut und versichert. Besonders vertrauenswürdig war ein hängendes

Seil, dem ein Eisturm als Pfahl diente. Gleich nach diesem Eiszacken kam ein 60 m breiter Hang, dessen Steilheit eben noch Schnee auf sich duldete. Ihn mußte man queren, um auf die Altane des Lagers IV zu gelangen. Unten endete der Hang über einem Eisabsturze.

Wir erinnerten uns noch gut an die letzte Ueberschreitung dieser steilen Stelle, die sich in den zwei Jahren kaum verändert hatte. Damals lag tiefer Neuschnee und wir erwarteten jeden Augenblick das Abrutschen der Schneeschicht, die uns in die Tiefe gerissen haben würde. Als Mallory und seine Gefährten den Nordsattel im Jahre 1921 erstmalig erreichten, entledigte sich dieser Hang seiner Schneelast in der Pause zwischen Aufstieg und Abstieg.

Mallory stellte sich wieder an die Spitze. Wir kamen überein, daß es das Beste sei, möglichst gerade aufwärts anzusteigen und erst dort nach links auszubiegen, wo die Neigung in die flache Lagerterrasse überzugehen begann. Odell hatte uns inzwischen eingeholt, so daß wir unsere Kräfte vereinen konnten, um Mallory vom Eiszacken aus zu sichern. Er kam indessen ungeschoren hinauf, und wir folgten in der steilen Stufenleiter, die er ins morsche Eis geschaufelt hatte. Es muß eine sehr schwere Arbeit gewesen sein.

Wir landeten zu guter Stunde auf dem Zeltplatze, es war halb drei, die Sonne schien noch und ein Eiswall schützte uns gegen den Westwind. Vom Lager, das wir hier 1922 im Stiche gelassen hatten, war keine Spur zu sehen. Das ist weiter nicht verwunderlich, weil die Buckel, Quadern und Klüfte des Nordsattels einen Firnbruch darstellen, der sich abwärts bewegt.

Die Lagerfläche war etwas schmäler geworden, knappen Raum für die Reihe der kleinen Zelte bietend. Wieder einmal hatten wir den schwierigsten Teil des Berges hinter uns. Wir waren hocherfreut oder was man auf 7000 m Höhe hocherfreut nennt; die Gemütsbewegungen sind hier etwas gedämpft. Dagegen waren wir rechtschaffen müde, denn wir hatten tüchtig gestampft und gehackt, um den beladenen

Trägern eine sichere Spur zu bahnen. In der Sonne liegend, genossen wir einen hastigen Imbiß und die wundervolle Aussicht. Doch wußten wir, daß hinter der Eiswand im Rücken eine Aussicht verborgen lag, die an wilder Größe ihresgleichen sucht.

Mallory wollte sich nicht zufrieden geben, ehe er das fehlende Wegstück zur eigentlichen Paßhöhe ausgekundschaftet hatte. Odell erbot sich als Begleiter. Ich hingegen entdeckte die dringende Notwendigkeit, Sicherungspflöcke in den Firn zu schlagen, eine Arbeit, zu der man vielleicht zehn Minuten brauchte.

Die beiden andern hatten eine gute Stunde zu tun. Mallory sah auch ziemlich erschöpft aus, als sie zurückkamen, denn ihm war der Löwenanteil der heutigen Tagesarbeit zugefallen. Zwischen dem Joch und dem Lager IV liegt ein Firnbruch mit halbverdeckten Spalten, die Geduld, Vorsicht und Mühe forderten. Früher mußte man einen großen Umweg machen, weil eine unübersteigliche Kluft den geraden Zugang versperrte. Als Mallory, Somervell, Morshead und ich damals vom höchsten Punkte zurückkehrten, verbrachten wir abends vier Stunden in diesem Irrgarten, mit der Kerzenlaterne nach einem sicheren Wege zum nur 300 Meter entfernten Lager suchend.

Diesmal entdeckte Odell eine abkürzende Brücke, die uns bis zum Schlusse treu blieb. Wir hatten einen erfolgreichen Tag hinter uns.

Um 3 3/4 Uhr traten wir den Abstieg an, von dem wir lieber schweigen sollten, denn er bestand aus einer Reihe von Rutschen und Stürzen auf dem alten Wege von 1922. Oft traten wir in Spalten. Die ungeschminkte Erklärung für dieses Verhalten heißt Unvorsichtigkeit. Allerdings muß ich Odell ausnehmen. Trotzdem bekannte er sich schuldig, Lhakpa Tsering mit einem falschen Knoten angeseilt zu haben. Als der Träger einmal ausrutschte, löste sich das Seil. Glücklicherweise blieb er in einem weichen Schneefleck stecken. Bleich und elend klebte der bisher so kecke Lhakpa am Hange. Vorher hatte er sich über uns lustig gemacht, wenn wir mit väterlicher Sorge um seine Sicherheit

Der Nordsattel

bemüht waren. Als schlaffer Wurm schmiegte er sich nun an den Hang, wo nur aufrechte Stellung festen Halt gewährt.

Wir sahen endgültig ein, daß es keinen Zweck hatte, den Gipfelstürmern auf der letzten Strecke einen Träger zuzugesellen, wie unter andern auch ich einmal vorgeschlagen hatte. Diese Leute sind keine wirklichen Bergsteiger auf Schnee und Eis. Bei plötzlichen Zwischenfällen verlieren sie die Nerven.

Recht matt erreichten wir um 6 ½ Uhr das Lager III. Die Freude nach getaner Arbeit wurde nur durch den Zweifel gedämpft, ob man die Träger wohl trotz der Seilsicherungen durch den Eiskamin hinauf brächte. Mein Tagebuch schließt mit den Worten: »Schlecht geschlafen; Kopf zu voll von den Schwierigkeiten und Gefahren der ganzen Geschichte. Bedeckter Himmel, Luft warm; leichter Schneefall in der Frühe. Wetter kommt mir brenzlich vor. Gebe Gott, daß es nicht der Monsun ist, weil sonst keine menschliche Kunst die Sicherheit des Anstieges zu verbürgen vermag.«

Wenn ich die nun folgende Tätigkeit meiner Gefährten kürzer behandle, so liegt das an den Tagebuchmerken und an meinem schlechten Gedächtnis. Jedenfalls ist keine Zurücksetzung beabsichtigt, wenn ich nur die Begebnisse ausführlicher schildere, an denen ich selber teilgenommen habe. Niemand würdigt die glänzenden Leistungen der Freunde besser als ich. Es war eine anstrengende Zeit. Wenn die müden Mannschaften abends heimkamen, hörte man nur mit halbem Ohre hin; die Gedanken beschäftigten sich schon mit dem nächsten Schritt. Später verwischten sich alle diese Begebenheiten im Schatten dramatischer Geschehnisse.

Das Lager III war wirklich ein Ort des Grauens. Die Steine, die 1922 Sonnenwärme ausstrahlten, waren jetzt immer mit Schnee bedeckt. Das Rinnsal war gefroren; alles Trinkwasser mußte aus Schnee geschmolzen werden. Niemals konnten wir im Freien essen. Besonders verhaßt war die Abendmahlzeit, wenn das Zelt im kalten Schatten lag und die Füße sich wie Steine anfühlten. Wir bemühten uns, eine Andeutung gesellschaftlicher Sitten aufrecht zu erhalten, indem wir uns zum Essen in einem leeren Zelte versammelten. Diesmal hatten wir einen richtiggehenden Koch im Lager III. Drei von unsern vier Köchen lösten sich in den Lagern I, II und III ab.

Mit Abscheu denke ich an viele jener Mahlzeiten zurück, trotz voller Würdigung der großen Schwierigkeiten, mit denen die Kocherei verbunden war. Das Wasser siedet hier schon, wenn man noch den Finger hineinstecken kann. Der lauwarme Tee schmeckt schlecht, auch wenn zufälligerweise kein Petroleum oder Hammelfleisch mit Gemüse von gestern Abend darinnen ist. Wieviel Dank schulden wir doch den wackeren Köchen Kami, Tsering und Kantscha. Der arme Kantscha starb daheim an Wurstvergiftung wenige Tage nach unserer Ankunft in Dardschiling.

Vor dem Schlafengehen mußten die Füße irgendwie erwärmt werden. Für einen flotten Spaziergang war die Moräne zu holperig, der Gletscher zu glatt. Daher stellten wir uns auf einen flachen Stein und machten oft zehn Minuten lang die militärische Uebung »Mit Geschwindschritt auf der Stelle treten«. Der Erfolg entsprach selten den Erwartungen.

Am 21. Mai erklärte sich Somervell für wieder hergestellt. Er ging um $8^{1}/_{2}$ Uhr mit Irvine, Hazard und zwölf Trägern zum Nordsattel, um das Lager IV aufzuschlagen. Der Morgen war unheimlich warm; überall hingen leichte Wolkenschleier. Zwischendurch fiel trockner Pulverschnee, dem wir aber keine Wichtigkeit beimaßen, weil er mit Sonnenschein abwechselte. Somervell und Hazard sollten den Trägern im Eiskamin helfen, noch verschiedene Seile anbringen und dann umkehren, während Hazard mit den Leuten auf dem Nordsattel übernachtete. Am nächstfolgenden Tage sollten Bruce und Odell oben übernachten und mit den zwölf Trägern zum Lager V in 7770 m Höhe aufsteigen.

Ich greife wieder zum Tagebuch: »Bis ein Uhr blieben die Hänge des Nordsattels klar; aber niemand am Schrundrande zu sehen. Dann Schnee, der alles verdunkelt. Jetzt ist es 6 Uhr 20 und Somervell mit Irvine noch nicht zurück. Es schneit noch dick und naß. Ich werde unruhig. Um 2 Nm. kam Bruce mit 19 Mann aus II; hat fast alle Vorräte von II und den Zwischenniederlagen herauf geschafft. War den ganzen Tag mit Kistenordnerei beschäftigt und habe den Kram gründlich satt. Mag kaum noch daran denken. – 6.35 – Somervell und Irvine soeben eingetroffen; Hazard mit den Leuten glücklich ins Lager IV gebracht. Also alles wohl, mehr oder weniger.«

Das sind die dürren Umrisse eines Tages voller Sorge und Plage. Der Neuschnee hatte die Spuren fast verwischt, die Mallory und uns so viele Mühe gekostet hatten. Allmählich wurde der Schnee sehr tief, und machte das Gehen ungeheuer anstrengend, wenn nicht gefährlich. Die Herren schlugen noch viele Pfosten ein und befestigten Seile daran, ehe sie die Träger nachkommen ließen.

Beim Eiskamin hielt man es für geraten, die Lasten über die glatte Außenwand aufzuseilen und die Träger unbeladen klettern zu lassen. Somervell und Irvine stellten sich oben auf, während Hazard von unten her Winke gab. Sie zogen die 9–14 kg schweren Packen empor, wobei ein Eisbauch auf halber Höhe viel Schererei verursachte. Es muß eine fürchterliche Schinderei gewesen sein, und ich wundere mich nur, daß sie sich dabei nicht die Hände erfroren haben. Der junge Irvine erwies sich als eine Säule der Kraft und machte ausgiebigen Gebrauch von seinem stämmigen Körper. Somervell, der noch nicht ganz fieberfrei war, ließ ebenfalls nicht locker, trotzdem die Arbeit drei Stunden gedauert haben muß. Hazard und seine Leute, die keine ausgelassene Fröhlichkeit bekundeten, wurden auf dem Bücherbrett ihrem Schicksale überlassen.

Am 22. Mai schneite es tüchtig. Der Schneefall hatte schon die ganze Nacht gedauert und setzte sich bis 3 Uhr fort, so daß Bruce und

Odell nicht an den Aufstieg zum Nordsattel denken durften. Da es sonst nichts im Lager zu tun gab, blieben wir mit kalten Füßen in den Schlafsäcken liegen und lasen die Heimatpost, die Bruce mit heraufgebracht hatte. Es war ein trübseliger Tag, denn wir glaubten bestimmt, den Monsun vor uns zu haben. Noch elender war die folgende Nacht. Das Thermometer sank auf 31 Grad Celsius unter Null, was die größte bisher in dieser Gegend verzeichnete Kälte ist. Kanadiern und andern, die an $-40°$ gewöhnt sind, sei gesagt, daß $-31°$ auf diesen sauerstoffarmen Höhen mehr bedeuten, als der Uneingeweihte ahnt. Wir schliefen wenig oder gar nicht.

Der Morgen des 23. Mais war wolkenlos, windstill und sonnenhell, aber verteufelt kalt. Wir nahmen daher an, daß der Neuschnee fest gefroren sei und daß man es wagen durfte, zum Nordsattel hinauf zu gehen. Die Zeit drängte. Bruce war trotz aller Widrigkeiten ganz auf der Höhe. Um 9½ Uhr machte er sich mit Odell und siebzehn Trägern auf den Weg.

Um ein Uhr begann es wieder nachdrücklich zu schneien. Bevor der Vorhang fiel, erhaschte ich noch einen Blick des Querganges unter dem Lager IV. Schwarze Punkte bewegten sich nach rechts, wie Fliegen auf der weißen Wand. Daraus folgerte ich, daß Hazard beschlossen habe, den Nordsattel zu räumen, was mir in Anbetracht des Monsuns eine Last von der Seele nahm. Gegen drei Uhr sichtete ich Bruce und seine Leute auf der Moräne. Sie waren kurz vor der Schrunde umgekehrt, weil ihnen der Schnee nicht sicher genug erschien. Kurz darauf sahen sie Hazards Gesellschaft den Eiskamin hinunterklettern. Sie riefen, wurden aber nicht gehört.

Es ist mir aufgefallen, wie schwer man sich in diesen Bergen durch Rufe verständigte. Ich weiß noch genau von drei Malen, wo die Stimme auf eine Entfernung von 180 m ungehört verhallte, trotzdem es vollkommen windstill war. Unsere Stimmen waren natürlich etwas geschwächt, aber das genügt nicht zur Erklärung.

In großer Unruhe warteten wir auf Hazard und seine Leute. Er kam um 5 Uhr mit nur acht Mann. Er war auf dem lawinengefährlichen Quergange vorausgegangen und hatte die Träger einzeln nachkommen lassen. Die vier letzten waren jedoch umgekehrt. Entweder fühlten sie sich nicht wohl, oder sie hatten eine kleine Oberflächenlawine abgetreten und sich dann gefürchtet, weiter zu gehen. Rutschspuren am Steilhange schienen für die zweite Möglichkeit zu sprechen.

Die Lage war plötzlich ernst geworden. Es schneite beharrlich, und der Schnee zeigte jene leichte flockige Beschaffenheit, die er im Monsun zu haben pflegt. In der Einsamkeit des Lagers IV saßen vier abergläubische Leute, den Schrecken der weißen Berge preisgegeben. Zwei davon sollten nach Aussage ihrer Gefährten an Erfrierungen leiden. Außerdem erfuhren wir, daß vor zwei Tagen ein Sack mit Lebensmitteln abgestürzt war. So blieben die Armen auf Gerstenmehl angewiesen, wenn sie nicht genug Entschlußkraft – und den Büchsenöffner – hatten, um die wenigen Dosen mit Herrenfutter anzugreifen. Man mußte ihnen unbedingt zu Hilfe eilen, und zwar schon morgen, denn Erfrierungen dulden keinen Aufschub.

Vorläufig erschien auch jeder Versuch auf den Gipfel ausgeschlossen, denn alle Insassen des Lagers III waren schon ziemlich mitgenommen. Mallory und Somervell hatten starkes Höhenhalsweh; Odell hatte nächtelang kaum geschlafen; Irvine litt an Durchfall und hinter Hazard lagen drei schwere Arbeitstage. Die verfügbaren Träger waren körperlich und seelisch vorläufig erledigt.

Unterhalb und oberhalb des Nordsattels häufte sich so viel Schnee, daß man einstweilen nicht an einen Gipfelangriff denken konnte. Alle miteinander waren wir davon überzeugt, daß der Regenwind uns überfallen habe.

Im Eßzelt um eine flackernde Kerze gekauert, entwarfen wir den Plan für den kommenden Tag. Da Mallory und ich uns am längsten ausgeruht hatten, so war die Reihe an uns. Da wir mindestens zu dritt

Kintschendjhau von Kampa Dsong aus
(nach dem Original von T. H. Somervell)

Tschomolhari von Westen aus
(nach dem Original von T. H. Somervell)

Von Linga westwärts – Abendstimmung bei Monsun
(nach dem Original von T. H. Somervell)

Sonnenuntergang auf den Schneefeldern des Tscho Rapsang
(nach dem Original von T. H. Somervell)

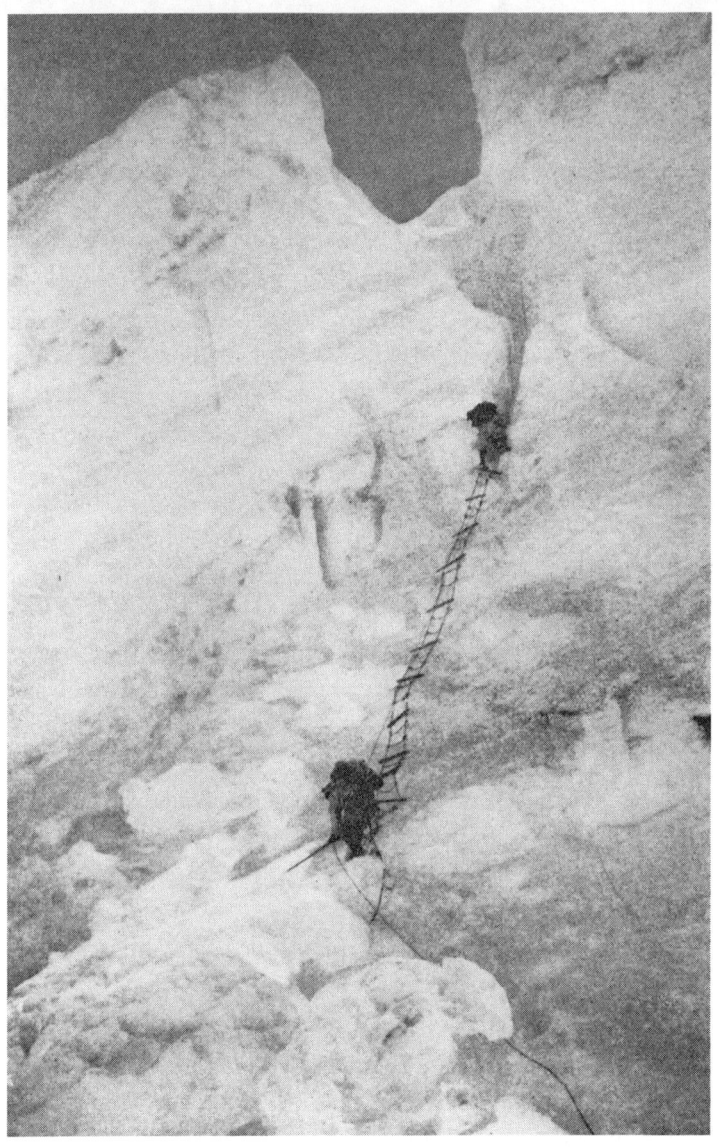

Der Kamin am Nordsattel

sein mußten, um die vier Träger herab zu lotsen, sollte auch Somervell mitkommen. Wir drei waren ja schon von 1922 her gut aufeinander eingespielt. Bruce, Hazard und Irvine räumten inzwischen das Lager III. In diesem blieben nur Odell und Noel, der von II heraufgekommen war. Sie behielten ein halbes Dutzend Träger bei sich, für den Fall, daß Verunglückte befördert werden mußten.

Es war eine trübselige Ratsversammlung. Ein nochmaliger Rückzug schien alle weiteren Erfolgsmöglichkeiten für dieses Jahr auszuschließen. Drei von den vier für den ersten Versuch ausersehenen Bergsteigern sollten ihre Ausdauer morgen auf eine schwere Probe stellen, was ihre Kräfte stark herabminderte, auch wenn das Wetter uns nochmals eine Gnadenfrist gewährte. Einstweilen traten diese Bedenken hinter das Gebot der Stunde zurück. Wir mußten vor allem die Träger retten.

Von Anbeginn leitete mich der Grundsatz, daß wir in diesem Jahre auf keinen Fall Unglück mit den Trägern haben durften. Und nun standen wir vor der greifbaren Möglichkeit, vier Mann zu verlieren, denn die Rettungsaussichten waren gar nicht rosig. Alle von uns zeigten Spuren der Abnutzung. Mallory und Somervell husteten stark, was sie im Steigen behinderte. Der tiefe Schnee erforderte beschwerliches Waten und drohte mit Lawinen. Als wir nachts dem sanften Schneegeriesel auf den Zeltwänden lauschten, hätte ich jede Wette angenommen, daß Mallory ebenso wie ich dem morgigen Unternehmen recht schwarzseherisch gegenüberstand. Doch behielt jeder seine dunkeln Gedanken für sich. Um Mitternacht hörte der Schneefall auf und der Mond kam heraus.

Um 7 1/2 Uhr waren wir unterwegs. Trotzdem die Sonne schon seit zwei Stunden in den Gletscherkessel leuchtete, betrug die Luftwärme nur $-17°$.

Aus dem Anstiege sind mir nur wenige Einzelheiten erinnerlich; er war eine Tretmühle durch knie- bis hüfttiefen Schnee. Wie gewöhnlich ging es uns am Beginn am schlechtesten. Wir sahen aus wie

Leute, die man soeben aus dem Krankenhaus entlassen hatte; meine Hoffnungen sanken auf Null. Mallory, der in solchen Fällen von seiner Willenskraft zehrte, spornte uns an und schalt uns einmal wegen irgend einer kleinen Verzögerung, weswegen er sich später entschuldigte. Ich trug Steigeisen, deren Bindungen kalte Füße verursachten. Beim Einstiege zum Eiskamin zog ich die Stiefel aus; Mallory rieb mir die Füße, die indessen den ganzen Tag über nicht mehr warm werden wollten.

In fünfzig Minuten überwanden wir den Schrund und Eiskamin. Oben, am Rande der Lageraltane, sahen wir einen der Träger namens Phu stehen. Ich rief ihn mehrmals an, um zu erfahren, wie es ihnen allen ginge, bekam jedoch keine Antwort. Erst beim Queren des Schlußhanges entspann sich folgende Unterhaltung: »Hoi, Phu! Könnt ihr alle gehen?« Nachdem wir das einige Male wiederholt hatten, kam die Gegenfrage: »Hinauf oder hinunter?« Der Ernst der Lage schien ihm noch nicht aufgedämmert zu sein. Ich antwortete nur: »Herunter, du Esel«. Er verschwand und erschien gleich wieder mit den drei andern. Sie berichteten, daß sich Namgya alle Finger und Utschung einige Zehen erfroren habe. Jedoch seien alle imstande, abzusteigen. Wir fühlten uns bedeutend erleichtert, denn wir hatten uns aufs Schlimmste gefaßt gemacht und eine von den zusammenlegbaren Tragbahren mitgebracht. Allerdings ist mir noch schleierhaft, wie wir mit den Kranken hinuntergekommen wären. Jedenfalls hätte es bis spät in die Nacht hinein gedauert.

Bis zum Quergange kurz unterm Lager erwies sich der Schnee als ziemlich zuverlässig. Dort aber ward peinliche Vorsicht vonnöten. Somervell bestand auf dem Vortritt. Wir trieben die Eispickel bis zur Haue in den Firn und ließen das 60 m lange Seil über sie laufen, während Somervell langsam schräg aufwärts spurte. Er stieß feste Standlöcher in den Schnee, wobei er zum Erbarmen keuchte und hustete. Nach den Hustenanfällen mußte er den Kopf erschöpft auf den

Arm stützen. Der Hang war so steil, daß Somervell fast aufrecht stehend den Ellbogen in den Schnee drücken konnte.

Etwa zehn Meter unterhalb des Randes, wo die vier Träger standen, ging das Seil zu Ende; die ganzen 60 m waren ausgelaufen. Nach dem Augenmaße erschien es fraglich, ob Somervell nicht über den unteren Eisabbruch zu hängen kam, falls er ausrutschte. Inzwischen war es vier Uhr geworden; das Gespenst des Nachtabstieges saß uns im Nacken. Die Leute mußten das Wagnis auf sich nehmen und die fehlenden zehn Meter unangeseilt überschreiten. Von Somervell aus konnte sich jeder am gespannten Seil entlang tasten, das Mallory und ich mittlerweile um unsern alten Freund, den Eiszacken, geschlungen hatten.

Die beiden ersten kamen gut zu Somervell durch. Einer war schon bei uns, der zweite folgte dem Seil. Plötzlich stand uns das Herz still, denn die beiden letzten hatten sich dummerweise zugleich in Bewegung gesetzt und rutschen mit einer ausbrechenden Schneescholle ab. Schon sah ich sie über die blaue Eisklippe unter uns fliegen. Aber der Himmel hatte ein Einsehen; der Schnee war zähe und hielt die Rutschenden nach acht Metern wieder fest. Kaltblütig rief Somervell mir zu, »Brüllen Sie hinüber, sie sollen still sitzen«. Die beiden verhielten sich dann auch mäuschenstill, zitternd in den Abgrund blickend, während Somervell zunächst ruhig den unterwegs befindlichen Mann zu uns hinübergehen ließ.

Dabei warf er den Unglückswürmern noch Scherzworte zu, die dem einen heiseres Lachgebell entlockten.

Dann band sich Somervell los, versenkte den Eispickel und legte das Seil herum, das er so stark in die Länge zog, wie nur möglich. Wir hielten es am ausgestreckten Arm. Er faßte seinen Schlußknoten mit der Linken und packte die Träger mit der Rechten beim Kragen, einen nach dem andern zum verankerten Pickel herüber schleifend. Die beiden tappten ungeschickt am Seile entlang, die Stufen verderbend. Ohne das Geländer wären sie wieder abgestürzt, denn sie hatten alle

Selbstbeherrschung verloren. Dann seilte sich Somervell wieder an und schritt mit aufrechter Sicherheit über die verpatzte Stufenreihe.

Um $4^1/_2$ Uhr begannen wir den Abstieg. Die Hänge lagen im kalten Schatten; die Nacht forderte uns zum Wettlauf heraus. Mallory ging mit einem Träger am Seil voran; Somervell hütete zwei Schäflein; ich machte mit Namgya den Beschluß. Immer wieder segnete ich meine Steigeisen, zumal im Eiskamin, denn Namgyas erfrorene Hände waren unbrauchbar; oft genug spürte ich sein ganzes Gewicht. Er hielt sich aber wacker und klappte erst etwas zusammen, als wir in der Dämmerung den flachen Gletscher erreichten. Der arme Teufel muß viel gelitten haben in den zweieinhalb Stunden.

Als wir um $7^1/_2$ Uhr noch etwa einen Kilometer vor den Zelten die Moräne betraten, tauchten zwei Gestalten auf. Es waren Noel und Odell mit heißer Suppe in Thermoflaschen. Nie werde ich dieses Labsal vergessen, schon deshalb nicht, weil es uns an derselben Stelle zuteil wurde, wie vor zwei Jahren Kaffee mit Schnaps nach einer ebenso anstrengenden Fahrt. Das schönste Denkmal, das ich Noel und Odell zu setzen vermag, ist wohl der knappe Eintrag im Tagebuch: »Beide rasend nett zu uns, hier, wie auch später im Lager«. Es gehörte zu Noels Eigentümlichkeiten, gerade in solchen Momenten das Richtige zu treffen. Oft hat er mich in seinem doppelwandigen Zelte gewärmt oder erlesene Leckerbissen ausgekramt.

Mallorys Husten und meine kalten Füße verhinderten uns daran, die folgende Nacht so zu genießen, wie wir es verdient hatten.

Wachend wechselten wir von Zeit zu Zeit ein Gemurmel. Immerhin war unsere Stimmung besser als in der Nacht zuvor, als wir uns die möglichen Schicksale der Träger ausmalten. Am nächsten Morgen kehrten wir dem Lager III dankerfüllt den Rücken und geleiteten das Häuflein der Krüppel zutal. Gegen einen Nordostwind ankämpfend, gelangten wir nach II. Ich traf am 26. Mai mit Somervell im Lager I ein.

Wir waren wie folgt verteilt: Odell, Noel, Shebbeare mit zwanzig Trägern auf II; Mallory, Somervell, Bruce, Irvine und ich mit zwanzig Trägern auf I; Hazard, Hingston und Beetham im Standlager. Etwa ein Dutzend der weniger guten Träger wurde jetzt dauernd im Standlager zurückbehalten, von wo sie die Nachschübe für I und II besorgten.

Durch diese Staffelung wollten wir uns die Möglichkeit eines neuen Versuches vorbehalten, falls das Wetter es erlaubte. Die nächste Sturmtruppe befand sich im Lager II, von wo sie die Stellung auf dem Nordsattel ohne Zeitverlust wieder erobern konnte. Wie ich schon erzählte, wurde der arme Beetham am 15. Mai vom Hüftweh befallen, was für ihn eine ebenso große Enttäuschung bedeutete wie für uns. Zwar trieb ihn die Willenskraft zur Tat, aber Hingston ließ ihn vorläufig nicht aus den Klauen, sondern zwang ihn ins Bett.

Beim Kriegsrat ergab sich klar, daß wir für die nächste Gelegenheit einen vereinfachten Plan bereit halten mußten. Shebbeare und Bruce meinten, daß von den 55 Trägern nur noch 15 für den Nordsattel in Betracht kämen. Shebbeare, der keineswegs zu den Flaumachern gehört, sprach anfänglich sogar nur von zwölfen. Dafür trauten wir dieser auserwählten Schar auch zu, noch höher zu gehen. Ich war ganz bestürzt über diese Schätzung, gelangte aber zum gleichen Ergebnis, nachdem ich die Liste Mann für Mann durchgenommen hatte.

Die Anzahl der Kranken und Lahmen war ja nicht groß; aber das gräßliche Wetter hatte den Geist der Truppe untergraben. Das bedeutete einen bösen Strich durch die Lastenförderung, denn die Ausrüstung des Lagers IV bestand einstweilen nur aus vier Zelten mit Schlafsäcken für zwölf Träger und einen Herrn. Noch brauchten wir oben Vorräte und Brennstoff, dazu die Sauerstoffgeräte nebst allem Drum und Dran für die höheren Lager. Nach dem ersten Plane sollten zwei Bergsteiger mit 15 Trägern aus dem vollständig eingerichteten Nordsattellager zum Lager V vordringen.

Anstieg im Kamin

Und wie stand es um die Zeit? Fast schien sich das Wetter zu bessern. Allmählich tauchte auch der Verdacht auf, daß wir es noch gar nicht mit dem Monsun zu tun hatten. Ich leierte schon seit längerer Zeit eine Lieblingslehre her, die mit lautem Gestöhn begrüßt wurde, sobald ich nur anfing: »Ich habe eine Theorie, daß – – –.« Allerdings glaubte ich sie selber nur halb und halb. Nach meiner Ansicht war das erste Erfordernis eine mindestens vierzehntägige Gluthitze im großen Ofen Nordindiens. Sie mußte Dampf unterm Monsun machen, damit er die rechte Stoßkraft zum Ueberschreiten des Himalayas bekomme. Aus dieser Ueberlegung schloß ich, daß uns vor dem wirklichen Monsun vielleicht doch noch etwas Bergsteigerwetter beschieden sein könne. Bruces Vorstellung, daß oberhalb von 8200 m ununterbrochenes Prachtwetter herrsche, war wohl nur der kindisch-krampfhafte Versuch einer optimistischen Gegenlehre. Aber im Lichte der Tatsachen verflüchtigten sich die schönsten Theorien. Noch fehlten sechs Tage am Zeitpunkte, an dem der Regenwind 1922 ausbrach. Wir mußten uns zwei bis drei Tage ausruhen und einen weiteren Tag für den Marsch zum Lager III opfern. Der neue Vorstoß war so zu berechnen, daß sich möglichst große Wirkungen auf eine möglichst kurze Zeit zusammendrängten. Unter andern plagte uns der Zweifel, ob wir wirklich verpflichtet waren, uns mit der Sauerstoffausrüstung zu belasten.

Der lange Kriegsrat endete unentschieden, so daß ich Odell, Shebbeare und Hazard aus den Lagern herbeirufen ließ. Alle Einzelheiten wurden nochmals gründlich durchgenommen; alle nur denkbaren Gruppenbildungen der Bergsteiger wurden abgewandelt. Schließlich nahmen wir den einfachsten Plan ohne Widerspruch an, worauf ich nochmals die verschiedenen Lastennachschübe verglich. Wir beschlossen, den Sauerstoff wegzulassen und die Bergsteiger in Paaren gegen den Gipfel vorzuschicken. Sie sollten den Nordsattel an aufeinanderfolgenden Tagen verlassen und in den zwei höheren Lagern übernachten. Diese waren in etwa 7800 m (V) und 8300 m (VI) geplant. Sehr viel hing natürlich davon ab, wie hoch man die Träger hinauf brachte. Ich bestand darauf, daß immer eine Unterstützungsgruppe auf dem Nordsattel anwesend sei, woraus sich ferner ergab, daß nur mit zwei Gipfelversuchen zu rechnen war, denn nach allem Vorausgegangenen hielten wir niemanden einer Wiederholung für fähig. Wir urteilten aber nach dem Maßstabe von 1922; Mallory und Odell sollten uns noch den Gradmesser von 1924 zeigen.

Bei der Rollenverteilung stellte ich Mallory frei, sich an der Spitzengruppe zu beteiligen. Seine Halsschmerzen hatten bedeutend nachgelassen. Auch zweifelte niemand daran, daß der Feuereifer dieses Menschen ihn zu den größten Höhen emportragen werde. Von den übrigen war Bruce offenkundlich am kräftigsten, zumal da er bisher oberhalb des Lagers III noch wenig eingesetzt worden war. Somit wurden Mallory und Bruce zum ersten Paare bestimmt; sie sahen in der Tat vertrauenswürdig aus, so daß man wohl auf sie wetten durfte, wenn das Glück uns einigermaßen hold war. Somervells Hals hatte sich nur wenig gebessert. Aber wir kannten seine Leistungsfähigkeit, die sich erst kürzlich so glänzend bewährt hatte. Daher zauderten wir nicht lange und wiesen ihn der zweiten Abteilung zu. Als seinen Begleiter wählte man mich, wobei man nicht vergessen darf, daß meine nepalischen Sprachkenntnisse hier den Ausschlag gaben. Es mußte jemand dabei sein, der den Trägern zureden konnte, wenn ihnen der Mut sank. Odell und Irvine bildeten den Ersatz auf dem Nordsattel; Hazard blieb im Lager III.

Der 28. Mai meldete sich klar und heiß. Die beiden Feuerbrände Somervell und Noel wollten ungesäumt losgehen. Ich hatte indessen eine so gute Wirkung der beiden Rasttage beobachtet, daß ich lieber noch einen Erholungstag zugab, so sehr wir auch mit der Zeit geizen mußten. Wir ließen diesen Tag nicht untätig verstreichen. Im Lager II versammelten wir die fünfzehn Träger, auf die wir unsre Hoffnungen bauten und die fortan die Tiger genannt wurden. Odell und Irvine waren ebenfalls dort. Diese »alte Firma« beschenkte uns mit dem schönsten Erzeugnisse ihrer technischen Fertigkeit, nämlich mit einer ausgezeichneten Strickleiter aus Bergseilen und Zeltpflöcken. Sie sollte den Aufstieg über die Eiswand unterhalb des Eiskamins erleichtern.

Wir andern beendeten einen Bericht an die »Times«, schrieben Heimatbriefe, setzten das ewige Geduldspiel der Lastennachschübe fort und genossen die warme Sonne, die es manchmal gar zu gut meinte. Das Lager I ist immer ein schöner Sonnenkurort gewesen.

Die Bergsteiger, sowie Noel mit dem Kurbelkasten, trafen am 30. Mai im Lager III ein. Hazard, der Stützmann in III, kam einen Tag später. Außerdem waren da die fünfzehn Tiger, das Häuflein der Unerschrockenen. Das Wetter hielt sich, so daß Mallory und Bruce am 1. Juni mit neun Tigern auf dem Nordsattel Fuß fassen konnten. Unterwegs befestigten sie die Strickleiter. Auch die Stützgruppe Odell und Irvine bezog ihren Posten im Lager IV.

Bei immer noch prachtvollem Wetter machten sich die zwei Bergsteiger mit acht Trägern auf den Weg über den Nordgrat zum Lager V. Das Wetter auf dem Everest ist indessen immer etwas anders als es aussieht. Als die kleine Schar das eigentliche Joch betrat, überfiel sie der Nordwest, der böse Geist des Berges. Man muß diesen Wind erlebt haben, um ihn zu würdigen. Alle waren mit den besten winddichten Kleidern ausgerüstet, die man sich vorstellen kann. Trotzdem drang der scharfe Zug durch Mark und Bein. Zugleich drohte er die Menschen aus den Stufen zu werfen.

Der Weg längs des Nordgrates bietet nicht viel Stoff für malerische Schilderungen. Er ist ein Kampf mit Höhenluft und Wind, zumeist auf Fels, manchmal auf Schnee. Die Hänge sind durchschnittlich 45° geneigt. Wer noch nie über 7000 m hinaus gekommen ist, kann hier Erfahrungen sammeln. Das Lager V war in 7700 m auf der geschützten Ostflanke des Grates geplant. Bei ungefähr 7600 m begann die Ausdauer der Träger nachzulassen, so daß nur vier von den acht Mann zur

Lagerstelle gelangten. Die andern blieben sitzen. Während sich Mallory um die Einrichtung des Lagers kümmerte, machten Bruce und Lobsang, einer der besten Tiger, zwei Wege, um das restliche Gepäck nachzufördern. Aber Europäer schleppen in dieser Höhe nicht straflos Lasten; Bruce überanstrengte das Herz, glücklicherweise ohne nachhaltige Folgen.

Bald standen zwei gebrechliche Zehn-Pfund-Zelte am Steilhange. 60 m weiter unten sah man noch die zusammengesunkenen Zelte der sauerstofflosen Besteiger von 1922. Fünf Träger gingen jetzt planmäßig zum Nordsattel zurück, während die drei besten oben blieben, um am nächsten Morgen noch leichteres Lagergerät 600 m weiter hinauf zu bringen. Somit hing alles von Kraft und Mut dieser Leute ab. Bruces Redefluß erweckte indessen wenig Begeisterung für die Aufgaben des kommenden Tages. Anscheinend hatte der Wind den Leuten zu stark zugesetzt. Nach der abscheulichen aber unentbehrlichen Abendkocherei begaben sich alle zu Bett. Die Sonne vergoldete noch die umliegenden Bergspitzen, aber im Gemüte der Bergsteiger sah es nicht besonders rosig aus.

Man gedachte sehr früh aufzubrechen, was sich schon beim vorigen Male als durchaus möglich erwiesen hatte. Aber mit Scherpas näherte man sich der Grenze des Unmöglichen. Aus den Leutezelten kam die Antwort, daß nur einer marschfähig sei; die beiden anderen behaupteten krank zu sein. Sogar Bruce vermochte nichts auszurichten. Daher blieb nichts andres übrig, als wieder zum Lager IV abzusteigen.

Auf dem Nordsattel erfüllten Odell und Irvine erstmalig ihre Aufgabe als Stütze des Bergsteigers. Seit 1922 hatte uns dieses Amt als Haupttrost des Ermüdeten vorgeschwebt. Aber die üppigste Einbildungskraft verblaßte angesichts der Wirklichkeiten, die das »altbekannte Haus« hervorbrachte. Ueber eine Woche wohnten die beiden auf dem Nordsattel und kochten jede Mahlzeit. Nur wer den ganzen Jammer dieser verhaßten Verrichtung in 7000 m Höhe kennt, vermag die Opfer zu ermessen. Tag und Nacht kamen sie als freundliche Lotsen den Absteigenden entgegen, sie durch das Wirrsal des Firnbruches zu geleiten. Sie brachten Essen, Getränke und sogar Sauerstoff mit, um Erschöpfte zu laben. Selten hat jemand unauffälligere und uneigennützigere Arbeit geleistet.

V

DER VERSUCH VON NORTON UND SOMERVELL

von Oberstleutnant E. F. Norton, D. S. O.

Am 1. Juni verließen Somervell und ich das Lager III, um Mallorys Spuren zu folgen. Vor dem Aufbruche mußte ich leider Beetham ins Standlager zurückschicken. Seine Anwesenheit hier oben war das Ergebnis offener Meuterei. Er hatte zu Hingston gesagt, er möge sich zum Teufel scheren, denn er, Beetham, habe keine Lust, den großen Ereignissen fernzubleiben, die sich dort oben abspielten. Zumindest könne er kochen oder sonst irgend etwas tun, um sein Scherflein beizutragen. Hinkend und humpelnd hatte er sich zum Lager III hinauf geschunden, unterwegs wundervolle Lichtbilder aufnehmend. Aber sein schlechter Gesundheitszustand trat so klar zutage, daß wir ihn hier oben nicht dulden durften. So schickte ich ihn wieder ins Standlager, um dort Hingston abzulösen, dessen Anwesenheit im Lager III erwünscht war, denn täglich herrschte hier großer Betrieb. Auch im Standlager brauchten wir einen zuverlässigen Menschen, denn es lagen dort große Summen Geldes und jederzeit konnte eine wichtige Nachricht von der Außenwelt kommen.

Zum zweiten Male lief ich das Wagnis, mir Beetham zum lebenslänglichen Feinde zu machen. Diesmal schien es geschnappt zu haben. Flüche murmelnd humpelte er den Gletscher hinunter. Inzwischen hat er mir längst verziehen. Zur eigenen Rechtfertigung sei gesagt, daß Hingstons ärztlicher Beistand im Lager III schon sehr bald erforderlich wurde.

Im Verlaufe der weiteren Handlungen blieb Shebbeare im Lager II, von wo aus er uns gelegentlich besuchte. Er beaufsichtigte das Ruhelager der Ersatzträger und war für die Nachschübe vom Standlager nach III verantwortlich. Da er das Vertrauen der Träger genoß und über einen unvergleichlichen Gepäckverstand verfügte, war er der gegebene Etappenkommandant. Die Besatzung von III brauchte niemals rückwärts zu schauen, sondern konnte sich ruhig auf ihre hinteren Verbindungen verlassen und den Blick nach vorwärts richten.

Sechs Träger sollten Somervell und mich bis zum Lager in 7800 m begleiten. Drei von ihnen hofften wir bis 8200 m zu behalten. Bruce und ich hatten um die erste Wahl gelost und dann abwechselnd einen der Tiger herausgesucht. Ich gewann Narbu Jischee, Lhakpa Tschedi und Semtschumbi. Narbu Jischee war ein redegewandter Spitzbube und das mongolische Ebenbild des alten Soldaten im britischen Heere. Sein Spitzname »Purana Miles« (Alter Soldat) ist allen verständlich, die in lateinischer und morgenländischer Gelehrsamkeit bewandert sind. Was immer er im Tale ausfressen mochte, auf der Höhe würde er seinen Mann stellen, das wußte ich.

Lakpa Tschedee ist allen bekannt, die den Everestfilm gesehen haben, wo er den Eindruck eines kleinen, verlegenen und ängstlichen Menschen macht. In Wirklichkeit war er ganz das Gegenteil, ruhig aber selbstbewußt, unabhängig, stämmig, aufrichtig und ein ausgezeichneter Bergsteiger. Semtschumbi war nach Bruces Meinung ein Bummler, Lump, Küchenlungerer und Tunichtgut. Ich beurteilte ihn anders.

Am 1. Juni um 3 Uhr nachmittags erreichten Somervell und ich mit den drei Trägern das Lager auf dem Nordsattel, wo Odell und Irvine uns empfingen. Sie wiesen uns Zelte an, kochten, und erfüllten in jeder Hinsicht ihre Stützpflichten. Es war eine undankbare Aufgabe, durchkommenden Wanderern als Zimmermädchen, Köchin, Gesellschafterin und Krankenschwester zu dienen. Zwischendurch kletterten sie zum Lager III hinab, um Vorräte zu holen. Aber alle, die dieser treuen Obsorge teilhaftig wurden, sind auf Lebenszeit verwöhnt worden. So gut wie bei der »alten Firma« werden wir es nie wieder haben.

Alle haben sie das große Spiel kameradschaftlich mitgemacht; aber keiner hat so stille Opfer gebracht, wie diese beiden.

Der 2. Juni brach strahlend an. Um 6 ½ Uhr waren Somervell und ich mit den sechs Trägern auf den Beinen. Der Leser wird sich erinnern, daß Mallory und Bruce jetzt oben auf dem Nordgrat waren (nach Uebernachtung im V) und heute dem Lager VI zustreben sollten. Da sie nur eine Lagereinrichtung hatten, mußten wir ein zehnpfündiges Zelt, zwei Schlafsäcke, Eßvorräte und Meta mitnehmen. Für uns mußten wir mit drei Nächten, für die Träger mit einer Nacht rechnen. Oberhalb des Nordsattels beschränkten wir die Lasten auf höchstens 9 kg, was wir noch nach Möglichkeit zu ermäßigen trachteten. Diesmal waren die Leute so nahe an der Höchstgrenze beladen, daß Somervell und ich Rucksäcke trugen, in denen wir unsere Kleinigkeiten verstauten.

Als wir aus dem Firnbruch auf die Jochhöhe hinaustraten, waren wir plötzlich der Vollkraft des Westwindes preisgegeben. Noch denke ich mit Grauen an diesen Empfang zurück. Es war wie ein Sturz in eiskaltes Wasser, wobei einem der Atem stockt. Als wir uns an den Felsen festhielten, verloren wir nach wenigen Minuten alles Gefühl in den Händen, trotzdem wir sie gut eingepackt hatten.

Etwas oberhalb des Passes kamen wir in die Sonne, wo es nicht mehr so schlimm war wie im Schatten, der uns bisher umfangen hatte. Aber niemals ließ uns der Wind zur Ruhe kommen; immer bildete er ein ernstes Hindernis. Er schien die dicken Kleider wie ein Spinngewebe zu durchdringen und übte zugleich so starken Druck aus, daß die Menschen ins Schwanken gerieten.

Die Kleidung entsprach natürlich den bisher gesammelten Erfahrungen. Ich trug Leibchen und Unterhose aus dicker Wolle, ein dickes Flanellhemd, zwei Schlüpfer; darüber einen Berganzug aus winddichtem Gabardine, dessen Kurzhosen mit Flanell gefüttert waren; ferner weiche Wadenbinden aus Kaschmir. Die Ledersohlen der mit Leder besetzten Filzstiefel waren berggerecht aber nicht sehr schwer benagelt.

Alles bedeckte ein langhosiger Windanzug aus Burberrys »Shackleton-Wind-Gabardine«. Die Hände staken in langen Wollfäustlingen mit Ueberzügen aus Gabardine. Beim Stufenschlagen vertauschte ich die Wollfäustlinge des besseren Griffes wegen mit Seidenfäustlingen. Auf dem Kopfe hatte ich einen pelzgefütterten Lederhelm, wie ihn die Kraftradfahrer tragen. Die Schneebrille war in eine Ledermaske eingenäht, die das Gesicht verhüllte, soweit der Bart es nicht schützte. Ein riesiger wollener Halswärmer vervollständigte diese Rüstung. Somervell war ähnlich ausgestattet. Auch die Träger waren mit grünleinenen Windanzügen über Leder- und Wollkleider versehen. Allmählich gewöhnte man sich an den Anblick dieser komischen Filzpuppen.

Wir folgten dem alten Wege längs der Nordrippe. Während der ersten 500 m besteht die Schneide aus dem umgebogenen Rande jener Firnmassen, die sich ostwärts hinabsenken. Im Aufstiege hält man sich an den Schuttsaum der über den Grat hängenden Schneelappen; im Abstiege kann man bis zum Nordsattel abfahren. Die Felsen sind leicht, aber so steil, daß sie bei der dünnen Luft viel Kraft beanspruchen.

Vor zwei Jahren hatte ich hier den Rucksack in die Tiefe gestoßen, als ich beim Rasten eine ungeschickte Bewegung machte. Er sauste bis zum Rongbukgletscher hinab, was einen Begriff vom Neigungswinkel dieser Hänge geben möge. In dieser Gegend hörten wir heute ein Geräusch über uns und waren nicht wenig bestürzt, einen Träger namens Dordschay Pasang absteigen zu sehen. Er gehörte zu Mallorys ausgesuchten Leuten. Kaum hatten wir seinen Bericht angehört, als auch schon Mallory und Bruce mit den übrigen Trägern auftauchten.

Der Wind gestattete keine lange Unterhaltung; die Geschichte war auch ebenso kurz wie schmerzlich. Der Leser kennt sie aus dem vorigen Abschnitte. Bruce wäre trotz seines kleinen Herzklapses weitergegangen, wenn er die Träger hätte überreden können. Man sieht wieder einmal, daß der Everest die feinsten Berechnungen zuschanden macht. Das Wetter war, was man prachtvoll zu nennen pflegt; aber der grau-

Lager IV
(auf diesem Sims)

Weg zum Tschang La

same Wind hatte die stolzesten Tiger kampfunfähig gemacht. Nicht einmal Bruce, der beste Scherpaführer, vermochte sie über 7700 m hinauszulocken.

Da im Lager V alles vorhanden war, wurden zwei Träger entbehrlich, die wir mit den andern absteigen ließen. Wir behielten nur vier, nämlich die drei schon früher genannten und einen gewissen Lobsang Taschi, einen gutmütigen Riesen aus den Ostmarken Tibets. Um 1 Uhr erreichten wir das Lager V ohne Zwischenfall. Bunte Wegzeichen erleichterten das Auffinden; sie lagen dort, wo man seitwärts vom Grate absteigen muß. Die beiden Zelte standen auf wackligen Altanen, die man in den Hang gebaut hatte, um ebene Unterlagen zu schaffen.

Wir verbrachten den Nachmittag wie gewöhnlich. Zunächst kriecht man erschöpft in den Schlafsack und bleibt ein Stündchen liegen. Dann ruft die Pflicht. Einer der Gefährten erhebt sich keuchend und grunzend. Oft ausruhend schleppt er sich zum nächsten Schneeflecken, wo er die Aluminiumtöpfe füllt. Der andere hat sich mittlerweile ebenfalls stöhnend aufgerichtet und den Meta-Ofen aufgebaut. Dann entnimmt er Blechdosen oder Säcken verschiedene Nahrungsmittel, sage Pemmikan, Tee, Zucker, Milch, Sardinen und Hartbrot.

Nun warten beide im Schlafsack liegend, daß der Metakocher den Schnee in lauwarmes Wasser verwandle. Das klingt überaus einfach; das Aechzen und Stöhnen scheint eine dichterische Uebertreibung zu sein. Aber ich habe die Sache viermal durchgemacht und kann dem Leser versichern, daß nicht einmal das Klettern auf diesen Höhen so unsagbar anstrengend ist, wie die Küchenwirtschaft. Der Vorgang wiederholte sich zudem zwei bis drei Mal, weil man Trinkwasser für den morgigen Tag bereiten und das Geschirr waschen muß. Das allerschlimmste ist aber, daß man das aus diesen Tätigkeiten hervorgehende Zeug essen soll, was nur unter Aufbietung größter Willenskraft gelingt. Die feste Nahrung widert einen an, wohingegen man nie genug zu trinken kriegt.

Nachdem wir unsere Pflicht erfüllt hatten, ging ich zum Zelte, wo die vier Träger eng beisammen lagen. Auch sie sollten ihre Pflicht tun. Anfänglich antwortete nur ein Gegrunze. Schließlich gelang es mir doch, den erstarrten Gestalten etwas Leben einzuflößen. Zugleich stellte sich heraus, daß sich Steine von unserer Zeltunterlage gelöst hatten und aufs Trägerzelt gerollt waren, blutende Wunden auf Lobsang Taschis Kopf und Semtschumbis Knie hinterlassend.

Ohne besondere Hoffnungsfreudigkeit legten wir uns schlafen. Es erschien zweifelhaft, ob wir mehr aus den Trägern herausholen würden als Mallory und Bruce. Die Nacht senkte sich auf diese Welt aus Stein und Eis; tief unter uns sah man das Lager III im kalten Schatten des Nordgipfels.

Am 3. Juni standen wir um 5 Uhr auf. Während sich Somervell ums Frühstück kümmerte, besuchte ich die Träger. Wie üblich, dauerte es sehr lange, ehe ich sie soweit hatte, daß sie wenigstens Tee kochten und etwas aßen. Nachher brachte ich sie langsam auf die Beine. Mit Lobsang Taschi war nichts anzufangen, denn er klagte über Bergkrankheit und Herzbeschwerden; die Kopfwunde hatte nicht viel zu bedeuten. Semtschumbi war wirklich lahm, denn das Knie zeigte sich stark geschwollen. Dennoch bewies er mehr Unternehmungsgeist als sein Gefährte.

Lakpa Tschedee schien marschfähig zu sein. Daher versammelte ich meine Ueberredungskünste auf Narbu Jischee. Ich hielt einen langen Vortrag über ehrenvolles Heldentum. Noch 600 m und sie würden ihre Lasten 500 m höher getragen haben, als irgend ein Mensch auf dem Erdenrund. Ich schloß mit den Worten: »Wenn ihr das Lager bis 8200 m schafft, werden Eure Namen mit goldenen Buchstaben ins Buch der Geschichte geschrieben werden«. Endlich erklärten sich drei bereit: Narbu Jischee, Lakpa Tschedee und Semtschumbi, dieser trotz des steifen Knies. Um 9 Uhr brachen wir auf, vier Stunden nach dem Wecken. In der Tat, es ist nicht leicht, dem Everest die frühe Stunde abzuringen. Lobsang Taschi durfte absteigen und entwickelte ziemliche Behendigkeit, nachdem er das Gesicht talwärts gewandt hatte. Einige Stunden später sahen wir ihn glücklich auf dem Nordsattel landen.

Vom weiteren Aufstiege ist nicht viel zu sagen; das Gelände bleibt dasselbe. Wir kannten es noch vom Jahre 1922 her. Narbu und Lakpa gingen vorzüglich, nachdem wir sie einmal auf den Weg gebracht hatten. Somervell wurde wieder vom Halsweh geplagt und mußte beim Husten oft stehen bleiben. Daher behielt er Semtschumbi bei sich, der eine Glanzleistung vollbrachte, indem er seine 9 kg viereinhalb Stunden aufwärts schleppte. Das Wetter war schön und der Wind etwas schwächer als gestern.

Gegen Mittag kamen wir am höchsten Punkte vorbei, den Mallory, Somervell und ich 1922 erreicht hatten. Trotz der durch die dünne Luft gedämpften Empfindungen, spürten wir ein erhebendes Gefühl. Morgen lag ein ganzer Tag vor uns; wer weiß, was uns beschieden war, wenn die Bedingungen einigermaßen günstig blieben.

Um 1½ Uhr war der wackere Semtschumbi am Ende seiner Kräfte. In einer gegen Norden offenen Felsennische winkte ein Zeltplatz, der Schutz vor dem Nordwest zu bieten schien. Es blieb aber beim Scheine. Zwei Träger räumten den Winkel aus und bauten die übliche Grundmauer. Längs der ganzen Nordrippe gibt es keine ebene Stelle, die Raum für ein zwei Meter langes Zelt böte. Ich erforschte derweil den Weiterweg.

Um 2½ Uhr schickten wir die Träger nach Hause. Sie mußten 1200 m absteigen, so daß ihnen nicht viel Zeit blieb, um den Nordsattel bei Tageslicht zu erreichen. Für unser Lager VI haben wir eine Höhe von 8150 m errechnet. Ich gab den Leuten einen Zettel mit, auf dem die Herren eines jeden Lagers gebeten wurden, die Helden des Tages gut zu füttern und zum Standlager abzuschieben, wo sie wohlverdiente Ruhe genießen sollten.

Später erfuhren wir, daß Odell und Hazard am heutigen Tage einen Ausflug zum Lager V gemacht hatten. Odell suchte Versteinerungen (er fand auch das erste Everestfossil); Hazard wollte sich nur Bewegung machen und frische Luft schnappen. Er weilte auf Besuch bei Odell und Irvine im Lager IV. Dieser Spaziergang wirft ein eigentümliches Licht auf die vor zwei Jahren erörterte Gelehrtenfrage, ob man ohne Sauerstoff in 7600 m leben könne.

Der Nachmittag verging wie immer, nur daß wir keine Träger aufzupulvern brauchten, was angesichts des geringen Kraftüberschusses freudig begrüßt wurde. Das Tagebuch schließt mit den unglaublichen Worten: »Schönste Nacht seit Lager I.« Somervell schlief zwar etwas weniger, war aber auch ganz zufrieden.

Daß man in 8200 m Höhe noch gut schlafen kann, ist eine merkwürdige und erwähnenswerte Tatsache. Außer meinen Stiefeln hatte ich zwei Flaschen mit warmem Tee in den Schlafsack genommen. In der Frühe entdeckte ich, daß einer von den Korken aufgegangen war und daß sich der nun nicht mehr warme Tee ins Bett ergossen hatte. Das bedeutete nun wieder einen ärgerlichen Zeitverlust, weil wir Schnee zum Frühstück schmelzen mußten. Trotzdem gelang es uns, um 6 Uhr 40 aufzubrechen.

Eine Stunde oberhalb des Lagers stießen wir auf die etwa 300 m mächtige Sandsteinschicht, die quer durch die Nordflanke des Mount Everest zieht. Hier wird das Gehen durch die langen Bänder oder Leisten des Gesteins erleichtert.

Der Tag war sonnig und fast windstill; man konnte sich keinen besseren wünschen. Trotzdem zitterte ich vor Kälte, wenn ich in der Sonne rastete. Ich argwöhnte sogar Malaria und fühlte den Puls, der merkwürdigerweise nur 64 Schläge zeigte, was eine Beschleunigung um 20 Schläge gegen meinen gewöhnlichen Puls bedeutet. Die Schneebrillen legte ich nur auf Schnee an, der selten vorkam. Die Brillenränder beschränkten mein Gesichtsfeld, wenn ich nach Tritten suchte. Bei 8400 m fingen die Augen an, mir Sorge zu machen. Ich sah alles doppelt und war oft im Ungewissen, wohin ich meinen Fuß stellen sollte. Ich glaubte zunächst an Vorboten der Schneeblindheit, aber Somervell meinte, das sei ausgeschlossen. Diese richtige Ansicht Somervells ist mir später von andern bestätigt worden. Es handelte sich in diesem Falle um geschwächte Sinnesbeherrschung infolge des Sauerstoffmangels.

Wir schlichen dahin wie die Schnecken. Es war mein höchster Ehrgeiz, zwanzig Schritte zu tun, ohne anzuhalten und nach Luft zu schnappen. Ich habe es nur auf dreizehn gebracht. Die kalte, trockene Luft reizte Somervells Kehle mehr denn je, so daß er oft still stehen und husten mußte. In kurzen Zwischenräumen setzten wir uns hin, um einige Minuten zu rasten. Fürwahr, ein trauriges Paar.

Die Aussicht enttäuschte. Bei 7600 m war sie noch sehr eindrucksvoll gewesen, wenn man auf das Gewirr der Gipfel und die langen Gletscher mit den Moränenzeilen hinabblickte. Nun aber standen wir hoch über allen Bergspitzen und die Landschaft unter uns verflachte sich. Gen Norden reihten sich die zahllosen Hügelketten Tibets hintereinander auf. Man verlor jedes Gefühl für Entfernung, bis man ganz hinten ein paar Eiszähne auftauchen sah. Wie reizten sie doch die Einbildungskraft, diese fernen Eisberge in Tibet, die eben noch über den Himmelsrand guckten.

Um Mittag näherten wir uns dem oberen Rande der gelben Sandsteinschichten und der großen Rinne, die den Berg in der Mitte durchfurcht, die Nordschulter von der Gipfelpyramide trennend. Wir befanden uns 150–180 m unter dem Nordostgrate, dem wir ungefähr gleichlaufend folgten. Das war die Richtung, die wir immer einschlugen; Mallory bevorzugte die luftige Gratscheide.

Gegen Mittag konnte Somervell nicht mehr gegen seinen schlimmen Hals ankämpfen. Er bat mich zum Gipfel vorzudringen, da er mich nur aufhalte. Ich ließ ihn unter einem Felsblock am oberen Rande der Sandsteine sitzen. Ich folgte der höchsten Leiste dieser Schicht, die quer durch die große Rinne läuft. Um diese Rinne zu erreichen, mußte

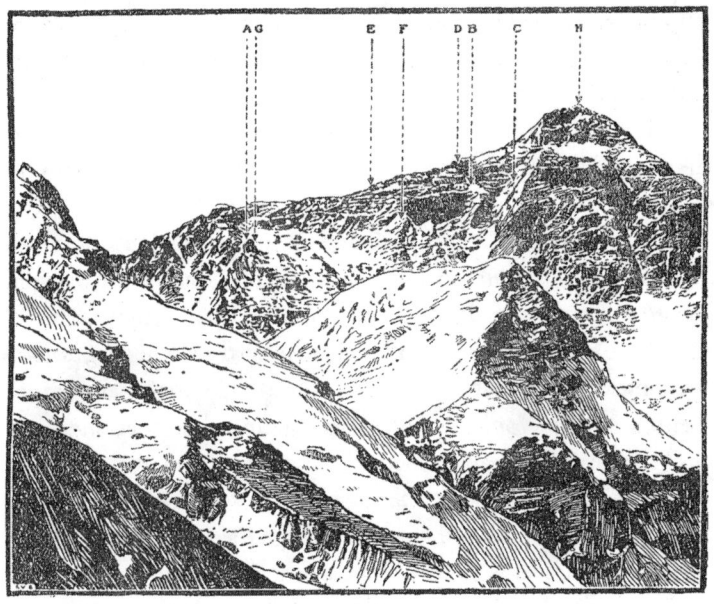

A. Lager VI; 8140 m.

B. Von Somervell 1924 erreichter Punkt.

C. Von Norton 1924 erreichter Punkt.

D. Die »Zweite Stufe«, wo Mallory und Irvine zuletzt gesehen wurden.

E. Die »Erste Stufe«.

F. Der von Finch und Geoffrey Bruce 1922 erreichte Punkt.

G. Der von Mallory, Norton und Somervell 1922 erreichte Punkt.

H. Der Gipfel; 8840 m.

ich zwei Strebepfeiler umgehen. Einer davon läuft in einen Gratabsatz aus, den wir die erste Stufe nannten. Dieser Absatz schien uns so hinderlich, daß wir den Weg durch die Flanke wählten. In der Gegend dieser Strebepfeiler oder Rippen wurde das Gelände bedeutend schwieriger. Der Steilhang wies nur schmale Trittleisten auf, die zudem noch mit Pulverschnee bedeckt waren. Die Bergflanke besteht hier aus Platten, die wie Dachziegel über einander liegen und auch ungefähr so steil sind wie ein Dach.

Zweimal mußte ich umkehren und ein anderes Band suchen. In der Rinne lag tiefer Pulverschnee, in den ich bis zum Knie und manchmal bis zur Hüfte einsank. Infolge seiner lockeren Beschaffenheit hätte er mich bei einem Sturze nicht aufgehalten. Nach der Rinne ging es noch schlechter. Von einem Dachziegel auf den andern tretend hatte ich das Gefühl, nur durch die Reibung der Schuhnägel auf den Gesteinsflächen zu haften. Obgleich nicht gerade schwierig, war diese Kletterei für den Einzelgänger doch recht unangenehm, denn bei einem Fehltritte gab es kein Halten. Dieses vorsichtige Klettern mit angespannter Aufmerksamkeit äußerte sich bald in zunehmender Erschöpfung. Außerdem störte mich das Augenleiden mehr denn je.

Von hier hätte ich nur noch 60 m zum Nordhange der Gipfelpyramide gehabt, wo das Gelände bedeutend leichter zu werden schien und einen bequemen Weg zur Spitze versprach. Es war jetzt ein Uhr und die oberflächliche Rechnung sagte mir, daß ich die fehlenden 250–300 m nicht überwinden konnte, ohne von der Nacht überrascht zu werden.

Ich kehrte an einer Stelle um, die später mit dem Theodoliten gemessen wurde. Sie liegt 8572 m hoch. Seit der Trennung von Somervell hatte ich in einer Stunde 270 m waagrechte und 30 m senkrechte Entfernung zurückgelegt. Hazard hat topographisch nachgewiesen, daß wir nur etwa sieben Meter unter der Höhe des Kantschendschunga geblieben sind, welcher der dritthöchste Berg der Welt ist.

Soll ich hier berichten, daß ich ob dieser Umkehr vor dem Ziele große Bitterkeit empfand? Ich bekenne, daß mein Inneres nicht stürmisch erregt war. Zweimal habe ich an einem günstigen Tage umkehren müssen; keinmal krampfte sich meine Seele zusammen. In der Höhe verlaufen die geistigen Erregungen sehr sanft. Sobald man den Fuß talwärts richtet, überwiegt das Gefühl der Erleichterung nach der gewaltigen Anspannung, die jeder Schritt aufwärts erfordert.

Ich war nahezu am Ende meiner Kräfte und ging viel zu langsam, um den Gipfel zu erreichen. Es ist natürlich schwer zu sagen, ob ich mich an jener Grenze befand, von wo man ohne Sauerstoff nicht weiter kommt, oder ob mich die Kämpfe mit dem schlechten Wetter auf dem Rongbukgletscher zu sehr geschwächt hatten. Ich halte die zweite Möglichkeit für wahrscheinlicher und glaube, daß ungeschwächte Bergsteiger unter günstigen Bedingungen auch ohne Sauerstoff auf den Gipfel kommen. Für die letzten 300 m braucht man keinen großen Unterschied im Luftdrucke anzunehmen. Eine Kleinigkeit zeigt, daß ich nicht ganz in meiner gewöhnlichen Verfassung gewesen sein kann. Meine Nerven müssen schon gelitten haben. Als ich mich Somervell wieder näherte, kam ich über eine mit Schnee überzuckerte Platte, die nur mäßig steil war und sich gar nicht mit dem Gelände vergleichen ließ, das hinter mir lag. Trotzdem glaubte ich nicht ohne Hilfe hinüber gelangen zu können. Ich rief Somervell an, er möge mir das Seil zuwerfen, wobei ich wieder bemerkte, daß meine Stimme knapp zu ihm hin reichte, obgleich er nur 30 m entfernt war. Somervell leistete die gewünschte Hilfe. Ich sah ihm aber deutlich an, daß er sich wunderte.

Nun ging es an den Abstieg. Bald nachher verlor Somervell den Eispickel aus den klammen Fingern. Radschlagend eilte der Pickel zutal. Ganz in der Nähe hatte Somervell vorhin sein höchstes Lichtbild aufgenommen, auf dem der Hang lange nicht so steil aussieht. Man denkt, daß ein Stock bald zur Ruhe kommen müßte. Aber der Pickel sprang unentwegt weiter und entschwand unsern Blicken.

Wir gingen denselben Weg zurück, sehr langsam absteigend. Im Lager VI holten wir einige Sachen nebst einer Zeltstange als Pickelersatz. Dann legten wir das Zelt nieder und beschwerten es mit Steinen. Endlos dehnt sich der Nordgrat. Bei Sonnenuntergang kamen wir am Lager V vorbei, das rechts liegen blieb. Da das Gelände ganz leicht und sicher ist, gingen wir unangeseilt. Auf dem Schneehange abfahrend, bemerkte ich erst ziemlich weit unten, daß Somervell nicht mehr bei mir war. Ich mußte eine halbe Stunde warten und vermutete, daß er photographiert oder gemalt habe. In Wirklichkeit war er beinahe an einem Hustenanfalle erstickt. Glücklicherweise bewältigten die Lungen den blutigen Schleimpfropf. Er stieg langsam über die Felsen ab, weil er nicht wagen durfte, stehend abzufahren. Es wurde dunkel, und ich ließ die Taschenlampe aufflammen.

Als wir uns dem Fuße des Grates näherten, rief ich zum Lager hinüber, den Firnbruch-Lotsen unsere Ankunft meldend. Man antwortete, daß der Sauerstoff unterwegs sei. Wir sehnten uns aber nach etwas anderm als nach Sauerstoff, denn wir waren ausgedörrt. Wiederholt schrie ich hinüber: »Wir wollen keinen verdammten Sauerstoff; wir wollen trinken.« Aber meine Stimme war schwach und verlor sich in die nebelhafte Weiße, die unterm Sternenzelt schimmerte.

Mallory und Odell kamen uns mit der Meldung entgegen, daß Irvine schon über den Kochtöpfen säße. Weder Somervell noch ich verspürten vom Sauerstoff viel Gewinn. Man beglückwünschte uns, obgleich wir mehr Enttäuschung als Freude empfanden. Um $9^{1}/_{2}$ Uhr nahm uns das Lager auf. Dieser Empfang war doch ganz anders als damals vor zwei Jahren, wo wir um elf Uhr nachts in leere Zelte krochen. Irvine labte uns mit Tee und Suppe. Zu festen Speisen hatten wir wenig Lust. Das gehört eben mit zu den Schwierigkeiten der Hochbergsteigerei, daß man den Gewebeschwund nicht ordentlich ersetzt.

Mallory, der nun wieder an der Reihe war, erzählte mir, daß er noch einen Versuch machen werde und zwar mit Sauerstoff. Weil man in-

T. H. Somervell

zwischen genügend Träger aufgeboten habe. Infolge des schönen Wetters hatten die Leute nämlich wieder Mut gefaßt und sich freiwillig gemeldet. Außerdem standen ja die Zelte auf V und VI, so daß man fast alle verfügbaren Träger mit Stahlflaschen beladen konnte. Daß es nun doch zu einem Versuche mit Sauerstoff kam, verdankten wir in erster Linie Bruce, der die Verfrachtung trotz seiner Herzbeschwerden leitete.

Ich stimmte Mallory bei und freute mich über diesen Menschen mit der unbezähmbaren Entschlußkraft. Allen vorangegangenen Anstrengungen zum Trotze, wollte er keine Gelegenheit ungenutzt verstreichen lassen. Nur mit Irvine als Begleiter war ich nicht einverstanden, wofür ich zwei Gründe hatte. Erstens litt er an Halsweh, wenn auch nicht so schlimm wie Somervell; zweitens konnte er sich an Erfahrung nicht mit Odell messen, der zudem in bester Verfassung war. Mallory meinte dagegen, daß Irvines außergewöhnliche technische Kunstfertigkeit sehr viel zu sagen habe. Dazu käme, daß er großes Vertrauen in die Wirksamkeit des Sauerstoffes setze, wohingegen Bruce und Odell auf dem Wege zum Nordsattel nicht die geringste Erleichterung verspürt hatten. Vertrauen sei aber die grundlegende Bedingung.

Ich machte von meinem Einspruchsrechte keinen Gebrauch, weil ich Mallorys Anordnungen nicht in letzter Stunde umwerfen wollte.

Gegen elf Uhr wachte ich mit Augenschmerzen auf, die einen schweren Anfall von Schneeblindheit verkündeten. In der Frühe war ich vollkommen blind und blieb es drei Tage lang, dabei von ziemlichen Schmerzen geplagt.

Am 5. Juni trafen Mallory und Irvine die üblichen Vorbereitungen. Ich mußte mich darauf beschränken, von Zeit zu Zeit vor die Zelttüre zu treten und Ansprachen an die Träger zu halten. War ich doch der einzige, der wenigstens Nepalisch sprach. Mallory verfügte nur über etwas Hindustanisch, was vielleicht nicht genügte, um die Träger von V bis VI zu treiben. Immerhin hofften wir, daß das Beispiel der Vorgänger ihren Ehrgeiz aufstacheln werde. Ich tat daher mein Bestes, um sozusagen Mut auf Vorrat in sie hinein zu pumpen. Nachmittags stieg Somervell zum Lager III ab, denn er sollte ins Standlager zurück. Hazard kam von III herauf, um Irvines Platz als Stütze neben Odell einzunehmen.

Am 6. Juni um $7^{1}/_{2}$ Uhr verabschiedeten wir uns von Mallory und Irvine – für immer. Das Letzte war ein Händedruck und ein Segenswunsch, denn ich konnte ihnen nicht mit den Blicken folgen.

Im Laufe des Vormittags erschien Hingston, um meine Augen zu behandeln. Er hatte sich bisher als so guter Gletschergänger bewährt, daß wir kaum erstaunt waren, als er mit der Selbstverständlichkeit eines alten Bergsteigers auf dem Nordsattel auftauchte. Man bedenke, daß er noch nie im Leben eine nennenswerte Bergfahrt unternommen hatte.

Gegen die Blindheit ließ sich vorläufig nichts machen; man mußte abwarten. Da ich den Stützen auf IV aber nicht zur Last fallen wollte, beschloß ich, nach III abzusteigen. Hingston und zwei Träger begleiteten mich.

Hazard erbot sich, zum Eiskamin zu kommen, um mich dort abzuseilen. Die beiden Träger Nima Tundrup und Tschutin waren handfeste Kerle und sichere Gänger. Sie und Hingston lenkten jeden meiner Schritte und stellten mir oft die Füße zurecht, während Hazard von oben sicherte. Für Hingston war das eine fabelhafte Leistung; ein geprüfter Bergführer hätte es nicht besser machen können. Natürlich gestaltete sich dieser Abstieg zu einer höchst langwierigen und langweiligen Geschichte. Am Ende der Hänge wurde ein Träger vorausgeschickt, um sechs Mann mit einer Bahre zu holen, denn auf den Moränenblöcken wäre ich vollkommen hilflos gewesen.

Die sechs Mann trugen mich abwechselnd über Geblock, Eis und gefrorenen Schutt ohne jemals einen Fehltritt zu tun. Um 5 Uhr waren wir im Lager III, wo Bruce und Noel mich mit jener Liebe und Fürsorglichkeit empfingen, die der schönste Lohn des abgeschlagenen Evereststürmers ist.

Am nächsten Morgen sah ich schon wieder etwas; nach zwei weiteren Tagen war ich geheilt. Ich beschloß mit Bruce, Noel und Hingston im Lager III zu bleiben, bis Mallory und Irvine zurückkamen. Während der nächsten vier Tage schwankten wir zwischen Erwartung und Sorge und wurden dann schließlich vom Gipfel wieder erwachter Hoffnung in den Abgrund der Verzweiflung gestürzt. Die Erinnerung an diese Zeit hat das Lager III für uns zum meistgehaßten Orte auf Gottes weiter Erde gemacht.

VI
DER VERSUCH VON MALLORY UND IRVINE

von N. E. Odell

In der langen Reihe der Stützpunkte war das Lager IV auf dem Nordsattel wohl das eigenartigste. Vor allem mußte man hier auf Schnee liegen, weil es keine Felsen gab. Die Erfahrung im Polargebiet hat uns gelehrt, daß man keine Mühe scheuen darf, wenn es irgendwie möglich
ist, das Zelt auf Steine zu bauen. Für Leute mit dicker Haut ist der
Schnee eine ganz schöne Unterlage, wenn man sich ein Weilchen ausruhen will. Aber beharrlicher Druck verwandelt den Schnee in stahl-
harte Beulen, und nichts ist schwerer, als die Hohlform der eignen Gestalt wieder glatt zu streichen. Aber es hat schon viel schlechtere Eislager
gegeben; das auf dem Nordsattel gehört zu den besten, an die ich mich
erinnern kann.

Auf der Firnaltane standen vier Zelte, zwei für Herren und zwei für
Träger. Die größte Breite des Platzes betrug etwa 9 m. Die Eiswand der
Westseite bot Schutz vor den Winden, die andauernd übers Joch blasen.
Ohne diesen Windschirm wäre es unmöglich gewesen, sich hier für
längere Zeit festzusetzen. Ostwärts blickte man ins Firnbecken des
Rongbuk-Ostgletschers und auf den Paß Lhakpa La. In der Ferne er-
hob sich die wilde Gyangkar-Kette über der Talsenke des Flusses Arun.
Es war der Mühe wert, um vier Uhr früh aus dem Schlafsack zu krie-
chen und das Bild zu schauen, wie die Felsnadeln des Tschomolönso
unter den ersten Sonnenstrahlen erglühten.

Während meines elftägigen Aufenthaltes lernte ich allerlei Wetter
kennen. Da waren beispielsweise zwei Tage mit einer mittäglichen Sonnenwärme von + 40° bei einer gleichzeitigen Luftwärme von −1,7°.
Wahrscheinlich steigt die Luftwärme hier nie über den Gefrierpunkt,

so daß der Schnee unmittelbar verdunstet. Infolgedessen blieb der Schnee immer trocken und pulvrig. Da es oben kein fließendes Wasser gibt, war das Schneeschmelzen eine meiner Hauptbeschäftigungen als Lagerkoch. Die Firnterrasse war glücklicherweise so lang, daß man eine Schneegrube abgrenzen konnte, die nicht verunreinigt werden durfte. Die Ueberwachung dieser »Tränkstelle« gehörte mit zu den mannigfachen Pflichten, die ich zu erfüllen hatte.

Auf die oft wiederholte Frage, wie man in dieser Höhe lebt, kann ich nur antworten, daß man kaum noch etwas Besonderes spürt, nachdem man sich eingewöhnt hat. Nur wenn größere Kraftanstrengungen notwendig werden, merkt man den Einfluß der dünnen Luft. Die Denkschnelligkeit ist vielleicht etwas herabgemindert, aber die Denkfähigkeit leidet kaum.

Im Jahre 1922 hatte man vom Lager IV zum Fuße des Everestnordgrates einen weiten Umweg machen müssen. Diesmal gelang es uns, eine Abkürzung durch den verwickelten Firnbruch zu finden. Trotz zweier verräterischer Schneebrücken blieb dieser Zugang bis zum Schlusse brauchbar.

Als ich am 1. Juni von einer Besorgung im Lager III zurück kam, war ich sehr erstaunt, Mallory und Bruce anzutreffen. Sie hatten umkehren müssen, weil die Träger nicht weiter wollten oder konnten. Mallory war sehr niedergeschlagen. Diese Stimmung und vielleicht auch Bruces Herzbeschwerden veranlaßten ihn dazu, für den nächsten Versuch Sauerstoff anzufordern. Daher stieg er noch am selbigen Tage mit Irvine und Bruce zum Lager III ab, um die Beförderungsmöglichkeiten zu untersuchen. Es stellte sich heraus, daß genug Träger verfügbar waren. Mittlerweile legte Irvine die letzte Hand an die Atmer und ich machte mit Hazard einen Ausflug zum Lager V, um nach Norton und Somervell auszuschauen.

Am Abend des 4. Junis kamen Mallory und Irvine herauf. Sie hatten unterwegs Sauerstoff geatmet und den Weg vom Lager III in der

Ausblick gen Norden aus 8570 m Höhe

Rekordzeit von zweieinhalb Stunden zurückgelegt. Diese Leistung verdankten sie vielleicht weniger dem Sauerstoffe, als dem unterbewußten Wunsche, dessen Wirksamkeit zu beweisen. Ich hielt mit meinem Urteil noch zurück. Jedenfalls war Irvines Hals durch den Sauerstoff schlimmer geworden. Durch die trockne Höhenluft wird die Luftröhre ohnehin schon zu einem holzigen Schlauche. Auch bei Mallory merkte man eine leichte Reizung der Kehle.

Mallorys Kampfnatur war aufs Höchste angespannt. Vor Ungeduld brennend strebte er nach dem Ziel, das Geschlechter von Bergsteigern mit Sehnsucht erfüllt hat. Irvine war trotz seiner Jugend vom gleichen Eifer beseelt. Auf der Schlittenreise quer durch Spitzbergen habe ich ihn gut kennengelernt. Obgleich ihn die Höhe zurückhaltender machte als gewöhnlich, verriet er mir doch oft genug den Wunsch, einen Gipfelsturm auf den Everest mitzumachen. Obgleich er einen gewissen Stolz in die von ihm betreuten Sauerstoffgeräte setzte, gestand er doch, daß er lieber ohne Gas an den Fuß des Gipfelbaues als mit Sauerstoffhilfe auf die Spitze gelangen möchte. Er schwärmte für den Sieg ohne künstliche Mittel. Aber dieses Vorurteil hinderte ihn nicht, Mallorys Angebot mit ehrlicher Begeisterung anzunehmen.

Am Abend dieses 4. Junis ging ich mit Mallory zum Nordgrat hinüber, um Norton und Somervell zu empfangen, die vom höchsterreichten Punkte zurückkamen. Der 5. Juni verlief ereignislos. Wir empfanden nur die Ohnmacht, mit der wir Nortons Schneeblindheit gegenüber standen. Somervell stieg trotz seines Halsleidens zum Lager III ab, während Hazard durch Zeichen herauf gebeten wurde. Irvine und ich prüften die Sauerstoffrüstung. Da die Sonne kräftig schien, mußten wir Nortons Zelt mit Schlafsäcken verdunkeln. Ich trug hier und auch unten auf dem Gletscher regelmäßig einen Tropenhelm, obgleich keiner der beiden ärztlichen Sachverständigen eine klare Auskunft über die Notwendigkeit oder Entbehrlichkeit dieses Schutzes geben konnte. Ich wollte mich aber trotz meines ziemlich dicken Schädels keinen

Fährlichkeiten aussetzen. Allerdings hatte man in bezug auf die Sonne wohl mehr die geographische Breite im Sinne. Die Höhe dagegen machte sich laufend durch die frierende Schattenseite des Leibes bemerkbar.

Am 6. Juni standen Hazard und ich sehr früh auf, um gebackene Sardinen mit Tee zu bereiten. Mallory und Irvine wurden in ihrem Zelte bedient. Die Ankündigung des Frühstücks schien sie zu erfreuen, aber ihre Aufregung hinderte sie daran, den Köchen zu schmeicheln und der Mahlzeit tapfer zuzusprechen. Um 8 Uhr 40 standen sie marschbereit; ich knipste sie noch beim Aufladen der Sauerstoffrüstung. Außer den beiden Stahlflaschen nebst Zubehör trug jeder etwa 11 kg. Diese Last erscheint reichlich groß, ist aber nichts im Vergleich mit den 18 kg der alten Vorrichtung. Ihre acht Träger waren mit Schlafsäcken, Vorräten und Stahlflaschen beladen, kriegten aber keinen Sauerstoff zu atmen. Sogar auf dieser Höhe schien die Traglast unsern Leuten wenig auszumachen. Die 9–11 kg drückten sie ebenso wenig, wie das Doppelte und Dreifache weiter unten. Bald verloren wir die Schar im Irrgarten des Firnbruches aus den Augen.

Mein Tagebuch sagt, daß der Vormittag klar war, daß sich der Himmel aber nachmittags umwölkte und daß es gegen Abend sogar etwas schneite. Um 9^3/$_4$ Uhr traf Hingston ein und stieg später mit dem blinden Norton zum Lager III ab. Hazard ging bis zum Eiskamin mit. Ich brachte alles in Ordnung und machte Beobachtungen. Bald nach 5 Uhr kamen vier von Mallorys Trägern planmäßig zurück. Auf einem vom Lager V mitgebrachten Zettel war zu lesen: »Kein Wind hier oben; die Sache sieht hoffnungsvoll aus.«

Am 7. Juni, am Tage wo Mallory und Irvine von V nach VI gingen, begab ich mich mit dem Träger Nema nach V. Dieser Mann war einer von den beiden auf dem Nordsattel anwesenden Träger. Dieses staffelweise Nachrücken der Helfer ergab sich aus dem geringen Fassungsvermögen der Hochlager. Ich hoffte, oben ein drittes Sauerstoffgerät vorzufinden. Indessen hatte Irvine den Atmer als Ersatzstück mitgenommen. Es ging ganz gut ohne Sauerstoff, und ich freute mich, daß ich keine schweren Flaschen zu tragen brauchte. Bald nach meiner Ankunft in V kamen die vier letzten Träger von VI herunter. Sie meldeten sich mit abgetretenen Steinen, die ums Zelt prasselten. Infolge der ausgesetzten Lage am Steilhange kam das hier häufiger vor.

Von Mallory traf folgender Bericht ein:

»Lieber Odell,

Tut uns leid, daß wir solche Unordnung hinterlassen haben. Unnakocher im letzten Augenblick den Berg hinunter gerollt. Gehen Sie morgen nur rechtzeitig nach Lager IV zurück, um vor Dunkelwerden zu räumen, was auch ich zu tun hoffe. Ich muß einen Kompaß liegen gelassen haben; retten Sie ihn um des Himmel willen; denn wir haben keinen. Bis hier mit 90 Atmosphären während der zwei Tage. Werden daher wohl mit zwei Flaschen auskommen. Ist aber doch eine verfluchte Last beim Klettern. Großartiges Wetter zum Gehen.

Immer Ihr
G. Mallory.«

Die 90 Atmosphären beziehen sich natürlich auf den Sauerstoffverbrauch. Der Hochdruck beträgt 120 Atmosphären.

Mein Begleiter Nema litt an der Bergkrankheit, so daß ich für den kommenden Tag gar nicht mit ihm rechnen durfte. Daher ließ ich ihn mit den vier andern absteigen. Es ist doch merkwürdig, wie schnell diese Krankheit schwindet, wenn man absteigt oder auch nur den Entschluß zum Abstiege gefaßt hat. Bei den Scherpas ist mir das oft genug aufgefallen, bei Europäern etwas weniger. Schon das Bewußtsein, daß keine weiteren Anstrengungen verlangt werden, wirkt heilsam. Der Geist kehrt gewissermaßen in den Normalzustand zurück. Jedenfalls sprang Nema recht frohgemut talwärts.

Es war mir auch lieber, morgen ganz allein in der Nordflanke umher zu wandern und geologische Beobachtungen zu machen. Im Zelte entdeckte ich nach kurzer Suche Mallorys prismatischen Kompaß. Abends vor dem Schlafengehen freute ich mich über das schöne Wetter. Sicherlich gingen zur selben Zeit Mallory und Irvine mit großen Hoffnungen ins Bett. Ich genoß eine wundervolle Aussicht auf die Gletscher und Bergriesen; die Firnwelt war gelb und rötlich angehaucht. Genau gegenüber erhoben sich die düsteren Wände des Nordgipfels, in denen mein Auge die Streifenschrift der Erdgeschichte zu enträtseln suchte. Die schwere dunkle Masse bildete einen wirkungsvollen Gegensatz zu den schimmernden Fernen der tibetischen Hochfläche mit ihren zackigen Kämmen. Weit draußen im Osten schien der Kantschendschunga in der Luft zu schweben. Von allen Ausblicken, die ich je genoß, wird dieser die Krone der Erinnerung bleiben.

Nachdem ich etwas Nudeln mit Tomaten und Obstmus gegessen hätte, bereitete ich mit den zwei Schlafsäcken ein bequemes Lager. Ich streckte mich schräg durchs Zelt und suchte die größeren Steine der Unterlage zu vermeiden. Die Geister und Wachhunde Tschomolungmas ließen mich ungeschoren. Auch drohte kein Wind, mich mitsamt dem Zelte in die Tiefe zu schleudern. Ich vermochte meine Wärme einigermaßen zusammenzuhalten und schlief recht gut.

In der Frühe packte ich den Rucksack und fügte einige Nahrungsmittel für die Everestbesteiger hinzu. Um 8 Uhr erstieg ich den Hang hinterm Lager V und gelangte auf die Kaminhöhe des Nordgrates. Bisher war es klar und nicht übermäßig kalt gewesen; jetzt aber bildeten sich Nebelbänke im Westen und zogen über die Bergflanke dahin. Der Wind wurde nicht stärker. Auch schloß ich aus der Helligkeit über mir, daß die obern Teile des Berges nebelfrei blieben. Infolgedessen fühlte ich keine Beunruhigung. Im Geiste sah ich Mallory und Irvine schon den Gipfelhang emporsteigen. Da der Wind sie nicht behinderte, stand glattem Vordringen auf der Grathöhe der Nordostschulter nichts im Wege.

Ich wollte einen großen Bogen durch die Nordflanke machen und die Gesteine untersuchen. Unten besteht der Berg aus Gneisen über denen veränderte Kalke liegen. Hie und da sieht man helle granitische Gesteine zwischen die andern Schichten eingeschoben. Da das Gestein in einem Winkel von 30° einfällt und da der Hang etwa 45° geneigt ist, sehen wir dachziegelartig gelagerte Platten. Stellenweise trifft man auf kleine bis zu 15 m hohe Steilstufen, die sich leicht überklettern oder umgehen lassen. Der Kalk ist durch das Eindringen der heißen Granitgesteine verhärtet worden und daher nicht besonders brüchig. Jedoch liegt auf den Platten oft ziemlich viel Geröll, das die Arbeit sehr mühsam macht, zumal wenn noch Neuschnee hinzukommt. Dadurch wird das Gehen verdrießlich, denn man muß sich plagen und aufpassen, obgleich keine eigentlichen Kletterschwierigkeiten vorhanden sind. Auch ist man gänzlich auf den sichern Tritt angewiesen, weil der Fels fürs Aufstützen mit der Hand nicht steil genug ist.

Bei 7800 m packte ich einen kleinen Vorsprung an, der sich wohl ebensogut hätte umgehen lassen. Es kam mir mehr darauf an, zu sehen, wie mein Körper in dieser Höhe mit der Kletterei fertig wurde. Als ich die 30 m überwunden hatte, lichtete sich der Nebel über mir und der Gipfel wurde klar. Auf einem Schneefelde unter der vorletzten Stufe zur Gipfelpyramide erspähte ich einen schwarzen Punkt, der sich der Felsenstufe näherte. Ein zweiter folgte, während der erste den Vorsprung erkletterte. Leider zog sich der Vorhang wieder zu, so daß ich nicht mehr feststellen konnte, ob der zweite Bergsteiger seinen Gefährten eingeholt hatte.

Ich wunderte mich, Mallory und Irvine erst jetzt, um 12 Uhr 50, an dieser Stelle zu erblicken. Ich wußte nicht genau, ob ich die »erste Stufe« oder die »zweite Stufe« vor mir hatte. Jedenfalls wollte Mallory planmäßig spätestens um 8 Uhr bei der zweiten Stufe sein. Auf Lichtbildern der Nordflanke vom Standlager aus sieht man die zweite Felsstufe sehr gut. Sie liegt nicht weit vom Fuße der Gipfelpyramide und

Mallory und Irvine auf dem Tschang La kurz vorm Aufbruche zu ihrem letzten Versuche auf den Gipfel

bezeichnet den Anfang des kurzen, firnbedeckten Schlußteiles des Nordostgrates. Um dieselbe Strecke weiter nach links liegt die erste Stufe. Wegen der Verkürzung von meinem Standpunkte aus, konnte ich die Lage des Ortes nicht deutlich ausmachen, doch glaubte ich die zweite Stufe vor mir zu haben. Es kann aber auch sein, daß diese vom näheren Gelände verdeckt wurde. Jedenfalls hatte ich den Eindruck, daß die beiden sich beeilten, wie um verlorene Zeit einzuholen.

Zwar bewegte sich nur einer zur Zeit über das anscheinend leichte Gelände, aber das genügt nicht, um daraus den Schluß zu ziehen, daß sie angeseilt gingen. Dieser Umstand wird wichtig, wenn man Vermutungen über ihr Schicksal anstellt. Vielleicht sind sie durch den Neuschnee aufgehalten worden, den ich auf den oberen Felsen bemerkte. Für Leute mit dem schweren Sauerstoffgepäck bedeuten schneebedeckte Geröllplatten sehr langsames Vordringen. Obgleich nicht sehr wahrscheinlich, so ist es doch möglich, daß die Nebelschicht, in der ich stak, den Aufstieg behinderte.

Als ich gegen 2 Uhr das Lager VI erreichte, begann es zu schneien; der Wind wurde stärker. Ich legte die Vorräte ins Zelt und beschloß für ein Weilchen Unterschlupf zu suchen. Innen befand sich ein gemischtes Warenlager aus Kleidern, Nahrungsmitteln, Sauerstofflaschen, Teilen von Apparaten. Draußen lagen noch mehr Sauerstoffgeräte und die Duraluminträger. Es sah ganz nach Umbauarbeiten aus, als ob es Schwierigkeiten mit den Geräten gegeben hätte. Indes kannte ich Irvine zu gut, um mir Sorgen zu machen. Er machte sich gar nichts daraus, die halbe Nacht mit Basteln zu verbringen und Aufgaben zu lösen, die nachher vielleicht gar nicht an ihn herantraten. Er war glücklich, wenn er inmitten eines Haufens von Teilen und Werkzeugen mit technischen Schwierigkeiten ringen durfte. Hier oben waren Irvines Hilfsquellen natürlich arg beschränkt. Aber mit einem Schraubenschlüssel und einer Flachzange vermochte er Wunderdinge zu verrichten.

Ich fand keinen Zettel mit Nachrichten vor, so daß wir niemals wissen werden, ob die beiden aufgehalten wurden und wann sie aufbrachen. Es schneite weiter und ich fragte mich, ob das Wetter die beiden wohl zur Umkehr nötigen werde. Infolge seiner Lage zwischen Felsen ist das Zelt nicht leicht zu finden. Daher stieg ich etwa 60 m gegen den Gipfel hin und pfiff und juchzte für den Fall, daß sie in Hörweite waren. Dann suchte ich hinter einem Block Schutz gegen das Schneetreiben. Da man nur einige Meter weit sehen konnte, wandte ich mich der unmittelbaren Umgebung zu und betrachtete das Gestein. Aber Schnee und Wind ließen meinen geologischen Eifer bald erkalten. Nach einer Stunde machte ich mich auf den Rückweg. Sollten Mallory und Irvine umgekehrt sein, so konnten sie noch lange nicht in Rufnähe sein, erst recht nicht bei diesem Wetter.

Als ich wieder ins Lager VI kam, hatte sich das Unwetter gelegt und die Sonne schien auf die Nordflanke. Der Neuschnee verdunstete ohne zu schmelzen. Die Gipfelregion wurde sichtbar, aber nach den beiden Bergsteigern spähte ich vergeblich aus. Dann erinnerte ich mich daran, daß Mallory mich ausdrücklich gebeten hatte, rechtzeitig, zum Nordsattel abzusteigen und die Räumung vorzubereiten. Wenn irgend möglich wollten wir alle schon heute gleich nach seiner Rückkehr zum Lager III absteigen. Der Monsun konnte jeden Augenblick ausbrechen.

Sollten die beiden gezwungen sein, hier oben zu übernachten, so durften sie mich nicht antreffen, denn im Zelte konnten nur zwei Menschen liegen. Ich legte Mallorys Kompaß an eine auffällige Stelle bei der Tür, aß etwas, legte die übrigen Vorräte bereit und verschloß das Zelt. Um 4 Uhr 30 verließ ich das Lager VI, mich unterwegs häufig umschauend. Jedoch war niemand zu sehen. Es bestand auch wenig Aussicht, Menschen in den dunklen Schrofen zu entdecken, es sei denn, daß sie gerade einen der seltenen Schneeflecken überschritten oder sich auf dem Kamme gegen den Himmel abzeichneten.

Ich stellte bei dieser Gelegenheit fest, daß man den Abstieg kaum beschwerlicher findet als auf mäßigen Bergeshöhen. Mit den Anstrengungen des Aufstieges läßt sich der Abstieg überhaupt nicht vergleichen. Bergsteiger, die nicht zum Tode erschöpft sind, können daher sehr schnell abwärts gelangen und vor Anbruch der Nacht in den sicheren Hafen einlaufen. Grade die Fähigkeit zum schnellen Absteigen scheint mir zu beweisen, daß der an die Höhe gewöhnte Bergsteiger des Sauerstoffes nicht bedarf. Der Schneestreifen auf der Luvseite des Nordgrates zwischen 7560 m und 7160 m war hart und steil genug für eine flotte Abfahrt, so daß ich schon um 6 3/4 Uhr auf dem Nordsattel stand. So vermag man den drei- bis vierstündigen Weg zum Lager V in umgekehrter Richtung in 35 Minuten zurückzulegen. Nur muß man sich beim Abfahren hüten, in die Steine zur Linken oder auf den Wächtenrand zu geraten.

Hazard empfing mich mit einer herrlichen Suppe aus sechs verschiedenen Maggiwürfeln. Trotzdem ich auf den Bergen wenig vom Durst geplagt werde, war ich doch erstaunt, daß die Everestluft mich nicht mehr austrocknete. Jedenfalls waren die von Hazard erzeugten Tee- und Suppenfluten mehr als ausreichend, um den Feuchtigkeitsverlust der letzten zwei Tage zu ersetzen. Und es waren zwei Tage voller großartiger Eindrücke gewesen, die sich in der Erinnerung nie verwischen werden. Dazu die Spannung, mit der man nach den Erwarteten auslugte. Aus aufrichtigem Herzen wünschte man sie erfolggekrönt zurück.

Daß man Mallory und Irvine nicht zu früh erwarten durfte, war ja klar, denn sie hatten sich beim Aufbruche verspätet. Vielleicht erreichten sie VI oder V erst beim Einbruche der Dunkelheit. In der hellen Nacht schauten wir lange nach Zeichen aus. Später schimmerte schwaches, von den Firngipfeln zurückgeworfenes Mondlicht auf der Flanke des großen Berges. Vielleicht beleuchtete es die heimwärts gewandten Schritte der beiden Einsamen da droben.

Am nächsten Morgen richteten wir die Feldstecher auf die Hochzelte; nichts rührte sich. Gegen Mittag beschloß ich auf die Suche zu gehen und verabredete mit Hazard einen einfachen Zeichenschlüssel. Bei Tage sollte ich Schlafsäcke auf den Schnee legen, so daß sie bestimmte Figuren bildeten. Nachts wollten wir uns durch Lichtblitze verständigen. Selbstverständlich kannten wir auch das alpine Notsignal. Von den drei auf dem Nordsattel befindlichen Trägern vermochte ich zwei zum Mitgehen zu bewegen.

Wir brachen um 12¼ Uhr auf und mußten wieder mit dem bitterkalten Westwinde kämpfen, der hier fast immer bläst und auch Mallorys und Bruces Versuch vereitelt hatte.

Die Scherpas waren kleinmütig; der eine ließ sich nur mit großer Mühe aufmuntern. Trotzdem erreichten wir das Lager V in der recht guten Zeit von 3¾ Stunden. Ich erwartete, die Gesuchten hier nicht anzutreffen, weil ich von unten aus kein Lebenszeichen bemerkt hatte. Alle Hoffnungen verdichteten sich somit aufs Lager VI. Aber auch diese Aussichten waren sehr trübe, denn dort oben war tagsüber alles still geblieben. Ich konnte heute nicht mehr weiter vordringen, auch wenn die Träger bereit gewesen wären. Es war schon zu spät. Heftige Windstöße drohten die Zelte zu entwurzeln. Durch die fliegenden Wolkenfetzen erhaschte man flüchtige Blicke in die Gluten des Sonnenunterganges. Mit der Nacht steigerte sich der Wind und die Kälte nahm zu. Die Träger hatten keine große Lust zum Essen und wickelten sich bald in die Schlafsäcke. Ich überzeugte mich noch von der Festigkeit ihrer Zeltstricke.

Nachdem ich auch meine Behausung geprüft hatte, legte ich das Sauerstoffgerät zurecht und schraubte das mitgebrachte Mundstück an. Dann kochte ich Nudeln und Hackfleisch auf dem Metabrenner; dazu etwas Tee. Die Nacht war außerordentlich kalt; der Wind drang durch alle Ritzen. Trotzdem ich mit den Kleidern in zwei Schlafsäcken lag, wollte mir nie recht warm werden.

In der Frühe blies der Wind noch immer sein grausames Lied. Die Träger waren halb erstarrt und rührten sich nicht. Beide schienen bergkrank zu sein. Ich forderte sie zum Mitgehen auf. Aber sie machten Zeichen, daß sie krank seien und absteigen wollten. Da ich ihnen nicht zu viel zumuten durfte, begleitete ich sie ein Stückchen abwärts und bat sie, so schnell wie möglich zum Nordsattel zu eilen. Ich wandte mich dem Lager VI zu und hoffte mit Hilfe des Sauerstoffes gut vorwärts zu kommen. Aber der ungestüme Gratwind verdammte mich zum Schleichen. Von Zeit zu Zeit mußte ich hinter einem Felsen Schutz suchen, um wieder warm zu werden. Noch etwa eine Stunde vom Lager VI entfernt, kam ich zur Einsicht, daß mir der Sauerstoff wenig nütze. Ich trug eine einzige Flasche, der ich bisher nur kleine Mengen entnommen hatte. Um nichts unversucht zu lassen, erhöhte ich die Zufuhr und tat längere Atemzüge. Außer einer kaum bemerkbaren Abnahme der Beinmüdigkeit verspürte ich nicht das Geringste. In Anbetracht der Erfahrungen anderer wunderte ich mich sehr darüber. Vielleicht war mir die Anpassung an die sauerstoffarme Höhenluft besonders gut gelungen. Ich drehte das Gas ab, ohne an den bösen Folgen zu leiden, die von der Theorie verlangt werden. Die Flasche einstweilen auf dem Rücken behaltend, ließ ich das lästige Mundstück hängen und kam ebenso gut voran. Wie man hier oben keuchen muß, das würde allerdings auch für geübte Schnelläufer eine neue Offenbarung sein.

Mit Ausnahme einer vom Winde umgerissenen Stütze, lag im Zelt VI noch alles so, wie ich es vor zwei Tagen verlassen hatte. Ich warf die Gasrüstung ab und stieg weiter. In der kurzen Zeit, die mir noch übrig blieb, wollte ich der vermutlichen Anstiegslinie von Mallory und Irvine folgen. Der Gipfelbau des Mount Everest gehört wohl zu den unwirtlichsten Teilen der Erdoberfläche, zumal wenn der Sturm die düsteren Flanken des Berges peitscht. Und wie grausam ist dieser Wind, wenn er jeden Schritt hemmt, der verlorenen Freunden gilt.

Nachdem ich mich zwei Stunden abgemüht hatte, erkannte ich die Aussichtslosigkeit, in dieser riesigen Steinwüste eine Spur der Vermißten zu entdecken. Nur eine größere Rettungsmannschaft konnte hier planmäßig suchen. In der Gegend, wo ich die beiden zuletzt gesehen hatte, mußte man auf ihre Fährten stoßen; aber allein vermochte ich nicht bis zu dieser Stelle des Nordostgrates vorzustoßen, vor allem nicht, weil es schon viel zu spät war.

Mit Widerstreben ging ich ins Lager VI zurück und flüchtete mich für einen Augenblick ins Zelt. Als der Wind etwas nachließ, benutzte ich die Gelegenheit, um die zwei Schlafsäcke auf einen steilen Schneefleck zu schleppen. Ich mußte alle Kräfte aufbieten, denn der Wind war immer noch stark genug und drohte mir meine Bürde zu entreißen. Die in T-Form ausgelegten Säcke meldeten Hazard, daß ich niemanden gefunden hatte. Das Zeichen wurde auf dem Nordsattel richtig gelesen; jedoch verhinderte mich die schlechte Beleuchtung daran, Hazards Antwort auszumachen.

Als einzig wertvolle Stücke rettete ich Mallorys Kompaß und den von Irvine gebauten Sauerstoffatmer. Dann verschloß ich das Zelt und warf einen letzten Blick auf den Gipfel, der durch die fliehenden Wolken lugte. Ernst und kalt erschien mir sein Antlitz; auf meine Frage nach den Freunden antwortete des Sturmes gellender Spott.

Hatten wir das Heiligtum geschändet? Aber dann schaute ich wieder auf die hehre Gestalt und ward eines versöhnenden Hauches bewußt. Wer sich ihr anbetend nähert, den packt es mit unwiderstehlicher Gewalt; er muß die höchste und heiligste Opferstelle erreichen. Warum säumten die Freunde, wenn sie nicht verzaubert waren?

Der ferne Nordsattel mahnte mich, den einstürmenden Gefühlen einstweilen Halt zu gebieten. Dort unten wartete man auf Nachricht. Sollte ich hier oben bleiben und die Suche fortsetzen? Durfte ich hoffen, die beiden noch lebend anzutreffen? Nachdenklich begann ich den Abstieg. Aber der Wind rüttelte mich aus den Gedanken; die geröllbesäten Platten forderten Vorsicht. Auf den leichteren Strecken des Grates beschleunigte ich meine Schritte, mußte jedoch von Zeit zu Zeit hinter einen Felsen treten und mich vergewissern, ob Hände oder Füße noch nicht zu erfrieren begannen. Hazard sah mich kommen und schickte mir den einzigen Scherpa entgegen, der noch bei ihm war.

Auf dem Nordsattel fand ich einen Brief von Norton vor, der mir bestätigte, daß ich richtig gehandelt hatte, denn Norton fürchtete, daß der Monsun mit jedem Augenblick ausbrechen könne. Am nächsten Morgen beluden wir drei uns mit den wertvollsten Sachen, die Zelte zurücklassend, und eilten bei schönem Wetter über den »Lawinenweg« hinab. Im Lager III befand sich niemand außer Hingston und Shebbeare, die im Begriffe standen, den Ort zu räumen. Nach kurzer Rast wanderten wir zum Lager II, wo wir übernachteten. Tags darauf erreichten wir das Standlager, wo der Frühling mit Blumen und Bienen Einzug gehalten hatte.

Nach Hazards Messungen (mit dem Theodoliten vom Standlager aus) ist die zweite Stufe 8604 m hoch, die erste Stufe 8534 m. Sind Mallory und Irvine, dort wo ich sie sah, nur bei der ersten Stufe gewesen, so gebührt Norton die Ehre, den bisher höchsten Punkt erreicht zu haben (8564 m).

Warum sind Mallory und Irvine nicht zurückgekehrt? Von der zweiten Stufe aus fehlten noch 240 m senkrechter und 500 m waagrechter Entfernung zum Gipfel. Wenn sie auf keine besonderen Hindernisse stießen, konnten sie um 3 oder 3 $^{1}/_{2}$ Uhr auf der Spitze sein. Vor dem Abmarsch aus dem Lager VI hatte Mallory an Noel geschrieben, daß er um 8 Uhr früh am Fuße der Gipfelpyramide zu sein hoffe (8625 m). Die beiden Bergsteiger hatten sich somit um fünf bis sechs Stunden verspätet. Da man für den Abstieg vom Gipfel zum Lager VI fünf bis sechs Stunden rechnen muß, war es fast unmöglich, dieses vor Einbruch der Dunkelheit zu erreichen. Aber die Nacht war klar und mondhell, wenn auch der Mond erst später aufging. Trotzdem ist nicht ausge-

Andrew Irvine

schlossen, daß sie das Zelt verfehlten und ein Freilager beziehen muß-ten, was in ihrem erschöpften Zustande natürlich besonders gefährlich war. Selbstverständlich kannte Mallory diese Gefahr, vermochte aber nichts dagegen zu tun. Das Einschlafen in dieser Höhe und bei dieser Kälte ist nahezu mit dem sicheren Tode gleichbedeutend.

Norton verwirft obige Annahme, weil keine Lichtzeichen gesehen worden sind. Obgleich ich das Gewicht dieses Einwandes anerkenne, halte ich ihn doch nicht für durchaus entscheidend, weil Laterne oder Magnesiumfackel versagt haben können. Da ich im Zelte VI zwei Fackeln vorfand, bleibt die Möglichkeit, daß man in der Eile des Auf-bruches überhaupt vergessen hat, eine mitzunehmen.

Der Bergsteigertod durch Absturz liegt ebenfalls nahe. Dann muß-ten sie durch das Seil verbunden sein, worüber die von mir beobachte-ten Bewegungen keinen deutlichen Aufschluß gaben. Natürlich kann ein Abstürzender den unter ihm Nachfolgenden mitreißen, auch wenn man nicht angeseilt ist. Aber wer mag bei Mallorys Geschicklichkeit und Erfahrung an einen Absturz glauben. Für ihn war das Gelände ja kinderleicht. Auch Sandy Irvine ging sehr sicher. Als Zweiter kam er jedenfalls überall mit, wie ich von Norwegen und Spitzbergen her ge-nau weiß. Allerdings wurden sie durch die Sauerstoffrüstung behin-dert, wie aus Mallorys Zettel hervorgeht. Ist es aber denkbar, daß so tüchtige Leute bei einer leichten Kletterei jeden Halt verlieren? Immer-hin sind Fälle bekannt, wo gute Bergsteiger infolge unglücklicher Um-stände oder aus Erschöpfung abstürzten.

Auf dem Kamme des Nordostgrates sieht man aus der Ferne nur zwei Stellen, die Schwierigkeiten vermuten lassen. Deren erste ist die zweite Stufe, die von weitem zwar steil, aber auf der Nordseite über-steigbar aussieht. War es wirklich die zweite Stufe, wo ich die Bergsteiger zuletzt erblickte, so konnte von Schwierigkeiten nicht die Rede sein, denn der vorangehende Punkt – vermutlich Mallory – überwand dieses Gratstück in fünf Minuten. Sodann stößt man am Fuße der Gipfelpyramide auf steile Platten, die in den leichten Gipfelgrat übergehen. Norton hat dicht unter dieser Stelle gestanden und hält sie bei Neuschnee für ziemlich gefährlich, wenn jemand ausrutschen sollte. Ohne Oberst Nortons örtlichen Augenschein zu bezweifeln, möchte ich darauf hinweisen, daß sich die Stelle durch einen waagrechten Quergang nach rechts umgehen läßt. Das ergibt sich aus Somervells Lichtbild (von 8500 m) und aus Noels telephotographischer Aufnahme von oberhalb des Lagers III. Solch geringfügige Hindernisse können einen Alpinisten von Mallorys Erfahrung weder lange aufgehalten noch gänzlich abgeschlagen haben. Er und Irvine würden es ganz bestimmt nicht auf einen Fehltritt ankommen lassen, dessen Folgen ihnen allzu deutlich vor Augen standen.

Schließlich hat man noch daran gedacht, daß vielleicht der Sauerstoff versagte. Nach meinen Erfahrungen erscheint es vollkommen unglaublich, daß sie dadurch am Weitergehen, geschweige denn am Abstiege verhindert worden wären. Auf Mallorys Zettel stand, daß sie bisher nur wenig Sauerstoff gebraucht hatten und daß jeder nur zwei Flaschen mitnehmen wollte. Sie waren zudem schon so an die Höhe gewöhnt, daß ein Zusammenbruch sehr unwahrscheinlich ist.

Ich bin dafür, daß Mallory und Irvine den Tod durch Erfrieren im Freilager fanden. Zwar hatte Mallory gesagt, daß er kein tollkühnes Wagnis laufen werde, aber wer weiß, zu welchen Entschlüssen zwei Leute an den Pforten des Sieges kommen. Ob der Ruf der Sehnsucht nicht die Stimme der Klugheit übertönte, als Mallory das Ziel zum Greifen nahe sah? Das Vertrauen in seine oft erprobte Kunst und das Vertrauen in den bewährten Begleiter mögen ihn zum kühnen Wurfe verleitet haben. Von Irvine wissen wir, daß er alles daran setzen wollte, um den höchsten Preis zu erringen. Wer unter uns würfe den ersten Stein? Wir alle haben auf so manchem Bergesriesen dem Sturme und der Dunkelheit getrotzt. Wer von uns hätte das Uebermenschliche vollbracht und sich gemeistert als die Erfüllung lockte?

Die Frage, ob der Mount Everest bezwungen ward, bleibt unbeantwortet, weil sichere Beweise fehlen. Ueberdenkt man jedoch alle Möglichkeiten, so ergibt sich die große Wahrscheinlichkeit, daß Mallory und Irvine auf dem höchsten Gipfel der Erde gestanden haben.

VII
DIE RÜCKKEHR INS STANDLAGER

von Oberstleutnant E. F. Norton, D. S. O.

Am 12. Juni waren alle überlebenden Teilnehmer mit Ausnahme von Shebbeare im Standlager versammelt. Shebbeare war damit beschäftigt, alle Lager von III abwärts zu räumen. Er sammelte nur die Sachen ein, deren Rückbeförderung nach Dardschiling lohnend erschien. Diese Aufgabe beendete er am 13. Juni. Erneute Angriffe auf den Berg waren nun ausgeschlossen. Hingston untersuchte uns und stellte bei allen, die über 7000 m hinausgekommen waren, eine Herzerweiterung fest. Dauernde Folgen waren nicht zu befürchten, vorausgesetzt, daß man die Anstrengungen nicht wiederholte. Die gesundheitliche Sicherheitsgrenze durfte nicht überschritten werden.

Odell schien am wenigsten gelitten zu haben. Daraus ergibt sich aber auch, daß lange und langsame Anpassung zu ausdauernden Leistungen befähigt. Jedenfalls ist keiner von uns in jenen Höhen so tätig gewesen wie Odell. Er war an zwei mißlungenen und einem erfolgreichen Versuche auf den Nordsattel beteiligt. Zwischen dem 31. Mai und 11. Juni machte er den Weg zwischen III (6400 m) und IV (7000 m) dreimal hin und zurück. Er ging einmal von IV nach V (7680 m) und zweimal von IV nach VI (8170 m). Diese beiden letzten Anstiege machte er innerhalb von vier Tagen. Im Laufe dieser zwölf Tage übernachtete er nur ein einziges Mal tiefer als 7000 m.

Wir waren sehr traurig. Doch empfanden wir den Tod der Gefährten mit jener Selbstverständlichkeit, die uns der Weltkrieg gelehrt hat. Wir fügten uns ins Unabänderliche. Aber die Schatten der Freunde weilten bei uns und erfüllten uns mit Wehmut. Ihre leeren Zelte und Tischplätze erinnerten uns tagtäglich daran, wie schön es hätte sein können, wenn sie heimgekehrt wären. Besonders die näheren Freunde, die Gefährten auf Spitzbergen und auf den früheren Everestfahrten, waren tief bekümmert. Eine dunkle Wolke lastete über dem Standlager. Wie im Schützengraben hatte der Tod uns die Besten entrissen. Sie waren Helden.

Mallory war ein außergewöhnlicher Mensch. Körperlich erschien er mir immer als ein Vorbild des Bergsteigers. Er sah sehr gut aus. Sein für ein Alter von siebenunddreißig Jahren merkwürdig knabenhaftes Gesicht deutete auf eine unverwüstliche Gesundheit. Aus der drahtigen Gestalt sprach ermüdungslose Tätigkeit; mit seinem schwebenden Gange hielt bergauf niemand so leicht Schritt. Womöglich noch gewandter war er im Abstiege, bei dem er große Uebung und hohe Kunstfertigkeit bewies.

Aber noch mehr war es seine Seele, die ihn zum großen Bergsteiger stempelte. Ein loderndes Feuer hob ihn über die Schwächen des Fleisches hinweg. Er schöpfte aus seiner Willenskraft, so daß man nie sagen konnte, ob er müde war oder nicht, denn er zeigte sich sofort tatbereit, sobald irgend eine Anforderung an ihn herantrat. Solange dieser Anlaß bestand, blieb er der führende Geist des jeweiligen Unternehmens. Der Sieg über den Everest war ihm ein heiliger Wahn, dem er Monate schwerer Arbeit widmete.

Ein andrer Mallory enthüllte sich im Meßzelte und bei sonstigen friedlichen Gelegenheiten. Dann sahen wir einen sanften und feingebildeten Menschen vor uns, der allerdings hie und da einen Blitz jener Ungeduld aufleuchten ließ, mit dem er unsere Schritte auf dem Berge zu beflügeln pflegte. In der Wechselrede kam sie häufig zum Vorschein, denn Mallory war von Natur aus ein Herrenmensch mit bestimmten Ansichten. Wir nannten ihn scherzhaft den »Hochstirnigen«. Noch höre ich Longstaffs gutmütige Neckerei im Jahre 1922: »Wissen Sie, Mallory, was die russischen Bolschewiken Gutes getan haben? Sie haben die Intelligentia ausgelöscht.«

Der Tod hat uns einen Freund und edlen Ritter genommen. Der Mount Everest hat seinen größten Gegner verloren.

Irvine war erst zweiundzwanzig Jahre alt, fast noch ein Knabe. Körperlich und geistig mußte man ihn zu den Erwachsenen zählen, unter denen er sich mit der Bescheidenheit eines Ebenbürtigen bewegte. Mächtige Schultern und schlanke Beine bewiesen, daß er nicht umsonst zu den Rudermannschaften gehört hatte, die für Oxfords Sieg auf den Wassern kämpfen.

Seine alpine Erfahrung beschränkte sich auf Felsklettereien in den britischen Bergen und auf eine Bergbesteigung in Spitzbergen. Seine Beteiligung am Everestunternehmen verdankte er den geistigen und körperlichen Fähigkeiten, die er auf der großen Spitzbergenfahrt bewiesen hatte. Als Anfänger im Skilauf war er im vergangenen Winter durch fabelhafte Geschicklichkeit aufgefallen. Zu seinen hervorspringenden Eigenschaften gehörte ein gradezu genialer Sinn für technische Dinge. Nur ihm verdanken wir das Instandsetzen der Sauerstoffgeräte. Vom Lampenschirme zur Strickleiter schreckte seine Vielseitigkeit vor nichts zurück.

Mit Odell teilt Irvine den Ruhm uneigennütziger Arbeit. Als Stützen im Lager auf dem Nordsattel haben beide dem Unternehmen unvergeßliche Dienste geleistet.

Sandy Irvines muntere Kameradschaft machte ihn bei allen beliebt, sogar bei den Trägern, von deren Sprache er kein einziges Wort verstand. Mit Bruce zusammen versuchte ich Irvines Charakter zu schildern, als ich einen Bericht für die Zeitung schrieb. Schließlich sagte Bruce: »Wer einen solchen Ruf hinterläßt, mag beruhigt in den Bergen sterben!« Man kann sich wenige Grabschriften wünschen, die besser sind.

Arbeit ist das beste Mittel gegen Niedergeschlagenheit. Es gab Arbeit genug, denn für den 15. Juni waren die Lasttiere bestellt. Bis dahin mußte man allerlei ordnen. Zuvor rief ich die Gefährten zusammen, um den Unglücksfall zu besprechen. Gegen Odells Stimme kamen wir zum Ergebnisse, daß wir es hier wahrscheinlich mit einem gewöhnlichen Absturze zu tun hatten. Odell meinte, daß die beiden zu lange mit dem Abstiege zögerten und in der Nacht erfroren. Er hielt es sogar für leicht möglich, daß sie auf den Gipfel gelangten. Wir werden wohl immer auf Vermutungen angewiesen bleiben.

Odell hat seine Ansicht im vorigen Abschnitte ausgesprochen. Ich meine, daß auch der gewandteste Bergsteiger einmal ausrutscht. Infolge der Beschaffenheit des Geländes kann ein Fehltritt leicht zum Absturze zweier Leute führen, die durchs Seil verbunden sind. Diese Möglichkeit liegt besonders nahe, wenn Schnee auf den geneigten Platten liegt. Aus häufigen Gesprächen mit Mallory habe ich die feste Ueberzeugung gewonnen, daß er seine Verantwortlichkeit als Führer der sehr schwer nahm. Ich weiß bestimmt, daß er entschlossen war umzukehren, wenn die Pflicht es gebot, sollte der Gipfel aus noch so verlockender Nähe winken.

Ich kann Odell auch nicht zugeben, daß das Zelt des Lagers VI schwer zu finden war. Es stand oben auf dem Nordgrate, dort wo er aus der steileren Felsenschneide in einen runden Buckel übergeht. Endlich halte ich es für gänzlich ausgeschlossen, daß Mallory die Magnesiumfackel vergessen hatte. Das Abenteuer von 1922 stand ihm zu deutlich in der Erinnerung. Wir, die wir in den Lagern III und IV nach Zeichen auslugten, hätten den Lichtschein unbedingt sehen müssen. Die Nacht war klar; alle wachten mit gespannter Aufmerksamkeit; ein wanderndes Licht wäre uns niemals entgangen. Außerdem hatten wir die Morseblitze S. O. S. (Rettet uns!) verabredet, für den Fall, daß die Bergsteiger hoch oben von der Nacht überrascht wurden und das Lager VI nicht mehr erreichen konnten.

Die Frage des etwaigen Gipfelsieges wird erst entschieden, wenn spätere Ersteiger irgend welche Spuren finden, beispielsweise eine Stahlflasche. Von dort, wo sie zuletzt gesehen wurden, konnten Mallory

Oberstleutnant E. F. Norton, D. S. O.

und Irvine nach etwa drei Stunden (3–3 ½ Uhr) auf dem Gipfel sein, so daß noch vier Stunden Tageslicht für den Abstieg zum Lager VI blieben. Waren doch Mallory und ich gemeinsam zur Ansicht gelangt, daß man 4 Uhr als die späteste Frist setzen dürfe, zu der man den Gipfel verlassen müsse. Einstweilen tappen wir also mit unsern Vermutungen ganz im Dunkeln.

Noch eine Aufgabe blieb zu erledigen. Die Karte der Everestgruppe war unvollständig, zumal in der Gegend des oberen Rongbuk-Westgletschers. Die Landesaufnahme hatte uns einen Gurkha-Feldmesser geliehen, von dem inzwischen die leichter zugänglichen Stücke ergänzt worden waren. Nun fehlte noch der Talschluß des Rongbuk-Westgletschers, den der Feldmesser nicht ohne bergsteigerische Begleitung betreten durfte.

Hazard erbot sich hierzu, ebenso Beetham, der leider zu spät von seinem Hüftweh genas. Nach kurzer Beratung schickten wir nur Hazard, denn wir brauchten Beetham als Lichtbildner für den Ausflug ins Rongschartal. Dieses ist eine von den Schluchten, die westlich vom Mount Everest nach Nepal hin verlaufen. Dort wollten wir uns vor der Heimkehr noch etwas in tieferen Lagen erholen.

Hazard schien die nochmaligen Unbequemlichkeiten einer Gletscherfahrt nicht zu scheuen; mit Begeisterung machte er sich an die Ausrüstung seiner kleinen Schar, trotzdem der gefürchtete Regenwind jeden Augenblick eintreffen konnte. In der Tat kam der Monsun am zweiten Tage nach dem Aufbruche. Aber Hazard setzte seinen Willen durch und brachte eine schöne Aufnahme mit, obgleich unsichtiges Wetter die Arbeit sehr erschwerte.

Wir andern widmeten uns den Arbeiten, die vor dem Verlassen des Standlagers erledigt werden mußten. Somervell und Beetham bauten das Ehrenmal für die zwölf Menschen, deren Leben der große Berg bisher gefordert hatte. Hingston, Noel und Hazard verteilten die Vorräte, denn wir sonderten uns jetzt in drei Gruppen. Eine ging ins

Rongschartal, eine unter Hazard auf den Gletscher, die dritte unter Noel über Schekar Dsong ins Tschumbital. Bruce und Shebbeare wiesen den drei Abteilungen die Träger zu. Die Mehrzahl begleitete Noel nach Dardschiling. Sodann wurden die Sachen ausgelesen, deren Mitnahme sich nicht lohnte; wir schenkten sie den Rongbuklamas oder verbrannten sie. Odell fiel die schmerzliche Aufgabe zu, Mallorys und Irvines Eigentum in Verwahr zu nehmen. Ich schrieb Briefe und Zeitungsberichte.

Der Bau des Ehrenmales war ein großes Unterfangen. Von einigen Helfern unterstützt, meißelte Beetham die einfache Inschrift in blaue, schieferähnliche Felsplatten. Auf einem der höchsten Moränenhügel schichtete er zunächst den Sockel von 1 m Höhe und 5 m im Geviert. Auf diesem Sockel erhob sich dann ein Kegel aus Moränenblöcken. Die Platten mit der Inschrift wurden auf der dem Standlager zugewandten Seite des Kegels eingelassen. Die Gesamthöhe des Bauwerkes betrug etwa 10 m. Die Inschrift lautete: »Dem Andenken dreier Everestfahrten. – 1921, Kellas – 1922 (Namen der sieben Träger, die in der Lawine umkamen) – 1924, Mallory, Irvine, Schamscher, Manbahadur.«

Die letzten Tage unserer Anwesenheit stellten den Hochsommer des Rongbuktales dar. Die dem Monsun vorangehende Schönwetterwoche ist nach unsern Erfahrungen die beste Zeit, denn nachher bringen die Schneestürme andauernde Nässe und Kälte. Die Sonnenwärme tat uns wohl. Der unvermeidliche Wind, der von morgens zehn bis Sonnenuntergang blies, hatte nicht mehr die durchdringende Schärfe wie vor sechs Wochen.

Ein flüchtiger Blick über die Einöde verriet nichts Neues. Bei näherem Hinsehen entdeckte man, daß der verflossene Monat Wunder gewirkt hatte. Die Zwergpflänzchen auf den Moränenhügeln blühten eifrig. Da waren die kleine rosa Primel und der weißglockige Enzian, dessen Blumenblätter innen grün getupft und außen braun gestreift sind. Das struppige Gras bei der Lagerquelle bemühte sich, grün auszusehen. Aus den runden Pflanzenpolstern brachen unzählige weiße Sternchen mit rötlichen oder gelben Herzflecken. Aus der Entfernung unterschied man sie kaum von den hellen Granitblöcken.

Die umherflatternden Schmetterlinge erschienen uns seltsam vertraut: Schwalbenschwanz, Fuchs, Apollo. Die Vögel waren ganz zahm; viele nisteten zwischen den Steinen. Einmal graste ein Rudel der scheuen Wildschafe dicht beim Lager. Um alles dies so recht zu würdigen, muß man vorher sechs Wochen in Eis und Fels verbracht haben.

Aus Sparsamkeitsrücksichten schickten wir die Hauptmasse der Träger mit Noel nach Dardschiling, wo sie abgelöhnt werden sollten. Die fünfzehn Besten begleiteten uns ins Rongschartal. Sie dienten uns nun als Burschen. Odell bekam das Rauhbein Narbu Jischee zugewiesen, den Helden der 8200 m, von dem ich so oft erzählt habe.

Wer keine morgenländische Sprache kennt, dem stehen mehrere Wege offen. Beetham folgte dem üblichen Beispiel John Bulls auf dem Festlande, indem er laut und deutlich Englisch redete, womit er erstaunliche Erfolge erzielte. Odell bediente sich rauschender Wortgefüge klassischen Gepräges. Einst lauschte ich der Unterhaltung Odells mit seinem Diener im Nachbarzelte. Narbu konnte ein Wort Englisch, nämlich »Yes«. Die Unterredung verlief etwa folgendermaßen:

Odell: »Ah, guten Morgen, Narbu Jischee. Ich höre, daß du die Pflichten meines persönlichen Dieners übernommen hast.«

Narbu: »Ja, Sahib.«

Odell: »Nun, mein Lieber, ich bin früher von Pu und Namaya ausgezeichnet bedient worden, und es tut mir leid, sie zu verlieren. Jedoch bin ich davon überzeugt, daß Dich der gleiche Geist beseelt und daß wir miteinander zu gegenseitiger Zufriedenheit auskommen werden.«

Narbu: »Ja, Sahib.«

Odell: »Also gehen wir einmal das Gepäck durch, damit ich Dir zeigen kann, wo meine Sachen liegen.«

Narbu: »Ja, Sahib.«

Nach diesem vielversprechenden Anfange scheint eine Stockung eingetreten zu sein, denn Narbu meldete sich bei mir mit militärischem Gruße und sprach: »Bitte Herr, sagen Sie meinem Herrn, er brauche mir nur die Schlüssel zu geben, weil ich mit allen Pflichten eines Burschen vertraut bin. Er wird seine Sachen immer in Ordnung finden.« Leider hatte Narbu Jischee mehr Verständnis für den Becher der Freude als für das Wohlergehen seines Herrn, so daß wir uns bald mit gegenseitiger Hochachtung, aber ohne Bedauern von ihm trennten. Er kehrte in seine Heimat Sola Khombu in Nepal zurück, wo er mit Stolz die Ehrenmünze trägt, die ihm der Ausschuß der Achten Olympiade verliehen hat. Die Tugenden, die einen Träger befähigen, mit zwanzig Pfund auf dem Rücken die Höhe von 8200 m zu erringen, decken sich nicht notwendigerweise mit den Vorzügen eines fürstlichen Kammerdieners.

Am Mittag des 15. Junis hatte der letzte Jak das Standlager verlassen. Die letzten Gefährten, die seinen Spuren folgten, wandten sich noch einmal um, ehe sie den Schauplatz ihrer Taten der Einsamkeit überließen. Heute erhebt sich eine neue Landmarke in dieser Einöde. Gegen den Hintergrund des großen Berges steht das Ehrenmal der Männer, deren Leben er gefordert hat.

Der Bau wird bleiben, denn nichts ändert sich in Tibet. Wann werden wohl die nächsten Europäer das Tal hinan steigen und die Inschrift lesen: »Dem Andenken dreier Everestfahrten«?

VIII
DIE HEIMREISE

von Bentley Beetham

Am 15. Juni verließen wir das Standlager und begaben uns ins Rong-schartal.

Der letzte Blick bleibt unserm Gedächtnisse eingeprägt. Vor uns der leere Lagerplatz, dahinter der Everest, kalt und abweisend wie immer, sein Haupt in düstere Wolken hüllend. Hoch ragt das Ehrenmal auf der Moräne. Still wandten wir uns ab.

So endete der dritte Gang. Geschlagen zogen wir uns in einen Winkel zurück, um uns zu erholen. Der Berg kann und wird bestiegen werden. Wann, das hängt mehr vom Wetter als von den Plänen der Menschen ab. So dachte wohl jeder. Keiner, der nicht gewünscht hätte, das nächste Mal wieder dabei zu sein. Jene totgeborene Frage »Lohnt es sich?« ist ein Erzeugnis des Stadtlebens. Hier, angesichts des Berges, kann sie nicht an der Seele nagen.

Wie anders sah das Rongbuktal jetzt aus. Wir zogen nicht mehr in den Kampf; laue Frühlingslüfte luden uns in die Ferien. Blumen blühten, beschwingtes Leben umgaukelte die Honigkelche. Hingston holte sein Schmetterlingsnetz hervor und Bruce huldigte einem neuen Sport, einer Verbindung von Polo und Insektenkunde. Mit einer Bambusgerte schlug er vom Pferde herab nach allem, was da flog. Das Merkwürdig-ste daran war der geringe Schaden, den seine zahllosen Beutestücke erlitten. Man denke sich einen fliegenden Apollo mit dem Reitstock erschlagen und fast unbeschädigt aufgehoben. Nur Hingston weiß, wie viele »größte Bienen Asiens« auf diese Weise in die Giftflasche wanderten, denn Hingston bekam alles, was wir fingen.

Ehrendenkmal

Das weite öde Rongbuktal lächelte sein Frühlingslächeln, obschon es ein schwaches und blasses Lächeln war, das ihm die Junisonne entlockte.

Wir lagerten dem Rongbukkloster gegenüber und genossen unsern Urlaub. Norton und Bruce, die feinen Kavalleristen, ließen die Mähnen ihrer Pferde stutzen. Shebbeare, Somervell und ich leisteten uns gegenseitig denselben Dienst. Die Pferde hatten wir seit zwei Monaten nicht gesehen. Leider ergab sich, daß sie schlecht gefüttert und schlecht beschlagen worden waren. Hazards Stute war überhaupt nicht mehr zu brauchen.

Abends schlichen sich zwei von uns in die große Tempelhalle, wo ein Gottesdienst stattfand. Bisher hatten uns die Lamas nur angewidert, so daß wir keinerlei Vorurteil zu ihren Gunsten hegten. Trotzdem muß ich bekennen, daß es die eindrucksvollste Handlung war, der ich jemals beigewohnt habe. Vielleicht sprach das Unerwartete mit, ebenso wie auch die Hingabe der Mitwirkenden. Zunächst blieb die Dunkelheit gestaltlos. Allmählich erkannten wir die Reihen der Lamas, die wie Bildsäulen auf dem Boden hockten. Man sah nur die Gesichter der singenden Lamas; die in dunkle Gewänder gehüllten Leiber vermählten sich mit der Finsternis. Schwache Lichtstrahlen fielen auf die Antlitze der Buddhafiguren und flossen an den langen Seidenbannern herab, die über den Köpfen der Betenden hingen. Tiefen Trommeln, Zimbeln und Rohrflöten entsprang eine Musik, die sich wie Orgeltöne hob und senkte. Zwischendurch kam eine Pause. Knaben brachten den fürchterlichen tibetischen Tee. Dann wurde der Gottesdienst fortgesetzt.

Mit der Zeit verwischt sich der Eindruck vielleicht etwas. Aber die unverkennbare Inbrunst dieser Menschen vergißt man nicht. Es ist keine Mache; man wird an unsere Glaubenserwecker erinnert. Die Tibeter werden vielleicht betrogen, aber sie nehmen die Sache ernst. Wir Christen werden vielleicht nicht betrogen, aber ob wir es ebenso ernst meinen, das ist noch die Frage.

Am nächsten Tage reiste Noel mit seiner Karawane ab. Er wollte möglichst schnell seiner Frau entgegeneilen, die ihn mit dem Maler Helps in Tschumbi erwartete. Es tat uns sehr leid, daß er sich schon so bald von uns trennte.

Hazard befand sich mit dem Feldmesser Hari Singh auf dem Rongbukgletscher, so daß die Reisegesellschaft nur noch aus sieben Mann bestand: Norton, Bruce, Somervell, Hingston, Odell, Shebbeare und mir.

Nicht weit unterhalb des Klosters durchschneidet der Dsakar Tschu einen Felssporn. Eine gebrechliche Brücke führt über die kurze Schlucht. Einige der Pferde scheuten und wollten nicht hinüber. Somervell hatte fast das jenseitige Ufer erreicht, als der Gaul plötzlich zurückstutzte und seinen Reiter fast in den tosenden Hexenkessel schleuderte. Da der Reiter Somervell war, gelang der Wurf nicht ganz.

Wir blieben nun auf der linken Talseite, allmählich gegen Westen umschwenkend, und kreuzten den von den Firnen des Gyatschung Kang kommenden Bach. Hier ruhten wir uns aus und verzehrten das Taschenfrühstück. Trotz der Höhe von 4570 m waren die Steine so heiß, daß man kaum darauf sitzen konnte. Nahe am Wasser krochen zahllose große schwarze Käfer (Rynchota) umher. Auch Hingston vermochte uns nicht zu erklären, wovon diese Tiere hier lebten. Dagegen beobachteten wir stromauf einige Alpendohlen, die sich von diesen Käfern nährten und sie mit großer Hast verschlangen.

Abends lagerten wir in einer Grasmulde zwischen Hügeln. Vor uns dehnten sich Bergwiesen mit scharlachroten Zwergprimeln. Die Luft wurde feuchter und weicher; uns allen ging es zusehends besser. Nur Somervells Husten erinnerte noch etwas an die Schneestürme des Everest. Obgleich wir zur Kur ins Rongschartal reisten, darf man uns doch nicht für Krüppel halten. Auf Grund der früheren Erfahrungen hatten wir Erfrierungen diesmal gänzlich vermieden; jedoch bedurften unsere Leiber einer gewissen inneren Auffrischung. Menschenfresser hätten uns verächtlich abgelehnt; wir mußten uns etwas mästen.

Von einem 5500 m hohen Berge hinterm Lager bot sich ein schöner Blick auf den Mount Everest, zu dem wir nun einen Abstand hatten, der den Vordergrund zur Geltung kommen ließ.

Nachts im Schlafsacke liegend und durch die offne Zelttür blickend, sah ich den Schauplatz unsrer Taten im Mondlichte ausgebreitet. Auch wer nicht schwärmerisch veranlagt ist, vermag sich dem Zauber der Mondnacht kaum zu entziehen. Am Tage sehen wir das Hochgebirge, wie es unsern gewollten Zwecken entspricht; im Mondenschein erkennen wir seine wunschlose Wirklichkeit.

In jener Nacht begriff ich, daß der Tod der Preis des Lebens ist, und daß es dem Menschen auf den Zahltag nicht ankommt, wenn seine Rechnung schnell und glatt erledigt ward. Dort oben hatten zwei Freunde im Laufe einer Nacht alles Irdische von sich abgeschüttelt, ohne bei lebendigem Leibe langsam zu verfallen. Kann man sich ein schöneres Ende wünschen?

Am nächsten Tage überschritten wir den sanften Lamna La (5300 m). Dann ging es über meilenweite Schuttfächer, die von Gletscherströmen der Urzeit über die Ebene geschüttet worden waren. Der Lagerplatz zu Sitschu befand sich neben einem von tausend Gebetswimpeln umflatterten Tschorten, unter dem eine klare Quelle hervorsprudelte.

Paul meinte, daß das Heiligtum diesmal dazu diene, den göttlichen Segen auf die Quelle herabzuflehen und nicht, wie gewöhnlich, dem Verscheuchen der Teufel. In Tibet scheint man indes beide Zwecke zu vereinigen, es den guten und bösen Geistern überlassend, die Sache unter sich auszutragen.

Am 18. Juni standen wir angesichts des Tscho Rapsang, der sich im Hintergrunde des Kyetrak-Tales erhebt. Rechts erstreckte sich ein Kamm unbekannter und unbenannter Berge, deren schlanke Gipfel bis in Höhen von 7000 m aufragten. So manchen von uns gelüstete es hier nach einem Kletterurlaub.

So große Ufermoränen wie in diesen Talausgängen hatten wir noch nirgends angetroffen. Sie waren bis zu 300 m hoch und wanden sich wie ungeheure Schlangen durch die Landschaft. Verwitterte und mit Gras bewachsene Moränen gehören zu den schönsten Zierden des Naturbildes. In der Nacktheit ihres grauweißen Gesteins wirken sie trostlos. In solcher Steinwüste liegt das aus Moränenblöcken erbaute Dörfchen Kyetrak, das trotz seiner schmutzigen und ungesunden Wohnhöhlen ein wichtiger Platz ist, weil es an der alten Handelsstraße von Tibet nach Sola Khombu liegt. In Kyetrak findet noch immer ein lebhafter Austausch statt. Aus Tibet kommen Wolle, Salz, Tuch, aus Nepal Reis, Weizen, Zucker und Kupfer. Es müssen schon abgehärtete Händler sein, die ihre Waren über einen 5800 m hohen Gebirgspaß bringen. Einige unserer Träger waren in Sola Khombu beheimatet. Mit schwesterlicher Hilfsbereitschaft, aber uneingeladen, kamen sehr hübsche Schwestern über den Paß, um ihren Brüdern tragen zu helfen, was uns einigermaßen in Verlegenheit setzte.

In Kyetrak konnten wir nach langer Zeit wieder einmal Schafe kaufen, die etwa 4 1/2 Mark das Stück kosteten. Allerdings waren sie nicht fett. Aber dicke Wolle verdeckte die knochigen Vorsprünge. Mit Stolz wiesen die Eigentümer auf Stellen, wo man tatsächlich etwas Fleisch ertasten konnte. Glücklicherweise waren die Hammel innerlich besser ausgestattet, die riesigen Lebern standen in keinem Verhältnis zum Körpergewicht.

Hier auf der Nordseite der Wasserscheide behielten wir vorläufig prachtvolles Wetter. Die hinter dem Himalaya aufbrodelnden Wolken verschönerten das Landschaftsbild. An den Regen drüben denkend, genossen wir unser Wetterglück umsomehr.

Wir mußten nun über den Pusi La südwärts nach Tasam. Wie gewöhnlich war nichts Genaues über die Dauer dieser Reise zu erfahren. Die Schätzungen schwankten zwischen vier Stunden und zwei Tagen. Eine Gesellschaft, die grade von der andern Seite kam, nannte uns die kürzeste Zeit. Tatsächlich brachen wir um 8 Uhr auf und gelangten um 5 Uhr ans Ziel. Entweder hatten die andern Flügel oder wir waren noch sehr erschöpft.

In seinen oberen Teilen ist der 5200 m hohe Paß sanft geneigt; die unteren Erdhänge sind stellenweise recht steil. Eine alte Moräne ersteigend, gewannen wir abseits vom Paßwege einen herrlichen Aussichtspunkt. Vor uns lag der Tscho Rapsang vom Kopfe bis zum Fuße in Gletscherbrüche gehüllt. Im Osten erhoben sich Tscho Uyo und Gyatschung Kang. Zwischen diesen beiden Bergriesen geht der Weg nach Sola Khombu.

Unter uns sahen wir einen der Quellbäche des Rongscharflusses, dem wir nepalwärts zu folgen gedachten. Bald versanken wir in die von den Gletscherströmen ausgekerbte Schlucht, deren enger Schlauch keinen Kiesbänken Raum bot. Schäumendes Wasser erfüllte das Bett der Rinne. Auf Flechten und alpine Kleinpflanzen folgten bald Azaleen und heideartige Sträucher. Dann kamen Wacholder und Zypressen, die sich, Moospolstern ähnlich, niederwüchsig ans Gestein schmiegten. Zuletzt erreichten wir die Baumgrenze mit Tannen, Birken und Ebereschen. Hier entfachten wir ein prasselndes Lagerfeuer, das erste nach langen Monden.

Der Ausblick war eindrucksvoll aber beschränkt. Zu beiden Seiten verloren sich Bergwände in die Monsunwolken. Von der vielfach gewundenen Engschlucht sah man immer nur eine kurze Strecke. Wenn eine schwarze Wolke die unheimliche Rinne überdachte, konnte man sich Jules Vernes Weg zum Mittelpunkt der Erde vorstellen.

Den ganzen folgenden Tag klammerten wir uns an den baufälligen Pfad längs der rechten Schluchtwand. Die Wärme nahm zu, obgleich Nebel und Regen die Sonne verschleierten. Nach einem weiteren Tagemarsche erreichten wir unsern Kurort, wo es schon so warm war, daß man der Faulheit frönen durfte. Das Tal war indes noch so eng, daß wir anfänglich keinen Platz zum Lagern fanden. Schließlich entdeckten wir eine Bucht, in der wir uns festsetzten. Es war eine liebliche Zufluchtstätte. Mit Urwald übersponnene Hänge umschlossen Wiesenflecke, auf denen lichtblaue Schwertlilien prangten. Es erschien uns gerade verbrecherisch, die Blumen zu zertrampeln; wir banden sie zu Sträußen, ehe wir die Zelte aufbauten.

Wir wußten, daß der Gaurisankar uns gegenüber lag. Doch lüftete die Wolkenhaube sich nie weit genug, um mehr zu zeigen als die Gletscherzungen.

Am 24. Juni machte ich mich mit Bruce, Hingston, Odell und Shebbeare auf den Weg, um möglichst weit gen Nepal vorzudringen. Anstatt sich zu weiten, wurde die Schlucht immer enger und tiefer. Oft stieg der Fels dreihundert Meter glatt und senkrecht zu einer Stufe empor, sich dann zu einer neuen Flucht aufbäumend bis die Wand in die Wolken tauchte. Manchmal wölbten sich die düsteren Klippen zu überhängenden Bäuchen. An solchen Stollen konnte man natürlich nicht vorbei. Einander gegenüber liegend, hätten sie das Tal verriegelt. Glücklicherweise traten sie nur umschichtig auf, den Pfad zu fortwährendem Seitenwechsel zwingend. Allmählich kamen wir in halbtropischen Wald mit stolzen Baumriesen, von deren Zweigen Bartflechten und Farnkräuter herab hingen. Oft verhüllte die üppige Laubfülle einen Nadelbaum, der schon längst tot war. Tiere ließen sich kaum blicken. Nur hoch oben zwischen den Wipfeln tummelten sich farbenprächtige Schmetterlinge.

Vormittags überschritten wir die Grenze zwischen Nepal und Tibet. Wir waren sehr erstaunt, einen Grenzstein vorzufinden. Wohl mag das Umhegen des Eigentums die menschliche Bautätigkeit schon frühe angeregt haben; aber der sorgfältig behauene Pfeiler machte in dieser wilden Bergwelt doch einen merkwürdigen Eindruck. Wir hatten ein Kunstwerk vor uns, das an einen heiligen Schrein gemahnte. Auf gestuftem Unterbau erhob sich eine Platte in der Form eines gotischen Grabsteines mit zweisprachiger Inschrift in Nepalisch und Chinesisch.

Unser Koch Tentschutta behauptete beide Sprachen lesen zu können. Laut seiner Uebersetzung war es Tibetern wie Nepalern verboten, diesen Punkt zu überschreiten. Der Koch fühlte sich etwas unangenehm berührt. Da wir jedoch weder Nepaler noch Chinesen waren, ließen wir uns nicht stören.

Als Expeditionskoch hatte dieser Tentschutta eine ganz hervorragende Eigenschaft; er verstand sich ganz vorzüglich aufs Herbeischaffen von Nahrungsmitteln. In anscheinend geflügelleeren Gegenden zauberte er Hühner und Eier hervor. In heiligen Tälern, wo das Töten verboten war, suchte ich die Vögel nachts mit einer Viehseuche oder Gehirnblutung heim.

Am nächsten Morgen meldete Tentschutta ernst und mürrisch, daß die Tiere gestorben seien. Unterwegs spähte er nach Gaben der Natur aus, nach Beeren, Kräutern und Pilzen. Zu seinen Glanzleistungen gehörte Bambus mit Käse am Rost. Man nehme weiche junge Bambusschößlinge, schmore mit Käse und richte mit einer weißen Tunke an. Aber Jugend und Zartheit der Schößlinge sind unerläßlich. Oft ließ der Koch in seinem Eifer die nötige Vorsicht vermissen; und dann –. Nun, man kann sich ja leicht vorstellen, wie Bambus im höheren Lebensalter beschaffen ist.

Sehr stolz war Tentschutta auch auf ein von ihm entdecktes Pilzgericht. Der Urstoff wuchs als schleimige Gallerte auf faulenden Baumstämmen, von denen er die Masse mit den Fingernägeln abkratzte. So sammelte er in seiner Mütze einen durchscheinenden, mit Holzmulm und Flechten vermischten Klumpen, der fürchterlich aussah. Zuerst hielt ich dieses Gericht für etwas gefährlich, aber an der zielsicheren Zubereitung erkannte ich, daß Tentschutta wußte, was er tat. Im Lager verrührte er die Masse mit Wasser, bis die Verunreinigungen oben schwammen und abgeschöpft werden konnten. Gekocht war der Brei fast geschmacklos und lohnte kaum die große Mühe. Später fanden wir Hutpilze, die ausgezeichnet mundeten.

Die Schlucht wurde immer steiler und der Pfad immer halsbrecherischer. Als Rahmengestell aus Bambus klebte er an den Felsplatten. Bänder aus Bambusfaser hielten die Stangen zusammen. Wo das Gitterwerk leiterförmig an der Wand verlief, hatte man es mit großen Steinen beschwert, die den leichten Bau wohl davor schützen sollten, vom Winde entführt zu werden. Die zwischen die Sprossen geklemmten Blöcke behinderten das Gehen ohne das Auge zu beruhigen, denn es erschien eher so, als müsse das Gerüst unter der Steinlast zusammenbrechen. Ebene Strecken des Karnieses waren dergestalt oft ganz mit Steinen gepflastert. War man neugierig genug, sich über den Rand zu beugen, so sah man, daß die Streben auf Reisigbündeln ruhten, die durch irgend eine wunderbare Kraft am Abgrund hafteten. Erst dann würdigte man die Verschnürungen aus Bambusfaser, die einen mit andern Teilen der Luftbrücke verknüpften.

Obgleich wir uns schon auf der Südseite der Wasserscheide des Himalayas befanden, blieb uns das Wetter einigermaßen gnädig gesinnt, denn der Regen fiel meist nachts. Jedoch lagen die Wolken immer wie ein Deckel auf der Schlucht.

Wir waren Einbrecher in verbotenes Land und wunderten uns mit jedem Tage mehr, warum uns kein Wächter den Weg versperrte. Am 25. Juni fanden wir die Erklärung. Der Pfad hörte auf und setzte sich drüben fort; aber die verbindende Brücke fehlte. Ein Hochwasser hatte sie bis auf die Verankerungen weggerissen. Die Oertlichkeit war sehr eindrucksvoll. Man verzeihe, daß ich das Wort eindrucksvoll so oft gebrauche, aber ich kann kein anderes für die Rongscharschlucht finden. Ein überwältigendes Naturbild umfängt uns. Gespeicherte Erdkraft spricht aus den himmelhohen Wänden, entfesselte aus den brausenden Wassern.

Der Fluß, der durchwegs aus wilden Stromschnellen besteht, stürzt sich an dieser Stelle hundert Meter in die Tiefe. Hart am Rande des Wasserfalles ragen zwei Felszacken aus den Fluten, die einst den drei

Jochen der Brücke als Pfeiler dienten. Die Aussicht von der Mitte dieser Brücke muß schaurig-schön gewesen sein.

Der Brückeneinsturz hatte eine merkwürdige Lage geschaffen. Weiter unten befindet sich ein nepalisches Dorf, zu dem man jetzt nicht gelangen konnte, so daß der Talschluß mit dem Hochpasse im Rücken fast ebenso stark vom Verkehr abgeschnitten war, wie eine Insel im Weltmeer. Unwillkürlich fragte man sich, wer wohl mit dem Neubau beginnen werde. Von der tibetischen Regierung ist nicht viel zu erwarten.

Der Forstmann Shebbeare stand lange nachdenklich vor der Aufgabe, die er gern gelöst hätte, kam indes bald zu der Ueberzeugung, daß auch die einfachsten Behelfe unsere Kräfte überstiegen. Somit mußten wir talauf einen Lagerplatz beziehen, den wir vorhin gesehen hatten. Auf einer Kiesbank errichteten wir die Zelte; gleich darauf begann es tüchtig zu regnen. Plötzlich bemerkte jemand, daß am vorgewölbten Uferfelsen der gegenüberliegenden Seite Bienenwaben hingen, neun große und vier kleinere. Durch den Feldstecher sah man die schwarzen Massen der krabbelnden Bienen, unter denen die Waben völlig verschwanden. Die Erforschung der umliegenden Wälder erschien uns wegen des Regens und der Blutegel nicht verlockend, so daß wir uns bald in die Zelte zurückzogen.

Unter faulenden Baumstämmen stöberten Hingston und ich haarige Riesenspinnen auf. Ihr bösartiges Aussehen weckte den Wunsch, sie zu erschießen, ehe man sie aufhob. Trotzdem wanderten sie in die Zyankaliflasche.

Um 5 Uhr früh hörten wir einen Aufruhr bei der Dienerschaft. Bienenangriff! Der Rauch des Küchenfeuers war zu den Nestern emporgestiegen, und die Bienen waren herabgekommen, um sich nach der Ursache zu erkundigen. Bis 8 ½ Uhr, nämlich solange wie die Sonne hereinschien, herrschte reges Leben. Es waren dicke, fast schwarze Bienen von der allergrößten der drei Arten, die hier den Wald bewohnen. Sie flogen stracks auf uns zu und stachen umgehend bei Ankunft.

Tibeter zu Tingri

Infolge ihrer Größe konnte man ihren Flug weithin verfolgen und den Kampfplan durchschauen. Sie glitten der Rauchfahne entgegen und suchten das Gelände 30 cm über dem Boden ab. Wenn man mäuschenstill stand, taten sie einem selten etwas; aber bei der geringsten Beinbewegung war man ihre Beute. Sie flogen grade auf die Wadenbinden zu, denen sie sich jedoch nur auf Handbreite näherten. Dann schossen sie plötzlich senkrecht in die Höhe und setzten sich mit unfehlbarer Treffsicherheit auf den Kopf.

Das war unsere Rettung, denn in neun von zehn Fällen stachen sie in den Hut. Gelegentlich erspähten sie während des Aufstieges eine pelzartige Oberfläche und stürzten sich darauf, so daß wir sie schnell aus dem Barte schlagen mußten, ehe sie bis auf die Haut durchgedrungen waren. Der Koch Tippu machte seine Sache großartig. So oft er von der Küche zum Meßzelt ging, verwandelte sich seine Wollhaube in eine Traube wütender Bienen. Lautes Gesumm verkündete sein Kommen. Niemals werde ich Tippus Gesicht vergessen, wie es von Bienen umrahmt in der Zeltöffnung erschien. Er mußte sie aber etwas lichten, ehe wir ihm erlaubten, einzutreten, denn wir wollten kein Frühstück mit allzu reichlicher Bienenbeigabe.

Welch ein fröhliches Mahl! Jeder kriegte seine Stiche ab und trug damit zur Belustigung der andern bei. Der alte Tippu pflückte die Bienen von Hut und Bart. Hatte er vor dem eiligen Wegwerfen nicht fest genug zugedrückt, dann schnellte die Biene aus der Luft auf seinen Kopf zurück, als wäre sie dort mit einem Gummiband befestigt. Glücklicherweise war das Gift sehr schwach und verursachte geringere Schwellungen als der Stich der heimischen Biene. Die Leute waren halb ängstlich, halb belustigt. Sie freuten sich, wenn einer der Ihrigen oder ein Sahib gestochen wurde, rannten aber wie verrückt umher, wenn die Reihe an sie kam. Shebbeare sagte, daß die Furcht nicht unbegründet sei, denn er kenne Fälle, wo Menschen und Pferde von diesen Waldbienen getötet wurden. Jedoch war es dann immer ein Massenangriff der ganzen Niederlassung und nicht bloß ein Plänklergefecht, wie bei uns hier.

Von diesem Lager aus erhaschten wir den einzigen Blick auf den Gaurisankar oder einen seiner Nachbarn. Jedenfalls war der Gipfel, den wir sahen, nicht so großartig, wie wir erwartet hatten. Immerhin ist es möglich, daß doch der echte Gaurisankar vor uns stand, daß er aber von den schweren und senkrechten Massen des Vordergrundes erschlagen wurde.

Am 26. Juni begannen wir den Rückmarsch nach Tasam. Wir kamen an der einzigen Stelle vorbei, wo der Fluß ein sanfteres Gefälle hat. Ein gewaltiger Bergsturz hat die Gewässer gestaut, die sich dann mit umso lauterem Gebrüll über den Damm ergießen. Auf den Kiesflächen längs des Ufers hatte ich, als wir talab gingen, Vögel beobachtet, die ich für ibisschnäblige Brachvögel hielt. Hingston, der weiter zurück war, hatte sie nicht bemerkt und ärgerte sich sehr. Das wiederholte sich nun; wir sahen und hörten sie, denn sie machten ebenso viel Lärm wie Austernfischer. Hingston kam eine Stunde später vorbei und fand keine Spur von ihnen. Auf unsern Bericht hin machte er sofort kehrt, ohne gegessen zu haben. Das Glück war ihm hold, denn er sah nicht nur die Alten, sondern auch die Jungen, die auf einer Kiesinsel des Flusses gefüttert wurden. Soviel er wußte, waren die Jungen dieser Vogelart der Wissenschaft noch unbekannt. Aber zwischen ihm und den unbezahlbaren Jungen tobte der halbe Rongscharfluß. Und er wollte doch nur eines haben. Trotz dieser Sehnsucht wollte Hingston weder mir noch Bruce erlauben, hinüberzuschwimmen, denn wir hatten kein Seil bei uns. Wer die Insel verfehlte, mußte bis zur nächsten Haltestelle warten, und die hieß Nepal. Ganz unter uns gesagt, freute ich mich, daß das Brachvogelküken entkam. Es saß da drüben so hilflos, während ein Menschenaufgebot am Ufer stand und Ränke spann.

Nicht weit von hier entdeckten wir im Walde das Lager von Papiererzeugern. Die Familie bestand aus Kindern, Eltern und Großeltern.

Wir freundeten uns mit den gutmütigen Leuten an und konnten den ganzen Vorgang von der Pflanze bis zum gefalteten Papier beobachten. Unserm Holunder ähnliche Bäumchen wurden bis aufs Kambium der Rinde beraubt, die man in Körben heimschaffte. Dann rissen die Weiber mit Fingern, Messern und Zähnen den Bast heraus. Die Außenborke war Abfall und wurde als Brennstoff verbraucht. Der zerkleinerte Bast mußte dann in großen Kupferkesseln auf langsamem Feuer kochen bis er sich in einen rotbraunen zähen Brei verwandelt hatte. Dann stellte man mit Stoff überzogene Holzrahmen in kaltes Wasser und löffelte die Papiermasse hinein, die nun unter Wasser gleichmäßig über den Stoff verteilt wurde, so daß sie eine dünne Schicht bildete. Langsam hob man die Rahmen aus dem Wasser, das man zunächst in waagrechter Lage ablaufen ließ. Schließlich stellte man die Rahmen senkrecht um ein Feuer. Die getrocknete Schicht löste sich leicht von der Stoffunterlage und stellte das fertige Papier dar.

Die Leute erzählten mir, daß sie von Lhassa kämen und daß dieselbe Familie schon seit unvordenklichen Zeiten in diesem Tale Papier für die Regierung mache. Man denke nur: Alljährlich wandert die Familie von Lhassa in dieses Tal, um ein paar Bogen Papier herzustellen.

Als wir ins Rongschar-Lager zurück kamen, waren Norton und Somervell überquellender Begeisterung voll, weil sie den Gaurisankar gesehen hatten oder gesehen zu haben glaubten. Jedenfalls behaupteten sie es. Der Born der Freude sprudelte indessen so heftig, daß uns Zweifel aufstiegen. Allerdings stimmten beider Skizzen und Berichte genau überein. Aber hatten sie nicht Zeit genug gehabt, und war das Aufbinden von Bären nicht eine der Hauptbeschäftigungen unseres geruhsamen Lebens. Sehr verdächtig war das Fehlen photographischer Beweisstücke. Allmählich jedoch ließen wir uns von der Wahrheit des Himmelsgebildes überzeugen. Man hatte einen Berg erschaut, der alle andern in den Schatten stellt. In uns regte sich der heiße Wunsch nach derselben Offenbarung.

Als Aussichtspunkt nannte man uns eine Alpenmatte 500 m über den Zelten. Dort befand sich ein tibetisches Dörfchen neben den Trümmern eines größeren, das aus grauer Vorzeit zu stammen schien. Die Gebetsteine der ungewöhnlich stattlichen Umwallung waren so verwittert, daß man kaum noch etwas von den Schriftzügen sah.

Bruce, Odell und ich ließen Zelte nebst Schlafsäcken dorthin bringen. Somervell begleitete uns, wie um seine Vertrauenswürdigkeit zu bekunden. Aber weder bei Tag noch bei Nacht vergönnten uns die neidischen Wolken den Anblick Gaurisankars. Morgens stiegen Bruce und Somervell wieder ab. Odell und ich wanderten stetig bergan in der Hoffnung, über die Wolken hinaus zu kommen. Aber der Regen wurde immer schlimmer und zwang uns schließlich zur Umkehr. Auch Odell lief mir davon. Ganz allein blieb ich noch eine Nacht oben, die letzte vor der Heimreise, denn ich hätte gar zu gerne ein Lichtbild des Berges gehabt. Die Wolken bewegten sich zwar, gaben den Gipfel aber nie frei. Am 30. Juni in der Frühe kamen die Träger herauf, um meine Sachen zu holen, denn das Lager wurde abgebrochen. So schwand die letzte Hoffnung auf ein Bild des Erhabenen.

Am 3. Juli kamen wir wieder über den Pusi La, auf dem sich mittlerweile mehr Schnee angesammelt hatte. Norton und ich widmeten den Bergpflanzen einen unterhaltsamen Vormittag. Wir glaubten einige neue Arten zu erkennen, die den Forschern von 1922 entgangen waren. Darunter gefiel uns besonders eine mit tief himmelblauen Blüten ähnlich denen des Gletscherhahnenfußes, nur kleiner. Die Blüten saßen in dichten Polstern beisammen. Ueberall vernahm man den Ruf der Schneehühner, die zwischen den Steinen fast unsichtbar blieben. Ein Lämmergeierpaar schien durch sein Verhalten die Nähe des Horstes zu verraten. Es ist uns in Tibet nie gelungen, ein Geiernest zu entdecken, trotzdem Geier aller Arten häufig sind und eine große Rolle als Totengräber spielen.

Die durch die Geröllfelder unterhalb des Kyetrakgletschers rinnenden Gießbäche waren stark angeschwollen, so daß die Pferde mit knapper Not dem Wasserdrucke widerstanden. Die tibetischen Pferd-chen sind stämmige, wackere Kerlchen, die unbedenklich durch die eis-kalten Fluten schreiten.

Es war Hochsommer; aber Kyetrak grüßte ihn nicht mit blumigen Fluren. Grauweißes Gestein sieht im Juli ebenso aus wie im Dezember. Wahrhaftig, ein Ort allen Liebreizes bar.

Wir traten wieder aus dem Himalaya in die offenen Landschaften Tibets hinaus. Zwischen kahlen Hügeln dehnten sich braune Ebenen; blaugraue Berge mit weißen Gletschern bildeten den weiteren Rahmen. Hie und da am Himmelsrund standen schwere Wolkenhaufen mit Regenvorhängen unter sich. Inmitten der hellen Sonnenlandschaft hatten diese Einzelgewitter etwas Bühnenmäßiges an sich. Da der Ge-sichtkreis eine Gegend von 300 km Durchmesser umspannte, kreuzte man nur selten den Pfad dieser zerstreuten Güsse.

Auf der Hochfläche erspähten wir ein Rudel Wildesel, das auch unser Kommen bemerkte. Die Tiere beobachteten uns eine Weile und zogen sich dann langsam in eine Bodensenke zurück. Wir warteten, bis der Letzte untergetaucht war, und sausten im Galopp auf eine Stelle des Tälchens zu, wo wir sie vermuteten. Es war unsere erste und zugleich erfolgreichste Hatz. Als wir den Uferrand erreichten, sahen wir gerade unter uns dreizehn dieser prächtigen Tiere, die in gemächlichem Gän-semarsch das Trockental entlang trotteten. Sofort nahmen sie Reißaus, die Mähnen schüttelnd und mit den Hufen ausfeuernd. Ohne dazu aufgefordert worden zu sein, rasten unsre Pferde hinterher, über Stock und Stein den Steilhang hinunter. Shebbeare und ich, die etwas voraus waren, suchten sie abzuschneiden, während Bruce den letzten aufs Korn nahm. Anfänglich entwickelten die Pferde fast dieselbe Schnelligkeit wie die Kiangs, so daß Geoffrey auf 15 m herankam. Dann aber förderte sie ihr schlanker und ausdauernder Galopp allmählich außer Sichtweite. Dergestalt genossen wir hervorragendes sportliches Vergnügen, ohne uns gegen den tibetischen Tierschutz zu versündigen.

Später sahen wir, wie Norton uns aus der Ferne eine Herde von zwanzig Stück zuzutreiben versuchte. Die Wildesel sind sehr neugierig, aber auch ein wenig dumm. Mehrmals brachen sie seitwärts aus, blieben dann aber stehen und starrten Norton an, ihm zu neuerlicher Umgehung Zeit lassend. Schließlich wurden sie aber doch zu aufgeregt und stürmten wie der Blitz an ihm vorbei. Die Tibeter sagen, daß der Wildesel ausgezeichnet schmecke, was mir durchaus einleuchtet, obgleich ich nie Gelegenheit fand, das Fleisch zu kosten. Viele hätten wir sehr leicht schießen können; andere duldeten nur kilometerweite Annäherung.

Wir übernachteten in Scharto. Die Gegend wurde fruchtbarer. In kleinen Gehegen sproß die Gerste kräftig empor, obgleich hier nur einige hundert Meter an der Höhe des Montblanc fehlten. Am Abend fiel ein tüchtiger Regen. Ein Bächlein bahnte sich den Weg durchs Küchenzelt und bot bequeme Gelegenheit zum Waschen schmutzigen Geschirrs. Am nächsten Morgen brachte uns das Dorf seine Lahmen und Siechen. Hingstons Ruf hatte sich weit im Lande verbreitet, denn die Tibeter glaubten, daß er die vielen Käfer, Heuschrecken und Eidechsen für heilkundliche Zwecke sammle. Wir taten nichts, um diesen Glauben zu zerstören, denn er erlaubte uns, die Kleintierwelt auch an heiligen Orten zu jagen, wo das Töten sonst verboten ist. Leider war die Apotheke schon abmarschiert. Aber Hingston ließ sich nicht verblüffen. Unsereiner hätte wahrscheinlich den Fehler begangen, sich zu entschuldigen; nicht so er. Nach ernsthafter Untersuchung der Kranken verteilte er Lutschboltchen und saure Fruchtzuckerln. Die ersten in heißem Wasser vor dem Schlafengehen zu nehmen, die andern zweimal täglich in Milch. Mitleidig sahen wir die armen Teufel mit ihrer Arznei abziehen. Aber was sollte man machen? Vielleicht half der Glaube. Eine Erklärung, daß wir unfähig seien, zu helfen, hätte ja nichts genützt und wäre obendrein noch falsch aufgefaßt worden. Wo immer sie konnten, haben Hingston und Somervell Schmerzen gelindert oder Kranke geheilt. Hier in Scharto hatten sie erst gestern ein lebensgefährliches Geschwür aufgeschnitten.

Am 5. Juli erreichten wir Tingri, dessen Bedeutung uns früher noch nicht so aufgefallen war, wie diesmal. Es hat viele Aecker, treibt lebhaften Handel und beherbergt eine Besatzung. Diese hat allerdings weniger Wert, denn wir sahen nur ein Häuflein Soldaten beim Gewehrputzen. Lieber hätten sie sich selber reinigen sollen. Aber vielleicht ist die Schmutzkruste in Tibet ein militärisches Blendwerk, um den Feind zu täuschen. Den Hügel bei der Stadt krönt eine stolze Burg, deren Mauern und Zinnen aus der Ferne sehr wohlerhalten aussehen. In Wirklichkeit ist das Gebäude unbewohnt und gänzlich verfallen. Die Dächer sind verschwunden, die Decken und Fußböden stürzen ein, die Wände bröckeln ab. Wir besuchten die Burg und machten einige gefährliche Ersterseigungen. Dabei versank einer im Fußboden wie durch morsches Eis. Seine laute Stimme aus der Unterwelt gab jedoch zu erkennen, daß zumindest die Lungen unverletzt waren. Der in tibetischer oder chinesischer Schrift Bewanderte hätte hier allerlei Wissenswertes entdeckt. Im ehemaligen Archive lagen noch ganze Stapel gefalteter Urkunden, die vielleicht so mancherlei über die Geschichte Tibets enthielten. In den Klosterbüchereien findet man ja nur Abhandlungen über buddhistische oder vielmehr lamaistische Theologie.

Die Bewohner von Tingri benahmen sich neugieriger als die Leute in andern Ortschaften. Sie hatten von den Wundern der Bilderkiste gehört, wie die Träger meine Spiegelkammer nannten. Sie folgten mir in Scharen, um die buntbewegten Bilder auf der Mattscheibe zu sehen. Unzureichendes Wissen veranlaßte sie jedoch von vorn in die Linse zu gucken, so daß ich an Stelle des gewünschten Bildes ein Meer verschwommener Gesichter zu sehen bekam. Allmählich brachte ich ihnen bei, daß ich eines offenen Platzes vor mir bedürfe. Der Erfolg war, daß ich mich im Scheitelpunkte eines Winkels befand, dessen Schenkel aus gereckten Hälsen gebildet wurden. Neugierige, die sich zu weit vor wagten, trieb ich durch mehr sinnbildliche Steinwürfe zurück, zu welchem Behufe ich die Taschen mit Kieseln füllte.

Die Tibeter sind ein gutmütiges Völkchen, das harmlose Scherze nicht übel nimmt. Das Offenhalten der Gasse galt ihnen als Spiel; schallendes Gelächter begrüßte jeden Treffer. Bald hatte der Lärm die halbe Einwohnerschaft versammelt. Ich mußte zu einer Kriegslist greifen. Mit der Linse nach der entgegengesetzten Seite zielend, wartete ich, bis die Massen sich aufgestellt hatten; dann drehte ich mich schnell herum und machte die Aufnahme, ehe sich die Reihen in die neue Ordnung umbauten. Sie haben den Zweck dieser taktischen Bewegung nie ergründet, was kein gutes Zeugnis fürs militärische Verständnis eines Garnisonsortes ist. Gelegentlich erlaubte ich einem, auf die Mattscheibe zu blicken und den Trubel zu bewundern, der sich da abspielte. Es kostete mich aber große Ueberwindung, ruhig zu bleiben, wenn ein mit mannigfachen Ausschlägen behafteter Kopf die Einstellhaube berührte.

Wir fühlten uns alle sehr wohl und suchten nach Auslässen für die aufgespeicherten Kräfte. Aus den Tiefen meines Lederkoffers grub ich einen Wurfring, mit dem wir an Bord des Dampfers gespielt hatten. Aus ihm entwickelten wir das tibetische Tennis. In den Lehmboden geritzte Furchen bezeichneten den Spielplatz; aus zwei Pickeln und einer Schnur machten wir das Netz. Mit Erstaunen nahmen wir wahr, wie schnell wir außer Atem gerieten, wo wir doch nach unsrer Meinung so gründlich eingewöhnt waren. Die üblichen Tagesarbeiten verursachten keine Beschwerden, aber sobald wir heftige oder schnelle Anstrengungen machten, bekamen wir die Höhenluft zu spüren. Vor Beginn des Spieles bildeten wir uns ein, zu Ringkämpfen oder Wettläufen antreten zu können. Aber nach zehn Minuten flotten Spieles waren wir vollkommen erledigt. In Yatung, das 1300 m tiefer liegt, stellten wir drei Wochen später einen ziemlichen Fortschritt fest, obgleich die Spielform daheim noch als recht mäßig gegolten hätte. Die Tibeter hingegen rennen bei 4500 m auf Steilhängen brüllend und Steine werfend hinter ihren Jaks her, ohne den Atem zu verlieren. Wie lange wird wohl ein Europäer brauchen, um sich so anzupassen. Oder geht es nur mit den Jahren oder gar erst durch Vererbung.

Diese Höhenanpassung ist doch eine reizvolle Frage, so wichtig für den Erfolg und doch so schwer zu fassen. Jemand müßte ein einfaches Meßgerät erfinden, das den Zustand ganz sachlich beschreibt. Die Leistungen zweier Bergsteiger sind noch nicht unmittelbar vergleichbare Werte. Wenn der eine leichtfüßig bergan schwebt, während der andre langsam folgt, so verdecken sie ihren wirklichen leiblichen Zustand vielleicht durch entgegengesetzte Gemütsart. Der eine ist hitzig oder willenskräftig, der andre bedächtig oder willensschwach. Der eine vergeudet vielleicht seinen Kraftüberschuß, während der Freund Energien aufspeichert. Auf der Ausreise war Odell der Trägste aller Fußgänger; oben auf dem Everest vollbrachte er die größten Dauerleistungen. Solche Dauerleistungen hat außer ihm kein Mensch in jenen Höhen aufzuweisen. Allerdings gibt uns die Anzahl der Blutkörperchen einen Wink, wie weit die Angewöhnung fortgeschritten ist; aber abgesehen von ihrer Umständlichkeit, darf man zweifeln, ob die Blutprobe ein endgültiger Gradmesser für den Gesamtzustand des Menschen ist.

Beim nächsten Mal wäre es wohl ratsam, längere Zeit auf einer Mittelstufe zwischen Kalkutta und dem Standlager zu verweilen.

Als Vorstufe nach der schweren und heißen Luft des indischen Tieflandes diene Dardschiling. Sodann sollte man längere Zeit in Yatung bleiben. Drei Tage in Dardschiling und einer in Yatung sind recht wenig.

Es ist schwer, die Muskelübung und die eigentliche Anpassung an die dünne Luft auseinander zu halten. Lange Uebungsmärsche auf dem Hinwege sind kaum zu empfehlen, weil sie zur Gewöhnung an den verminderten Luftdruck nur sehr mittelbare Beziehungen haben. Die zugelassenen Teilnehmer sind ohnehin zähe Sportsleute, die keiner vorbereitenden Durcharbeitung bedürfen. Etwa notwendiges Einlaufen

Teilnehmer der Fahrt von 1924

Hazard   Hingston   Somervell   Beetham   Shebbeare
J. G. Bruce   Norton   Noel   Odell

ergibt sich auf dem Tibetmarsche ganz von selbst. Die bisherigen Erfahrungen scheinen auf möglichste Schonung hinzuweisen. Es ist ja nicht leicht, den eignen Bewegungsdrang zu hemmen oder als Leiter die Lebenslust der andern zu dämpfen. Aber man sollte es ernstlich versuchen.

Von Tingri ritten wir über Memo nach Schekar, wo wir am 7. Juli eintrafen. Hier ergänzten wir unsre Vorräte aus einer Niederlage, die wir dem Dsongpen anvertraut hatten. Zumal der Zucker war uns sehr willkommen. Wir schenkten dem Dsongpen alle entbehrlichen Vorräte und empfingen als Gegengabe einen Hammel nebst Eiern verschiedenen Alters. Diesen Beamten behalten wir in dankbarer Erinnerung, denn er hat seine Verträge redlich erfüllt und mehr für uns getan, als alle seine Amtsgenossen. Geoffrey Bruce hielt große Besichtigung, die sehr nötig ist, weil die Leute sonst allerlei Kram mitschleppen, dessen Beförderungskosten letzten Endes auf unsre Tasche fallen. Es gelang ihm, mehrere Maultierlasten einzusparen.

Auf dem Wege nach Schekar bummelten wir gemächlich dahin und beobachteten das Leben um uns her. Unter den Füßen der Pferde steigt die Lerche aus dem napfförmigen Neste, das sie neben einem Grasbüschel in die Erde versenkt hat. Bunte Wiedehopfe füttern ihre Jungen in den Mauerlöchern alter Gebäude. Der weißschwänzige Adler sitzt, die Federn putzend, auf einem Felszacken und läßt sich nicht stören. Der königliche Lämmergeier kreist mit aufgebogenen Schwanzfedern durch die Luft. Zahllose Eidechsen laufen über den Sand, und Frösche quaken in den Tümpeln. Heuschrecken hüpfen und verraten sich dem flaschenbeschwerten Hingston. Ueberall gibt es etwas zu sehen.

Zwischen Schekar und Tinki fiel uns auf, daß die fernen Berge bedeutend winterlicher aussahen als im April. Manch braune Gestalt hatte sich in einen weißen Mantel gehüllt, der fast bis auf die Ebene reichte. Dieser Unterschied kommt natürlich nicht von der größeren Kälte, sondern von der größeren Feuchtigkeit. Einen ähnlichen Gegensatz hatten wir in umgekehrter Richtung bemerkt. Wandte man sich südwärts gen Sikkim, so fiel der Blick auf winterliches Gebirge, während noch höheres Gelände im Norden schneefrei war. Zum Teil beruht diese Erscheinung darauf, daß man nordwärts schauend die stärker besonnten Südhänge vor sich hat. Den Hauptausschlag gibt indessen die Regenmenge.

Die Ströme wälzten Hochwasser und sorgten für Aufregung. Bei Dschikiop mußten wir am 12. Juli den Putschung Tschu durchfurten, der von der Wasserscheide des Brahmaputras fließt. Die Landeskundigen zweifelten sogar an der Möglichkeit. In solchen Fällen treiben die Tibeter eine Viehherde hinüber, die das Flußbett fest stampft, so daß die Einhufer nicht so tief einsinken. Nach einigen Stunden war die gewünschte Herde beisammen und wurde trotz ihres Widerstrebens hin und zurück getrieben. Dann erklärte man die Straße für geöffnet.

Als Lasttiere hatten wir diesmal kleine Esel, die jedoch unter ihrer schweren Bürde und mit ihren kleinen Hufen keinen Grund fanden, so daß die Wellen sie hinweg führten. Beinahe wären sie ertrunken; bei einem mußte man die künstliche Atmung anwenden (fehlt für Esel im Handbuch der »Ersten Hilfe«). So blieb nichts andres übrig, als das Gepäck abzuladen und durch Menschen hinüber tragen zu lassen. Das war eine schwere dreistündige Arbeit auf einer Strecke von nur 180 m. Die meisten unserer Leute und alle Tibeter gingen furchtlos ins kalte Wasser. Sie mußten vorsichtig gehen, weil der Untergrund sehr schlecht war. Trotzdem verlor keiner seine Last. Ein alter Tibeter trug immer vier Kisten auf einmal, was wir als große Kraft- und Gleichgewichtsleistung sehr bewunderten.

So ging es weiter nach Tschiblung, Khenga und über den Bahman Doptee. Hier zweigten Norton, Bruce, Somervell und ich ab, um den See Tsomo-treting zu besuchen, dessen einen Arm man vom Passe aus hinter einem Berge hervorlugen sah. Durch böse Erfahrungen immer noch nicht genügend gewitzigt, täuschten wir uns auch diesmal gründlich in der Entfernung. Es scheint unmöglich zu sein, die richtige Kilometerzahl aus der tibetischen Landschaft herauszulesen. In der durchsichtigen Luft schiebt sich alles zusammen. Dazu kommt die Plattheit der ins Gebirge gebetteten Ebenen.

Der auf der Fläche stehende Mensch hat einen Gesichtskreis von etwa 5 km. Da die optische Stufung der Raumtiefe in Tibet fast ausgeschaltet ist, erscheint uns der nächste Berg immer in einer Entfernung, die wir auf 5 km schätzen. Steigt man auf eine Anhöhe, so flieht der Horizont und mit ihm jener Berg. Das setzt sich fort, bis man einen Hochstand gewonnen hat, dessen Gesichtskreis über den Fuß des Berges hinaus reicht. Von da ab weicht der Berg nicht weiter zurück. Möge diese Erklärung nun stimmen oder nicht, jedenfalls lag der See doppelt so weit entfernt wie wir dachten. Die letzte Strecke von einem kleinen Passe zum Ufer war sogar dreimal länger, als wir vermuteten. Den Wasserspiegel belebten zahllose Enten, die indes gar nicht zutraulich waren, so daß ein Jäger vom Ufer aus wenig Glück gehabt hätte. Dagegen hätte der Bootschütze mit der Entenkanone seine wildesten Träume erfüllt gesehen. Der See zeigte die Spuren der Austrocknung, die weite Gebiete Innerasiens befallen zu haben scheint. Ein Teil der tibetischen Hochfläche war einst dichter bevölkert als heute. In menschenleeren Tälern sahen wir hier viele Trümmerstätten. Drei feindliche Einfälle haben das Land verwüstet; die Austrocknung hat zumindest die Wiederbesiedelung erschwert. Allerdings hat die Wissenschaft noch nicht mit Sicherheit entschieden, ob wir es mit einer stetig fortschreitenden Niederschlagsarmut zu tun haben.

Allmählich begann der Heimattrieb auf uns zu wirken. Wir wurden ungeduldiger, bummelten nicht mehr so gern und verbrachten nur je eine Nacht in Tinki, Kampa Dsong und Phari. Der wie gewöhnlich kalte und nasse Donka La verlockte natürlich nicht zum Schlendern. Der Mangel menschlicher Behausungen erschwerte die Arbeit der Köche, die aber bis zuletzt freudig ihrer Pflicht genügten.

Ein kleines Erlebnis spricht für den guten Geist unserer Leute. Im Schneetreiben mit den Launen einer Feldküche kämpfend, kamen sie vergnügt zu mir und meldeten, daß es im nahen Bache von Fischen wimmele. Andre hätten wohlweislich geschwiegen, anstatt sich mehr Arbeit aufzubürden. Mit den Armen ins eisige Wasser tauchend, brachten sie ein Fischgericht zusammen. Leider waren es keine Bachforellen, sondern schleimige Bartgrundeln, die ihr Leben meinethalben nicht zu verlieren brauchten.

In Kampa verließ uns Odell, um in einem Tale gegen Süden »Aufgaben zu lösen«. Shebbeare begleitete ihn als Karawanenführer. Sie holten unsere stark verkleinerte Gesellschaft erst in Dardschiling wieder ein.

Ueber dem Ritte nach Phari lag eine naßkalte Stimmung; die Pferde trotteten stumpfsinnig dahin. Die Nässe war ihnen unangenehmer als die trockene Kälte. Sogar ein Hatzwild im freien Gelände vermochte sie nicht zu begeistern, sehr zum Leidwesen von Norton und Bruce, den Jägermeistern der Everestmeute. Umsomehr würdigten wir die Bequemlichkeiten des Rasthauses zu Phari. Da gab es Stühle, ein Kaminfeuer, Porzellantassen, Teller, Badewannen, alles Dinge, die wir zwar auch vermißt hatten, aber nach langer Trennung freudig begrüßten.

John Macdonald kam uns von Tschumbi entgegen und brachte frisches Gemüse mit: Salat, Erbsen, Steckrüben und Kartoffeln. Das gab einen Schmaus!

Da der Raum beschränkt war, teilten Hingston und ich ein Zimmer mit den Beutestücken. Schimmel bedrohte die Pflanzensammlung, so daß wir die Bogen vor dem lodernden Kaminfeuer trocknen mußten. Jetzt erst bekam man den richtigen Begriff von Hingstons Sammelwut. Außer den Pflanzen schaffte er 10.000 Tiere heim. Das waren sozusagen die toten und amtlichen Zehntausend. Aber außerdem begleiteten uns viele auf eigne Faust als blinde Fahrgäste.

Am 21. Juli verabschiedeten wir uns von Phari und von der tibetischen Hochfläche. Kein Regen vermochte einem den Abstieg durch die

Pflanzenwunder des Tschumbitales zu vergällen. Ich muß gestehen, daß mich die Blumenwelt des Himalayas bis dahin etwas enttäuscht hatte. Nicht etwa, daß ich die Schönheit einzelner Rhododendren, Primeln, Schwertlilien und Hochgebirgspflanzen nicht voll gewürdigt hätte; aber den Traum vom tropischen Walde waren sie mir schuldig geblieben. In den Schluchten des Tschumbitales ward dieser Traum zur Wirklichkeit. Es ist einfach unmöglich, diese überquellende und farbenprächtige Treibhausfülle zu schildern, die an den Berghängen aufgebaut war.

In Yatung bewirtete uns die Familie Macdonald, mit der Hauptmann Noel und Frau an Gastfreundschaft wetteiferten. Den Dank haben sie uns wohl an den Augen abgelesen, denn der beste Dank ist die ehrliche Freude über das Gebotene.

Den verschiedenen Dsongpens hatten wir schon so viele überzählige Ausrüstung geschenkt, daß wir einhalten mußten, um etwaigen Nachfolgern eine Steigerungsmöglichkeit zu lassen. Da die Fracht nach Dardschiling unverschämt hoch waren, beschlossen wir einen Herbstausverkauf abzuhalten. Er wurde das große Ereignis der Gegend; man konnte wirklich gute Gelegenheitskäufe machen. Die Bevölkerung strömte von allen Seiten herbei, ohne daß wir ganzseitige Anzeigen in die Zeitungen setzten. Die Veranstaltung entsprach der Würde des Unternehmens, wenn schon der Stil des Warenhausleiters etwas darunter litt, daß er sich eines Dolmetschers bedienen mußte, um den Unterschied zwischen gelbem Lederfett und Sirup zu erklären. Jedermann durfte mit dem Erfolge zufrieden sein, besonders die Käufer, die gute Ware für gutes Geld erwarben. Sogar hier in Tibet zeigte sich die Anziehungskraft des Räumungsverkaufes aufs weibliche Geschlecht. Aber nur eine von den vielen Damen brachte ihre Sachen zurück. Man mag sagen, was man will, die Kaufwut der europäischen Frau ist doch nur der zeitgemäße Ausdruck des dem weiblichen Tiere eigentümlichen Sammel- und Spartriebes.

In Yatung bewacht eine kleine Abteilung indischer Soldaten die Grenzen des Weltreiches. Die Leute waren sehr auf ein Fußballwettspiel mit der Everestexpedition versessen. Geoffrey ließ sich liebenswürdigerweise dazu herbei, die Sache zu veranstalten, vergaß aber, selber auf dem Kampfplatze zu erscheinen. Der auf seinem Höhepunkte angelangte Monsun tat sein Bestes, das Spiel zu verwässern. Zwar konnte er den Mut der Mannschaften nicht dämpfen, verwandelte aber den Spielplatz in einen plätschernden See. Während der vorhergehenden Nacht und am Festmorgen goß es wie aus Kübeln. Trotzdem versammelte sich zur festgesetzten Stunde eine frohbewegte und lachende Zuschauermenge. Irgend etwas mußte geschehen. Außer dem unauffindbaren elenden Geoffrey waren nur Hingston, Somervell und ich spielfähig, weil Norton lahmte. Nachdem wir die Lücken mit Trägern und zwei geborgten Besatzungssoldaten (unsern besten Spielern) ausgefüllt hatten, schifften wir uns ein.

Es war wohl das sonderbarste Fußballspiel meines Lebens. Wir zogen das erste Los und wählten die höhere Seite des Feldes, da wir hofften, daß die Strömung den Ball einmal durchs gegnerische Tor tragen werde. Genagelte Bergstiefel, in denen drei Paar Wollsocken Platz finden, machen den Menschen nicht flinkfüßig, besonders nicht, wenn sie mit Wasser gefüllt sind. Das Tempo ließ sich kaum als flott beschreiben. Es war auch besser so, denn schon nach kurzer Zeit ging uns fast der Atem aus. Nur infolge unsrer Höhenanpassung vermochten wir das Spiel 3000 m über dem Meere eben durchzuhalten. Die Zuschauer waren wild begeistert, denn Yatung schlug eine »englische« Mannschaft. An unserer Niederlage war nicht zu zweifeln; die Leute spielten zu gut für uns. Nur über die Benennung unsrer Seite hätte man streiten können. Unsre Gegner spielten höchst sportgerecht und nörgelten nie. Wenn einer ins Wasser platschte und alle viere von sich streckte, brüllten die Zuschauer vor Vergnügen, einerlei ob es ein Yatunger oder ein »Engländer« war. Da niemand in die Gefahr geriet, zu ertrinken, gab es keine aufregenden Zwischenfälle. Als Schluß gepfiffen wurde und der Richter 5:1 für Yatung verkündete, kannte die Begeisterung keine Grenzen. Da die Leute erwartungsvoll dastanden und wir ihnen den Spaß nicht verderben wollten, gaben wir noch zehn Minuten zu. Sie gewannen zwei weitere Schüsse und waren dermaßen Feuer und Flamme, daß wir nochmals zehn Minuten zulegten. Aber Dank der Wasserströmung vermochten sie ihren Sieg diesmal nicht zu verbessern. Die Teilnehmer der nächsten Everestfahrt müssen die Scharte auswetzen. Indes wird Yatung auf seinem heimatlichen Spielfelde immer ein gefährlicher Gegner bleiben.

Bevor wir das Tschumbital verließen, luden wir die Macdonalds und Noels zu einem Standlagerfrühstück ins Meßzelt. Zwar handelte es sich um keine sehr genaue Nachbildung der in dieser berühmten Gaststätte üblichen Mahlzeiten, aber doch war jedes Gericht auf Tatsachen gegründet, weil es in irgend einem Reiseabschnitte versucht und für gut befunden worden war. Nur der Salat bedeutete eine Neuerung.

Alle fanden sich in den Geist der Veranstaltung. Niemand nahm es übel, daß die Speisefolge manchmal durcheinander geriet und daß Kognaktunke zur Hühnerpastete angeboten wurde. Derlei trug nur zur allgemeinen Fröhlichkeit bei.

Der Speisezettel sah so aus:

Kalimponger Bier.   Gott segne Kalimpong.

STANDLAGER-GABELFRÜHSTÜCK

Sardinen, Harte Eier, Kartoffelbrei mit Tschumbikräutern,
Wachteln in Gänseleberpastete, Salat.
Erbsensuppe, Erbswurst, Geröstetes Brot,
Geriebener Käse.
Hammelrippchen mit Kyetraktunke, Grüne Erbsen,
Hühner- und Schinkenpastete nach Tentschutta,

Neue Kartoffeln.
Plumpudding mit Tunke aus Dreisternweinbrand,
Karamelpudding, Pflaumen très ordinaires.
Eierkäsekuchen nach Rongbuker Art.
Tee, Gemischte Zwiebäcke, Gezuckerter Ingwer.
Englisches Tischgebet.

24. Juli 1924.

Die letzte Reisestaffel näherte sich ihrem Ende. Wir änderten den Rückweg etwas ab und lagerten einige Kilometer vor dem Natu La beim
herrlich gelegenen Rasthause von Tschampitang. In einem der Dörfer,
durch die wir kamen, sahen wir die Werkzeuge der Strafgerichts-
barkeit an der Hauswand des Gemeindevorstehers hängen. Da waren
Peitschen, Dornenstöcke, benagelte Knüppel, Kettengeißeln, Pritschen
für Streiche auf Wangen oder Sohlen und das übliche chinesische Hals-
brett. Wir fühlten unsre Sittlichkeit geläutert.

Der Natupaß führt über die Grenze von Tibet und Sikkim. Die
britische Seite erkannte man sofort an der gut gebauten Straße, die stellenweise wie eine vorbereitete Eisenbahnlinie aussah. Infolge der Re-
genzeit kriegten wir nur waagrechte Schnitte der Landschaft, denn
unten brodelten Nebel und oben hing eine Wolkendecke. In Karpon-
ang litten die Pferde stark unter den Blutegeln, die sich im feuchten
Holzwerk der Ställe aufhielten. Hingston hatte natürlich nichts Eilige-
res zu tun, als auch diese Tiere auf Flaschen zu füllen. Während er in
der Wand herumbohrte, sahen wir einen wohlgenährten Egel wie
einen Edelstein an seinem Ohre baumeln. Auch er leistete den andern
Gesellschaft. Es ist merkwürdig, wie wenig man diese Blutsauger
spürt. Einer kann schon lange im Genick gesessen haben, ehe man un-
bewußt hingreift. Oft fanden wir abends ein blutiges Gerinnsel in den
Stiefeln, das Werk winziger Egel, die sich durch die Oesen und die
Strumpfmaschen hindurch gearbeitet hatten. In den feuchtwarmen

Wäldern sitzt dieses Ungeziefer unter Blättern und wartet auf vorübergehende Säugetiere. Dieses auf Zufallsgewinne gegründete Dasein scheint sich dennoch für die Erhaltung der Art zu lohnen. Mit welchen unsichtbaren Sinnesorganen sie ihre Beute wittern, vermochten wir nicht zu erkennen. Jedenfalls wissen sie, wenn warmes Blut in der Nähe ist. Die am Getäfel des Hauses haftenden Würmer wurden unruhig, sobald wir dicht an ihnen vorbeigingen.

Tiefer und tiefer tauchten wir in die triefenden Wälder hinab, wo die Zikaden ihre Stimmen zu ohrenbetäubendem Geschrill vereinigen. Die auffälligen und eben deshalb gut bekannten Falter ließ Hingston unbeachtet. Dagegen sammelte er Halbflügler und andre unscheinbare Kerfe, unter denen sich leicht neue Arten befinden konnten. Auf Geoffrey übten die von Hingston verachteten Schmetterlinge einen sportlichen Reiz aus. Als ein Don Quichotte der Waldwege ritt er fechtend gegen sie an. Beim heldenmütigen Waffengange mit einem Parnassier wäre er um ein Haar über den Steilhang gestürzt.

Nachts flatterten Nachtfalter unter der beleuchteten Gipsdecke des Rasthauses. Das gab Bewegung nach dem Essen. Huckepack beritten gemacht und mit der Zyankaliflasche bewaffnet, jagten wir hinter den Tieren her. Um den Giebel zu erreichen, bauten wir Dreimännerpyramiden, die oft in dem Augenblicke zusammenbrachen, wo das Schicksal des Falters besiegelt schien. Es war ein feiner Spaß, der uns wieder in die Jugendzeit zurück versetzte.

Im Teegelände kam uns die Zivilisation entgegen; in ihren gemütlichen Häusern spendeten die Pflanzer edle Gastfreundschaft. Allzuschnell verflogen die Tage. Am 1. August, kurz vor Dardschiling, empfing uns General Bruce mit einer Kraftwagenflotte. Er sah wieder gesund und vergnügt aus und bot uns herzhaften Willkomm. Seine frohe Laune wirkte ansteckend, wie immer, und tröstete uns sogar über die Zeitungsphotographen hinweg. Während der Vorbereitungen zum feierlichen Einzuge der eingeborenen Teilnehmer verschwanden die

Die Träger, die am höchsten kamen

Semtschumbi   Lakpa Tschedee

Narbu Jischee   Lobsang   Angtenjin

Bom

Herren in ihre Quartiere. Dieser Festzug war grade das Richtige für die Leute. An der Spitze marschierte die Polizeimusik von Dardschiling. Die Stadt machte Feiertag; auf dem Markte wartete eine riesige Menschenmenge. Wir liehen den Dienern unsere Pferde; andre machten sich sonstwie beritten; der Rest ging zu Fuß. Den Aufbau überließen wir gänzlich den Leuten. Beim Vorbeimarschieren bemerkten wir, daß einige der besten Träger ganz bescheiden am Ende des Zuges gingen, wohingegen unbedeutende Leute stolz in der Spitzengruppe ritten. Es ist doch überall dasselbe auf der Welt.

Lady Lytton hielt eine Ansprache und General Bruce antwortete; dann gingen die Leute weiter. Sie waren von der Festzüglerei so begeistert, daß es schien, als würden sie nimmer aufhören. Jedermann gönnte ihnen das Vergnügen. Hängt doch der Erfolg ebenso von den wackeren Scherpas ab, wie von den Bergsteigern. Infolge ihrer Lebensgewohnheiten sind diese Kinder des Hochgebirges zu Helfern des Alpinisten berufen. Natürlich würden sie nie selbständig auf die Gipfeljagd gehen, denn dazu fehlt ihnen der geistige Anlaß. Eines Tages werden wir mit gegenseitiger Unterstützung die Spitze des Mount Everest erreichen.

Manche Tibeter sind noch besser an große Anstrengungen in dünner Luft gewöhnt als die Scherpas. Wir sollten doch ernstlich versuchen, sie zu Hochträgern auszubilden. Bisher wagten sie sich nur bis zum Lager II, weil sie die bösen Geister in den Gletscherspalten fürchteten. Aber vielleicht gibt es doch ein Mittel zum Bannen der Gespenster. Die Tibeter glauben an Talismane, und die großen Lamas sind für weltliche Güter nicht ganz unempfänglich. Spruchzauber gegen die Gletschergeister werden ohne Mühe zu haben sein. Bleibt nur noch die auf dem Gipfel thronende Göttin, die keine Annäherung duldet. Laut gellte das Bellen ihrer Wachhunde in die Ohren der vier auf dem Nordsattel zurückgebliebenen Träger.

Im Rongbukkloster sahen wir ein neues Wandgemälde, das der Erinnerung an den Lawinenunfall von 1922 gewidmet ist. Teufel mit

Mistgabeln schleudern die Wanderer kopfüber in die kalte Hölle. Diese doppelte Hölle leuchtet mir sehr ein. Auch unsere geheizte Anstalt ist vorhanden. Da indes der Tibeter mit der Wärme angenehme Vorstellungen zu verknüpfen pflegt, hat man noch den Kühlraum erfunden. Dorthin gehörten wir.

Bevor wir in Dardschiling auseinander gingen, ward uns noch die unvergeßliche Gastfreundschaft der Einwohner zuteil. Wir wurden mit Einladungen überschüttet. Lady Lytton, der Klub der Pflanzer und andere bewirteten uns ebenso herzlich wie festlich. Einen schönen Nachmittag verbrachten wir auch bei M. English im naturkundlichen Museum, wo der Gletscheregel *(Hirudo glacialis)* seine erste Verbeugung vor der Wissenschaft machen durfte.

Dann war da M. Stephen, der uns nicht nur in seinen Großgasthöfen zu Dardschiling und Kalkutta wohnen ließ, solange wir wollten, sondern uns auch zu einem besseren Gabelfrühstück in sein Landhaus lud. Kein Wunder, daß wir nicht so bald auseinander gehen mochten. Aber schließlich schlug doch die Abschiedsstunde. Einen nach dem andern trug jede kleine Bergbahn hinweg. Die Everestfahrt von 1924 war zu Ende. Aber in jedem von uns bleibt sie unsterbliches Erlebnis.

IX
ZUKÜNFTIGE MÖGLICHKEITEN

von Oberstleutnant E. F. Norton, D. S. O.

In vierfacher Gestalt treten uns die Schwierigkeiten des Unternehmens entgegen: als Wetter, bergsteigerische Hindernisse, Trägerbetrieb und Leibeszustand.

1. *Das Wetter.* Wir dürfen uns wohl der Hoffnung hingeben, daß das Wetter von 1924 außergewöhnlich war. Odell hat die Berichte eines in Kalkutta wohnenden Herrn aufgestöbert, der aus mannigfachen Statistiken ziemlich überzeugend nachweist, daß das indische Wetter sechzehnjährigen Umtrieb hat. Danach befinden wir uns jetzt im Wellental eines nassen Abschnittes. Der betreffende Herr behauptet, daß er unsern Mißerfolg vorausgesehen habe. Er empfiehlt bis 1929 zu warten.

Aber vergessen wir nicht, daß das Jahr 1924 ganz günstig gewesen wäre, wenn wir seine Mucken gekannt und die drei schönen Wochen abgewartet hätten, die am 26. Mai begannen. Diese Zeitspanne genügt, obschon man lieber etwas mehr Spielraum hat. Ich glaube, daß man im allgemeinen mit diesen drei Wochen rechnen darf.

Indes ist man in keinem Hochgebirge gegen plötzliche Wetterstürze gefeit. Die vom Nordsattel ausgehenden Bergsteiger müssen auf die Karte dreier aufeinander folgender schöner Tage setzen. Ein Schneesturm treibt sie nicht nur vorläufig zurück, sondern ist auch imstande, sie so zu erschöpfen, daß ihnen keine Kraft für den nächsten Versuch bleibt.

2. *Bergsteigerische Hindernisse.* Diese sind wohl nur an zwei Stellen zu erwarten, an den Hängen zum Nordsattel und kurz unterhalb der Gipfelpyramide bei etwa 8530 m. Da der Anstieg zum Nordsattel über einen Firngletscher führt, verändert sich das Bild von Jahr zu Jahr, so daß man auf unangenehme Ueberraschungen gefaßt bleiben muß.

Den leichteren Anstieg durch die Mulden vermeidet man jetzt wegen der Lawinengefahr. Der neue Weg von 1924 ist dagegen sehr umständlich und mühsam. Das Queren des Steilhanges unter der Lageraltane läßt sich nicht umgehen und wird immer große Vorsicht erfordern.

Der Zugang zur Gipfelpyramide läßt sich auf zwei Wegen bewerkstelligen. Mallory hat immer die Gratkante bevorzugt, auf der uns die sogenannte zweite Stufe größere Schwierigkeiten anzudeuten schien. Gen Süden und Osten ist dieser Absatz senkrecht; die Nordseite sieht steil, aber erkletterbar aus. Mallory und Irvine sind auf dieser Stufe gesehen worden, was aber keine volle Gewähr bietet, weil sie gerade hier beim Abstiege verunglückt sein können.

Von der Stelle, wo man die beiden zuletzt gesehen hat, bis zu einem Punkte 90 m unterm Gipfel ist das Gelände leichter, wenn auch noch ziemlich steil. Die letzten 90 m sind durchaus unschwierig. Die von mir bevorzugte Anstiegslinie geht 150 bis 300 m unterhalb des Grates durch die Nordflanke. Dieser Weg wird erst bei der großen Rinne steil und gefährlich, aber nicht schwierig, wenn ich mich so ausdrücken darf. Etwa 60 m weit muß man steil geneigte Platten queren, die bei Neuschnee heimtückisch sein können. Der Pulverschnee, der hier oben fällt, bietet nirgends eine trittfeste Unterlage.

Nach Ueberwindung dieser Steilplatten gelangt man in den Abhang der Gipfelpyramide, der keine Schwierigkeiten erkennen läßt. Allerdings haben wir dieses Gelände bisher nur vom Standlager aus beurteilen können. Auf beiden Wegen also muß man in ungefähr 8600 m Höhe über Strecken, die steiler sind als alle bis dahin überwundenen Felsen. Diesen Umstand darf man bei der Zeitberechnung nicht vergessen, weil Seilsicherung aus dem Stande erforderlich werden kann.

3. *Trägerbetrieb.* Bevor die Lagerwege gründlich abgegangen waren, hielten wir am Grundsatze fest, die Träger zu begleiten. Nachher

durfte man sie ruhig allein gehen lassen. Wir konnten es auch verantworten, die Leute allein vom Lager VI zum Nordsattel absteigen zu lassen. Oberhalb des Nordsattels haben wir es hauptsächlich mit der geschwächten Lebenskraft zu tun, so daß man die Träger beständig anfeuern muß, um das herauszuholen, wessen sie körperlich durchaus fähig sind.

4. *Leibeszustand und Sauerstoff.* Kann man die letzten 300 m ohne Sauerstoff überwinden? Im Jahre 1922 enttäuschten uns die langsamen Fortschritte, die wir bei 8500 m machten. Nur das Gehvermögen schien gehemmt; beim Sitzen konnte man ganz gemütlich die Pfeife rauchen. In der Ruhe zeigte mein Puls nach wenigen Minuten nur zwanzig Schläge mehr als gewöhnlich. Auch das Absteigen fiel einem gar nicht schwer.

Ueber die Schnelligkeit in jener Höhe läßt sich noch nichts Genaues sagen. Die 180 m vorwärts und 30 m aufwärts die ich in der letzten Stunde zurücklegte, lagen im schwierigsten Gelände, das wir bis dahin begangen hatten. Ich kam nicht weiter, weil ich gefährliche Stellen umgehen mußte und außerdem durch mein Augenleiden behindert wurde. Auf mich allein angewiesen, mußte ich äußerst vorsichtig klettern. Auch war mein körperliches Allgemeinbefinden nicht derart, daß meine Leistung als Maßstab gelten darf.

Ich glaube, daß Bergsteiger ohne Sauerstoff die letzten 300 m am Mount Everest mit einer Durchschnittsgeschwindigkeit von 80–150 m in der Stunde überwinden können.

Auf der folgenden Tafel sind die bisherigen Leistungen verzeichnet, wobei ich die ungewöhnlich schnellen Zeiten eines Einzelgängers nicht berücksichtigt habe. Nur einmal wurde Sauerstoff gebraucht.

		AUF		AB	
Stufe	Höhen-unterschied	Stunden	Meter in der Stunde	Stunden	Meter in der Stunde
III 6460 m bis IV 6929 m	460 m	3 mit Sauer-stoff 2$^2/_3$	153 m 174 m	1$^1/_2$	300 m
IV 6929 m bis V 7710 m	790 m	6	131 m	1$^1/_4$	600 m (abfahrend)
V 7710 m bis VI 8170 m	460 m	4$^1/_2$	102 m	1$^3/_4$	260 m
VI 8170 m bis 8565 m	395 m	6$^1/_3$	62 m	ca. 2$^1/_2$	ca. 160 m

Bietet das bisherige Sauerstoffgerät Vorteile, die sein Gewicht (9–14 kg) und seine Unbequemlichkeit mehr als ausgleichen? Die Frage ist sehr schwer zu beantworten. Für den Sauerstoff sprechen folgende Erfahrungen:

a. Bruce und Finch 1922;

b. etwas unbestimmter Bericht der Träger, daß Mallory und Irvine bis 8500 m schnell vorwärts kamen. Bekanntlich schrieb Mallory an Odell, daß sie bis zu diesem Punkte nur wenig Gas verbrauchten;

c. eine Bemerkung in den Logbüchern der Lager, daß Mallory und Irvine mit Sauerstoff einen sehr schnellen Anstieg von III nach IV gemacht haben;

d. der hoffnungsfreudige Zettel von Mallory (aus VI), der Noel bittet, um 8 Uhr früh mit seiner Filmkammer am Fuße der Gipfelpyramide bereit zu stehen. Daraus ergibt sich, daß er für den kommenden Tag viel vom Sauerstoff erwartete.

Dagegen ist folgendes zu sagen:

a. die Erfahrungen von Bruce und Odell, die bei 7000 m keine Wirkung verspürten;

b. Odells unbefriedigte Erfahrung in 8200 m Höhe. Sogar nachdem er Vollgas gegeben hatte, steigerte sich seine Leistungsfähigkeit nicht;

c. Mallorys und Irvines verspätetes Erscheinen auf der zweiten Stufe. Sie konnten somit nicht schneller voran gekommen sein, als Somervell und ich ohne Sauerstoff.

Wahrscheinlich beruhte diese Verspätung auf Schäden in der Ausrüstung, die Irvine vor dem Aufbruche ausbesserte.

Das sind die Tatsachen, auf Grund derer der Sauerstoff vorläufig der unbekannte Faktor in der Everestrechnung bleibt.

Andre Leibesfragen hängen mit der Ernährung und Höhengewöhnung zusammen.

Die Auswahl der Nahrungsmittel für große Höhen ist sehr schwierig, weil man sich zum Essen zwingen muß. Die Nahrung muß leicht rutschen und leicht verdaulich sein, so daß sie dem Bergsteiger nicht schwer im Magen liegt. Zugleich darf sich nicht allzubald nach der Mahlzeit ein Gefühl der Leere einstellen. Der Bergsteiger muß Kräfte aus dem Essen ziehen können.

In bezug auf die Anpassung haben wir viel gelernt, wenn auch noch nicht ausgelernt. Ein Teil der erworbenen Anpassung scheint sich mindestens zwei Jahre lang zu erhalten, denn die alten Teilnehmer fanden sich viel schneller in die Höhe als die Neulinge. Mallorys überragende Leistungsfähigkeit kam vielleicht von seiner Beteiligung an allen drei Expeditionen.

Ich glaube, daß jedem Menschen eine gewisse Grenze gesetzt ist, bis zu der er sich stetig bessert, sage 5800–7000 m. Einige passen sich schneller an als andre. Die Leute, die sich am langsamsten anpassen, sind zum Schlusse oft die ausdauerndsten, wie Somervell 1922 und

Odell 1924 gezeigt haben. Viele bedürfen auf jeder Höhenstufe einer dreiwöchigen Eingewöhnung, die sich natürlich kaum einrichten läßt.

Andererseits wurden die vom schlechten Wetter tagelang ins Lager III gebannten Bergsteiger so geschwächt, daß wir uns zurückziehen mußten. Dem versammelten Angriff von Entbehrung, Kälte und Schlaflosigkeit vermochten die Vorteile der Anpassung nicht standzuhalten. Es ist nicht leicht, hier die richtige Mitte zu treffen.

Lösung der Aufgabe

Ich will nur kurz erläutern, wie ich mir die Sache denke:

1. *Wetter.* Man bitte die Wetterwarte zu Simla um Gutachten zu folgenden Punkten:

a. Bestehen große Wetterperioden? (Aus schon genannten Gründen weniger wichtig.)

b. Geht dem Monsun regelmäßig schönes Wetter voraus?

Die Bejahung der zweiten Frage bedeutet eine große Erleichterung für den Anführer, der dann weiß, wann er das Zeichen zum Beginn des Angriffes geben darf.

Durch einen Funkspruchempfänger könnte man sich vom Vordringen des Monsuns unterrichten lassen. Die Telegramme, die man uns 1924 nachsandte, kamen zu spät.

Auf diese Weise vermiede man fruchtlose Kämpfe mit widrigem Wetter.

2. *Bergsteigerisches.* Die Suche nach einem andern Zugange zum Nordsattel möchte ich nicht empfehlen. Der Aufstieg von der andern Seite, also vom Rongbuk-Hauptgletscher her, ist wahrscheinlich ebenso lawinengefährlich wie der alte Weg. Außerdem ist drüben die Steinfallgefahr größer und der Fuß des Hanges liegt 300 m tiefer. Lager wie Anstieg wären der Vollkraft des Westwindes preisgegeben.

Der alte »Muldenanstieg« von 1922 ist vermutlich bis zum Eintritte des Monsuns oder des warmen Südostwindes sicher genug. Solange das dem Monsun vorausgehende Nordwestwetter herrscht, verfestigt sich der Neuschnee sehr bald unter dem Einflusse der heißen Sonne und kalten Nächte. Wenn möglich, baue man nebenher einen gut versicherten Weg als Notausgang.

Der Quergang dicht unterm Lager IV sollte nach Neuschnee nie im Anstiege gemacht werden. In Notfällen darf man ihn von oben kommend bei entsprechender Seilsicherung ruhig wagen.

Die Beurteilung der Schwierigkeiten unterhalb des Gipfels müssen wir den Bergsteigern überlassen. Ich ziehe den Weg durch die Flanke vor.

3. *Trägerbetrieb.* Nur Bergsteigern, die das Vertrauen der Träger genießen und die Einfluß auf sie haben, wird es gelingen, die Leute zu Höchstleistungen aufzustacheln. Dazu gehören vor allem einige Sprachkenntnisse. Mit etwas Entschlußkraft, sowie mit Hilfe des Orientalischen Seminars oder alter Gurkhaoffiziere, kann man vor der Ausreise eine Grundlage erwerben, auf der sich weiterbauen läßt.

Jeder Teilnehmer sollte alle Träger mit Namen kennen. Ich spreche aus der Erfahrung, wenn ich sage, daß man sich in vierzehn Tagen die Namen von fünfzig bis sechzig Leuten einprägen kann.

Ohne diese Vorbedingungen vermag man nicht die Führerrolle zu spielen, die im übrigen keine bedeutenden Führereigenschaften erfordert. Was ich hier verlange, ist nicht viel, wenn man bedenkt, daß es sich um den Zusammenhalt der langen Kette handelt, an der Erfolg und Menschenleben hängen.

4. *Leib und Sauerstoff.* Die Wahrscheinlichkeit spricht heute dafür, daß man ohne Sauerstoff zum Ziele gelangt. Ganz sicher ist es noch nicht. Vielleicht darf man es noch nicht wagen, die Fahrt ohne Sauerstoffausrüstung anzutreten.

Die sachverständigen Techniker werden wohl Mittel und Wege finden, um die bisherigen Mängel zu beheben. Eine bedeutende Gewichtsverminderung scheint ausgeschlossen zu sein.

Die Gipfelpyramide

In der Zukunft sollte man erst von 8200 m ab mit dem Sauerstoff einsetzen, denn die bis zu jener Höhe erworbene Anpassung bietet die beste Gewähr gegen einen Zusammenbruch beim Versagen der Apparate. Man gebe dem Führer die beste Ausrüstung mit, binde ihn aber nicht an Gebrauchsvorschriften. Die Bergsteiger müssen selber entscheiden.

Die Ueberwindung der letzten 275 m ist eine reine Raum- und Zeitfrage. Man wird zweimal jenseits 7000 m übernachten müssen. Mehr als zwei Nächte über 7000 m würden unmöglich große Zwischenlager erfordern.

Ich glaube, daß sich V und VI leicht 75 m und 150 m höher anlegen lassen. Wir sind immer dafür gewesen, Lager VI dicht unter die Nordostschulter zu setzen (8300 m). Je näher am Gipfel, desto besser, wenn man einen geeigneten Platz findet.

Dann bleiben für den letzten Tag nur 550 m übrig. Dabei behalte man im Sinne, daß wir ohne Sauerstoff 400 m zurückgelegt haben. Infolge des Unfalles mit der Thermosflasche brachen wir erst um 6 Uhr 40 auf, kehrten um 1 Uhr um und waren um 9 Uhr 30 im Lager IV.

Der frühe Aufbruch nach guter Bergsteigerregel scheint an den Hängen des Mount Everest unmöglich zu sein. Vielleicht ist die morgendliche Ebbe der Lebensgeister zu stark. Nehmen wir einen Aufbruch um 5 Uhr 30 an und eine Rückkehr nur bis zum Lager V, so gewinnen wir drei Stunden für die restlichen 150 m hinauf und herunter. Das ist etwas knapp; doch werden Bergsteiger, die nicht so von Kräften waren wie wir, die Gangart beschleunigen können.

Ausschlaggebend ist der Ort des Lagers VI. Allerdings wächst mit der Annäherung an den Gipfel auch die Versuchung, die Umkehr zu weit hinauszuschieben. Die Anführer zukünftiger Stoßtrupps werden sich ihrer Verantwortlichkeit in diesem Punkte ganz besonders bewußt sein müssen.

Vielleicht entdeckt ein geistreicher Verdauungschemiker bessere Ernährungsmöglichkeiten. Ich glaube indessen nicht, daß man unsern Speisezettel bedeutend verbessern wird.

In bezug auf die Anpassung möchte ich Longstaffs vorzüglichen Rat befolgen: »Bei ungünstigem Wetter steige man so oft wie möglich bis 6000 m oder auch 7000 m, halte sich dort aber nicht auf.

Man verbringe möglichst lange Zeit auf der größten Höhe, wo man noch einigermaßen gut ißt und schläft. Jedoch empfehle ich 7000 m als Grenze für den Daueraufenthalt, denn jenseits dieser Grenze wird der Gewinn an roten Blutkörperchen durch Kraftverluste aufgehoben.

Man trachte das Lager III ebenso gemütlich zu machen wie das Standlager. Wenngleich dieses Ideal unerreichbar ist, sollte man ihm doch so nahe wie möglich kommen.«

Longstaff hat lange vor den Everestfahrten große Einsicht in die Fragen der Anpassung bewiesen. Viele seiner Vorhersagen sind eingetroffen: Höhe der Schneegrenze auf der Nordseite, Höhe des Standlagers, Einrichtung und Verteilung der Zwischenlager, Auswahl der Bergsteiger und Träger, Mindestgeschwindigkeit. Hoffentlich schenkt er uns wieder seinen wertvollen Rat.

Runde des Everestanstieges

II. TEIL

MALLORYS BRIEFE

Frau Mallory hat die Tagebuchbriefe ihres
Mannes in verdankenswerter Weise
dem Everest-Ausschuß zur
Verfügung gestellt.

GEORGE LEIGH MALLORYS BRIEFE
AN SEINE FRAU

I.

Hotel Mount Everest
Dardschiling, 25. März 1924.

Seit der Ankunft am letzten Freitag sind wir sehr fleißig gewesen. Morgen, Mittwoch, fahren wir nach Kalimpong, so daß unsres Bleibens nur kurz war. Packen und andre Dinge nahmen die Zeit voll in Anspruch. Norton leitet den Betrieb. Durch Errichten von Niederlagen am Wege werden wir viel Zeit und Geld sparen. Die Kisten für die Hochlager sind schon vorbereitet. Die Teilnehmer sehen vielversprechend aus. Auf dem Wege durch Indien war es recht heiß; die Hitze scheint dieses Jahr sehr plötzlich gekommen zu sein. In der Eisenbahn müssen wir oft 38 Grad gehabt haben; jedenfalls meldete Kalkutta 37 Grad. Eine staubige und rußige Geschichte, diese Bahnfahrt; ich freute mich, als sie zu Ende war. Von etwas Schlafmangel abgesehen, fühlte ich mich ganz wohl. Nur der alte Knöchel macht mir ein klein wenig Sorge. Gestern gingen wir zu viert auf den Seneschall-Hügel, um die Magnolien zu bewundern. Die neuen Stiefel von Dewberry lassen Gutes erwarten, aber mein rechter Knöchel fühlte sich nicht ganz glücklich.

Die Magnolien waren herrlich, schöner noch als voriges Jahr; man sah vier verschiedene Farben: Weiß, Kirschrot und zwei Töne Rosa. Wie hell und kräftig sie sich vom dunklen Hintergrunde des Berges abheben! Das Land ringsum ist augenblicklich sehr ausgedörrt, und über ihm hängt der aus der Ebene herauf gewehte Staubnebel. Erst heute früh bekamen wir etwas von den Bergen zu sehen; Kantschendschunga tauchte aus der schlummerigen Ferne. Somervell, Odell, der General, Norton und Geoffrey Bruce waren schon vor uns hier. Ich freute mich, Somervell wiederzusehen; Odell ist auch ein netter Kerl. Es ist wirklich eine tadellose Gesellschaft. Einen guten Eindruck macht auch unser Arzt Hingston, ein Irländer, ein ruhiger kleiner Mann und eifriger Naturforscher. Der einzige, den ich noch nicht kannte, ist Shebbeare von der Forstverwaltung, dem man allerlei Gutes nachsagt. Er kennt alle Bäume und Sträucher, aber keine Blumen, so daß wir wieder einmal keinen rechten Botaniker haben.

Morgen reisen wir geschlossen nach Kalimpong, wo wir uns wieder in zwei Gruppen teilen. Ich gehöre zur zweiten mit Norton, Hingston, Irvine und Shebbeare, soviel ich weiß. Noel bewegt sich unabhängig von uns.

Die englische Post hätte gestern hier sein sollen. Aber da das Schiff sich um zwölf Stunden verspätet hat, werden wir sie erst heute kriegen, so daß zu wenig Zeit zum beantworten bleibt.

II.

Rangli Tsuliu, 29. März 1924.

Das ist der große Tag der Talschlenderei mit Wärme und Trägheit und mit den Freuden der Lotusesser. Von hier schreibe ich Dir mit den Füßen im murmelnden Bache und mit dem freien Himmel über mir. Heute früh verließen wir Pedong und wanderten gemächlich die 600 m zum Strome hinab, in dem ich auch das letztemal badete, damals als Noel uns verewigte. Diesmal badete ich ordentlich mit Irvine und Odell. Wir entdeckten sogar ein Tauchbecken. Dann ging es weiter nach Rhenok. (Du wirst es wohl auf meinen alten Karten von Sikkim finden), wo ich Bilder von den merkwürdigen Häusern aufzunehmen versuchte. Von da ritten wir nicht auf dem kürzesten Wege über den Paß nach Ari, sondern zehn Kilometer um den Berg herum in eines der schönsten Täler Sikkims. Wir trugen ziemlich schwere Rucksäcke, und ich versuchte die neuen Stiefel zum ersten Male auf einem ganzen Tagemarsch. Stiefel, Knöchel, Hüfte betrugen sich anständig, so daß ich in Phari vielleicht gar nicht mehr an sie erinnert werde. Das Wetter ist schön, aber dunstig infolge der vielen Waldbrände. Die Leute verbrennen das Unterholz, damit nächstes Jahr mehr Gras wachse. Aber ich habe noch nie so viel Rauch gesehen, wie diesmal. Deshalb haben wir seit Dardschiling keine Aussicht genossen. Auch scheint dieser Frühling ungewöhnlich trocken zu sein. Reisende berichten, daß in Tibet sehr wenig Schnee gefallen ist und daß die Wiesen schon grün werden, was mir unglaubhaft erscheint. Heut nachmittag kündigt sich ein Wetterwechsel an; aber das Gewitter, das in Kalimpong niederging, ist wirkungslos verpufft.

Von den fehlenden Ausblicken abgesehen, hat sich die Reise bisher recht freundlich angelassen. Für zehn Kilometer über Dardschiling hinaus benutzten wir Kraftwagen. Unterwegs lud ein Teepflanzer namens Lister Norton, Hingston, Somervell und mich zum Gabelfrühstück ein. Er hat einen der berühmtesten Teegärten und setzte uns einen wunderbar würzigen Orange Pekoe vor (zwischendurch ein paar heftige Güsse). Nach diesem erfrischenden Zwischenspiel rannten wir über die Abschneider zur Tistabrücke hinunter, wo die Pferde warteten und wo wir durchnäßt ankamen. Mein Tier, das mich nach Phari tragen soll, ist das beste, das ich bisher auf dieser Strecke ritt. Der Sattel ist bequem und ich bin überhaupt ganz zufrieden. Den Berg hinauf gelangten wir um 1.30 nach Kalimpong.

In Kalimpong wiederholte sich der Tamascha (Fest) von 1922 mit den Pfadfindern, Knaben und Mädchen. Nachher sangen wir im Schulzimmer den 122. Psalm nach der Melodie des Old Hundredth. Ansprachen wechselten mit Gebeten. Der alte Dr. Graham versteht seine

Sache; so müßte man es machen, wenn man Missionar werden wollte. Er betreut an die 700 Kinder, die gut bei ihm aufgehoben sind. Ist die Kasse leer, dann geht der alte Schotte nach Kalkutta und sammelt ein paar Hunderttausend Rupien bei den ersten Handelshäusern, die seine Arbeit würdigen.

Bei den Teilnehmern der zweiten Abteilung habe ich Odell vergessen. Shebbeare, der Forstmann, ist ein vortrefflicher Kerl. Gestern abend gingen wir oberhalb von Pedong im Walde spazieren und kamen einer Wildkatze ganz nahe. Sie hatte die Höhe eines Kolkraben und ähnelte Agapanthus in der Gestalt, oder mehr noch der andern Westbrook-Katze, der sie auch in der Färbung glich. Shebbeare sah sie nur flüchtig und konnte daher nicht sagen, zu welcher Art sie gehörte. Wie doch so ein Tier gleich den ganzen Wald lebendig macht. Wir vertragen uns ausgezeichnet und wandeln friedlich dahin.

Seitdem ich zu schreiben anfing, ist es unerträglich schwül geworden; ein Gewitter hängt in der Luft. Der Nachteil dieses Ortes ist der Mangel an keimfreiem Wasser, so daß wir nur Tee trinken dürfen, der indessen den Durst nicht löscht. Man sehnt sich nach einer großen Zitronenlimonade oder nach einem Whisky mit Soda. Da siehst Du, was für ein Genußtier man geworden ist.

Ich bemühe mich ernstlich, etwas Hindustanisch zu lernen. Die Fortschritte sind fragwürdig, weil die Dienerschaft auch nur sehr schlecht Hindustanisch spricht. Immerhin verständige ich mich schon viel besser mit ihnen. Oben am Berge werden wir wenige haben, die mit den Trägern reden können.

Ich bin jetzt so in der rechten Ferienstimmung. Morgen steigen wir bergauf nach Sedongtschen und übermorgen noch höher nach Gnatong (3800 m). Das ist der große Rhododendron-Weg; doch nur die ganz unten werden schon blühen. Ich möchte zur Abwechslung einen andern Weg einschlagen, nämlich von Kapup über den Natu La statt über den Dschelep La.

III.

Obgleich eigentlich nicht viel zu sagen ist, muß ich Dir doch schreiben, weil morgen die Post geht.

Ich bin gut zuwege. Die Reise von Sedongtschen nach Gnatong war fabelhaft schön. Kantschendschunga und seine Nachbarn erschienen in voller Pracht. Wir durften uns glücklich schätzen, denn bisher war es mir noch nie gelungen, in dieser Gegend einen Anblick ferner Berge zu erhaschen. Gnatong war diesmal nicht so kalt, obschon Schneehaufen die Veranda verstopften. Dann in zwei leichten Märschen nach hier, mit Uebernachten im kleinen Rasthause eine Stunde unterhalb des Dschelep La. Norton und ich erstiegen den Paß zu Fuß und stellten mit Vergnügen fest, daß wir leistungsfähiger waren, als beim letzten Mal. Ich fühle mich tatsächlich recht kräftig, denn ich schlafe ebenso gut wie lange und halte mit jedermann Schritt. Der Frühling hat uns recht freundlich begrüßt; auf der Sikkimer Seite mit einer reizenden Schlüsselblume, die im Bau der englischen ähnelt. Sie wuchs zwischen 2700 m und 3400 m und hatte scharlachne Blüten. In etwas tieferer Lage blühte das große Rhododendron falconeri. Auf dieser Seite sprenkelt eine etwas hellere Primel vom Polyanthustyp die Matten. Auch unser alter Freund, der Seidelbast, meldete sich; die Nadelhölzer kleiden sich in frisches Grün.

Soweit ist die Reise sonnig und angenehm verlaufen. Dazu die lustige Gesellschaft. Hier stießen wir wieder zur ersten Gruppe, die sich ebenfalls bester Stimmung erfreut. Leider fühlt sich der General nicht recht wohl und ist heute hier geblieben, während Norton mit der ersten Abteilung voraus reist. Ein Ruhetag ist auch nicht zu verachten. Ich machte mit Irvine einen Bummel durch die Gegend.

IV.
Eine Tagereise hinter Phari, 7. April.

Dummerweise habe ich es versäumt, von Phari aus zu schreiben, weil ich vergaß, daß sich vor Kampa wahrscheinlich keine Postgelegenheit bot. Indes höre ich soeben, daß morgen vielleicht ein Bote geht; daher schreibe ich schnell einige Zeilen im Bett. Die schriftliche Arbeit ist mit Schwierigkeiten verbunden, weil der Zeltboden eine schiefe Ebene bildet, die gegen mein Kopfkissen hin abfällt. Vergeblich versuche ich mit Rückenstützen entgegen zu wirken. Umgekehrt käme mein Kopf neben die Zelttür, wo der Zugwind das Licht stört. Außerdem schneit es. Der frischen Luft zuliebe lasse ich mein Fußende gern einschneien, aber nicht den Kopf. Im übrigen ist mein Zelt ein wohnlicher Ort. Neben mir steht der Tisch, den unser Freund in Maid's Causeway gebaut hat; auf ihm steht die Leselampe. Nur fürchte ich, daß man uns eines Tages das Petroleum für die Privatbeleuchtung beschneiden wird. Habe ich Dir schon von den Whymperzelten erzählt? Jeder von uns hat eines für sich. Das Zelt hat zwei Stangen, wodurch es bedeutend geräumiger wird als das Zelt mit einer Stange. Da das Bodenstück an die Seitenwände angenäht ist, genießt man vollkommenen Schutz gegen Zug und Staub, wenn man die Oeffnung vom Winde abwendet. Ein Segen sind die vielen Taschen in der Wand. Es ist auch keineswegs eng, denn es mißt zwei Meter im Geviert. Das Meßzelt weist ebenfalls große Verbesserungen auf; es ist hoch, und die Diener können hinter uns herum gehen, ohne uns mit den Schüsseln an den Kopf zu stoßen. Die Tische bestehen aus Dreischichtenholz mit Glanzlack, so daß man die Kleckereien leicht abwischen kann. Die Tischbretter schmiegen sich den Zeltstangen an. Die Lampen sind ein gewaltiger Fortschritt gegen die düsteren Sturmlaternen. Sie haben ein Uhrwerk, das die Petroleumzufuhr zum Vergaserverbrenner regelt. Kurz, die planmäßig durchdachte Ausrüstung bietet große Vorteile ohne nennenswerte Mehrausgaben.

George Leigh Mallory

Es wird Dich freuen, zu hören, daß ich mich tadellos auf der Höhe fühle, mehr noch als 1921 oder 1922. Ich steige fast ebenso leicht wie in den Alpen; ich schlafe gut und lange; der Magen ist in Ordnung; ich fühle keinerlei Beschwerden. Nur der Knöchel meldet sich hie und da etwas; im Bein spüre ich dagegen gar nichts, so daß es mich wohl nicht im Stiche lassen wird.

Der General begleitet uns nicht nach Kampa Dsong (alter Weg), sondern macht einen Umweg, der zwei Tage länger dauert (sechs statt vier). Auf diese Weise bleibt er vorläufig in etwas tieferen Luftschichten. Es ist schwer, seine Krankheit richtig einzuschätzen, doch möchte ich zehn gegen eins wetten, daß er sich aufrappelt.

Länger vermag ich in dieser Stellung nicht zu schreiben; die Arme werden steif und kalt. Von unsern Plänen erzähle ich Dir im nächsten Briefe. Tibet ist in diesem Jahre wärmer; es war aber immer hübsch kalt heute nachmittag.

V.

Kampa Dsong, 12. April

Ich sitze im Zelt und schreibe. Neben mir steht ein Salbentopf, in den ich von Zeit zu Zeit den Finger tauche, um die empfindlicheren Stellen des Gesichtes einzuschmieren. Sonne und Wind haben uns mit vereinten Kräften etwas zugesetzt. Nortons Familie behauptet, daß er von der letzten Reise her eine bleibende Strieme auf der Nase habe. Das will er diesmal vermeiden. Aber wie? Ich beschränke mich auf den Wunsch, meine Nase möge ihre übliche Größe behalten. Somervell erfreut sich eines Vorsprunges vor uns, weil seine Haut schon in Indien gebräunt war. Jetzt ist er kastanienbraun, und außerdem glänzt er, weil er sich freigebig einfettet. Den besten Bart hat Beetham, der schon in Kalimpong mit dem Rasieren aufhörte. Auf die Dauer wird ihm aber der schwarzhaarige Geoffrey Bruce den Rang ablaufen. Hazards Antlitz ist eine Sammlung von Schorfen und Spalten auf zinnoberfarbiger Grundlage.

Im letzten Briefe rühmte ich mich meines Wohlbefindens. Das ist nicht mehr ganz so; innen etwas nicht in Ordnung; vielleicht Darmkatarrh. Infolgedessen fühle ich mich recht schwach und muß mich von Hartbrot und Obstmus nähren. Da wir hier zwei ganze Rasttage vor uns haben, kann ich mich wohl gründlich ausheilen. Schon merke ich eine Besserung und hoffe beim Aufbruche wieder ganz auf dem Damm zu sein.

Obgleich wir dem alten Wege von Phari nach Kampa folgten, war die Reise doch anders als 1922. Abgesehen von neuen Gefährten und Erlebnissen, begrüßte uns vor allem ein anderes Tibet. Am zweiten Tagemarsche nach Phari lagerten wir etwa einen Kilometer jenseits des »Schneesturmlagers« von 1922. Diesmal verschonte uns der Eisorkan; andrerseits fehlten die sonst für Tibet so bezeichnenden hohen Lichter. Tschomolhari, der einen umso gewaltigeren Eindruck macht, je häufiger man ihn sieht, schimmerte zuerst durch dünnen grauen Dunst, kriegte es dann aber gehörig von Norden her. Auf der weiten Tuna-Ebene hing das Wetter drohend über uns, und ein ekelhafter Wind blies einem ins Gesicht; doch blieben wir vom Aergsten verschont. Ich finde die Beschäftigung mit dem Wetter sehr reizvoll. Es ist so schwer, seine Ursachen zu ergründen und die Zeichen zu deuten oder Vergleiche mit früheren Jahren anzustellen. An diesem Tage wurde man an den Monsun erinnert. Abends klebten rauchgraue Wolken an den Bergflanken als ob die Luft mit Feuchtigkeit überladen sei. Dabei verzeichnet der indische Wetterbericht eine außergewöhnliche Trockenheit in Bengalen.

Nortons Lieblingskind, das Meßzelt, reist uns auf Maultieren voraus, damit es uns gastlich empfange. So denkt man sich die Sache wenigstens. Eines Abends kamen einige von uns aber eher auf dem Lagerplatze an und versuchten das grüne Leinwandhaus aufzubauen. Zuerst mißt man mit einem Bindfaden den Umkreis des Zeltes auf der Erde aus und schlägt die Pflöcke an den richtigen Stellen ein. In dieser dünnen Luft muß man beim Eintreiben der Pflöcke in den steinigen Boden schon etwas pusten. Dann bringt man den Zeltboden aus Segellein-wand in die richtige Lage und überwölbt ihn mit dem Zelt. Es ist wirk-lich eine Errungenschaft. Am Rande der Dachschräge ist eine 1.20 m senkrechte Wand, die den Raum genügend kopffrei macht. Die Boden-fläche mißt etwa drei zu fünf Meter. Die Burschen kommen leicht im Rücken vorbei. Die Tische sind keine wackligen Segeltuchtische, son-dern feste Holzgerüste mit einschraubbaren Beinen. Die Tischfläche hat 70 cm im Geviert und läßt sich zusammenklappen. Die Tische werden in der Zeltmitte aneinander gereiht. Da einer ein Loch für die Zelt-stange hat, geht kein Raum verloren. Auf Tafeltücher haben wir ver-zichtet, weil uns gewaschenes Holz einfacher und sauberer erscheint.

Am Abend der zweiten Tagereise nach Phari (8. April) warteten wir im Zelt auf 1. die Köche, 2. die Jaks. Jene, die uns eigentlich mit einer fertigen Mahlzeit empfangen sollten, hatten sich verirrt. Die Jaks sind unterernährt und gehen langsamer denn je. Auch hatte man den 300 Tieren zu wenige Treiber mitgegeben, so daß die morgendliche Auf-laderei furchtbar lange dauert, zwei bis drei Stunden. Daher traf das große Gepäck selten vor Dunkelwerden ein. Da lagen wir also windge-schützt und warteten, schwatzend und scherzend. Allmählich schliefen die meisten ein. Und wie sie so dalagen im grünen Dämmerlicht, sahen sie aus wie Leichen.

Am 8. war es abends entschieden kalt. Der Wind blies aus einer un-vermuteten Himmelgegend in die Zelte; das Thermometer sank auf $15\frac{1}{2}$ Grad unter Null. Vor dem Schlafengehen erfreute ein klares Bild des Tschomolhari. Seine Stärke liegt in der Art und Weise wie er die Ebene beherrscht. Einen gewissen Begriff davon gibt Dir das Bild im ersten Everestbuche (Die Erkundungsfahrt 1921), das die Ansicht von

Dotschen aus zeigt. Aber auf dem jetzigen Wege nach Kampa Dsong ist man nicht so weit nördlich von ihm entfernt. Je größeren Abstand man von diesem Berge hat, desto mehr erscheint einem sein Felsenleib als Grenzwall der Welt.

Der Tagemarsch am 9. deckte sich vollkommen mit dem von 1922, nur daß wir schon 6 ^{1}/$_2$ km früher lagerten. Es war ein böser Tag; schneidig und kalt blies uns der Wind entgegen; der Himmel war weiß oder bedeckt, und die Sonne spendete keine Wärme. Dazu quälte mich mein Bauch; ich ging zu Fuß, um warm zu bleiben, was unter solchen Umständen sehr ermüdend ist. Wir ließen uns auf einem schönen Plätzchen angesichts des Pau Hunri nieder. Abends legte sich der Wind; in der sternklaren Nacht sank das Thermometer 19 Grad unter Null. Beetham mußte fünfzehnmal aufstehen.

Für den 10. war nur eine kurze Reisestrecke beabsichtigt. Die Jaktreiber hatten von gestern noch genug und gingen erst um 10 ^{3}/$_4$ Uhr mit ihren Tieren los. Wir hofften nach 10–12 km auf einen günstigen Lagerplatz zu kommen. Wir mußten aber noch 16 km zulegen, ehe wir Wasser fanden. Immer weiter und weiter ging es die sanft geneigte Ebene hinan. Endlich erblickten wir ein Rauchwölkchen in der Ferne und bald darauf einen hellgrünen Fleck; der Rauch kam vom Küchenfeuer, der grüne Fleck war das Meßzelt, das wir bei Sonnenuntergang erreichten. Gen Osten sah man noch weit zurück die schwarzen Scharen der Jaks und 60 km hinter ihnen die mächtige Flanke des Tschomolhari, der sich so unmittelbar vor uns zu erheben schien, als wären die soeben mühsam überschrittenen Ausläufer des Pauhunri gar nicht vorhanden. Die Umgebung ist hier sehr schön; im Süden ein samtener Hügel, im Norden eine lange Bergreihe; durch eine Lücke schimmern die Firne des Tschomiomo. Angenehme Nacht, nicht zu kalt.

Am 11. nach Kampa; ein unterhaltsamer Ritt mit schönen Ausblicken auf Berge, zumal Tschomiomo und Kantschendschunga. Der Everest war nur undeutlich zu sehen.

14. April. Gestern teilte man uns mit, daß der General nicht mitkommen werde. Seit Yatung hatten wir uns auf diese Möglichkeit vorbereitet. Wir sind allesamt sehr enttäuscht, denn wir haben eine erste Kraft verloren und einen famosen Tischgenossen.

Norton übernimmt die Führung. Er hat mich zu seinem Stellvertreter und zum Anführer ernannt. Ich muß bekennen, daß mich diese Stellung sehr befriedigt.

Während der letzten zwei Tage ließ ich mir die Pläne durch den Kopf gehen, die ich mit Nortons Vorschlägen verschmelzen muß. Soeben war große Sitzung. Ich weiß nicht, ob ich Dir schon davon schrieb. In großen Zügen meint Norton so: a. zwei Leute ohne Sauerstoff errichten Lager V bei 8100 m und schlafen dort. Tags darauf Vordringen gegen den Gipfel, sei es erkundend, sei es zum Gipfel, falls die Umstände besonders günstig. b. Am Tage, wo die beiden von V abgehen, begibt sich eine Dreiergruppe mit Sauerstoff nach V, wo sie die ersten zwei zurück erwartet und am folgenden Tage selber vordringt.

Die Vorzüge dieses Vorschlages bestehen darin, daß die Sauerstoffgruppe bestimmt mit Gepäck auf Lager V rechnen kann und daß die beiden Gruppen sich gegenseitig unterstützen. Der Nachteil ist, daß man zwei Leute mit nur einem Zwischenlager ansetzt, wohingegen zwei Lager zwischen Nordsattel und Gipfel die beste Aussicht bieten. Versagt der gaslose Angriff und haben die Gasmenschen auch keinen Erfolg, dann hat man die Kräfte der ersten unnütz vergeudet. Wir hechelten die verschiedenen Punkte freundschaftlich durch und hoffen bis Tinki zu einem Entschlusse zu kommen.

Und nun weiter. Beetham beunruhigt uns, denn er hat sich noch nicht ordentlich von der Ruhr erholt und ist sehr schwach. Noch hat er Gnadenfrist bis morgen; dann soll sich entscheiden ob er nach Latschen zurück muß. Begleitet er uns weiter und wird er sehr krank, dann müssen wir ihn mit Somervell zurück schicken, denn Hingston ist beim General. Folglich wären alle Aerzte fort. Beetham steht auf der

Schneide. Auch wenn er sich irgendwo erholen soll, kann er immer noch bis 10. Mai im Standlager zu uns stoßen.

Das wären die allgemeinen Neuigkeiten. Nun zu mir. Heut früh konnte ich feststellen, daß ich über den Berg bin. Die empfindliche Stelle in der Bauchhöhle schmerzt nicht mehr, sondern fühlt sich wie eine alte Narbe an. Ich bin wieder ganz munter und bin fest davon überzeugt, daß ich von jetzt an gesund bleiben werde. Die warmen Tage haben uns allen wohl getan.

Mit den Gefährten verbindet mich eine täglich wachsende Zuneigung. Norton und ich arbeiten natürlich vollkommen reibungslos zusammen. Da ich Hindustanisch lerne und mir die Namen der Scherpas einpräge, bleibt wenig Zeit zum Lesen. Hie und da versenke ich mich in die Briefe von Keats oder in den »Spirit of Man«. Der Genuß ist eher größer als daheim. Seit meinem letzten Briefe ist keine Post eingetroffen. Wir hätten die englische Post aber inzwischen kriegen müssen, wäre sie rechtzeitig von Phari abgegangen. Der Bote richtet sich aber nach der ausgehenden Post, was nicht mit unsern Bewegungen klappt. Somit erwarten wir keine Briefe vor Tinki. Ich schreibe nur Dir und überlasse Dir alles Weitere. In erster Linie halte meine Eltern und Geschwister auf dem Laufenden.

VI.

Tinki Dsong, 17. April 1924.

Nur ein paar eilige Zeilen am Schlusse eines geschäftigen Tages. Folgendes sei berichtet:

1. Mein Bauch wieder in Ordnung; fühle mich zu allem fähig. Es war eine komische und unerklärliche Geschichte. Da die empfindliche Stelle auf der rechten Seite lag, hatten wir Blinddarmsorgen, obschon Somervell von vornherein andre Ursachen für wahrscheinlicher hielt.

2. Beetham kommt weiter mit. So entschied Somervell am Tage des Aufbruches von Kampa Dsong. Mit andern Worten, Somervell hat beschlossen, daß es Beetham besser gehen wird. Er wird wohl Recht behalten. Aber von der Ruhr genesen und bergsteigerisch auf die Höhe zu kommen, ist zweierlei, zumal in dieser Luft. Augenblicklich sieht Beetham gealtert aus, ähnlich wie Raeburn 1921. Vorläufig fehlt ihm der Schmiß, obgleich er sonst zu den Tatenlustigsten gehört.

3. Eine Gehirnwelle hat mich begnadet. Anders kann ich das Entstehen meines neuen Besteigungsplanes nicht beschreiben.

a. A und B mit 15 Trägern vom Nordsattel ausgehend bauen für Lager V vier Zeltplätze in etwa 7800 m und steigen ab.

b. Gaslose Gruppe C und D mit andern 15 Trägern nach V. 7 Träger mit Lasten, die nachher absteigen; 8 unbeladene, die oben bleiben.

c. C und D dringen vor, um ein Lager VII in rund 8300 m einzurichten. Ihre 8 Träger schleppen nur 6 Lasten.

d. E und F, Sauerstoffgruppe, am gleichen Tage wie c. mit 10 Trägern ab Nordsattel ohne Lasten nach V. Von da ab atmen E und F Sauerstoff. Sie befördern die bei V liegenden Sachen etwa 300 m höher zum Lager VI in 8100 m.

e. Beide Gruppen brechen am nächsten Tage auf und treffen sich vermutlich auf dem Gipfel.

Die Vorzüge dieses Planes werden Dir wohl einleuchten. Da ist vor allem die gegenseitige Unterstützung; dann Einrichten der Lager ohne Verbrauch an Ersatzmännern, denn A und B werden nicht stark in Abspruch genommen; bessere Aussicht Nr. VI ohne Versagen von Trägern einzurichten. Gelingt uns der Wurf nicht gleich, sind wir doch in guter Stellung für den nächsten Versuch. Vier Mann bleiben verfügbar; alle Lager sind beziehbar.

Norton hat die Vorteile sofort eingesehen. Bei der allgemeinen Ratsversammlung heute abend haben alle freudig zugestimmt. Ich bin sehr froh, wie Du Dir denken kannst. Fast allein deswegen lohnt es sich, mitgekommen zu sein. Ueber die Zusammensetzung der Gruppen kann man vorläufig nichts sagen. Norton meint, daß Somervell und ich je eine Gruppe führen sollen. Er überläßt es mir, ob er dabei sein soll; sehr vornehm, was? Im Standlager werden wir den körperlichen Zustand aller Teilnehmer prüfen. Entweder Odell oder Irvine muß bei der Gasabteilung sein.

Wir haben hier nur einen Tag zum Wechseln der Lasttiere gebraucht. Damals, als Longstaff krank war, wurden es drei. Wir hoffen in Schekar nur einen Tag aufgehalten zu werden, was bei der Ankunft im Standlager einen Zeitgewinn von zwei bis drei Tagen bedeuten würde.

Noch keine Post, obgleich heute eine fällig war. Sagte ich Dir schon, daß ich in Kampa Dsong ein nettes Pferdchen gekauft habe, nur noch etwas mager.

VII.

Tschiblung, 19. April 1924.

Diesen Ort wirst Du wohl nicht so leicht auf der Karte finden. Uns von Tinki nordwärts bewegend, haben wir unangenehme Leute in Tschuschar und Gyanka Nampa links liegen lassen. Ein niedriger Hügelzug trennt dieses Tal von dem, in dem Rongkong liegt. Wir lagern an der Ecke beim Tschiblung Tschu. Im Westen sehen wir den Sanghar Ri mit dem Grate, den Somervell und ich 1922 erkletterten.

Heute ist endlich eine englische Post gekommen. Karma Paul, der die Briefe mitgebracht hat, bringt noch Grüße vom General, den er in Phari verließ. Er muß noch recht krank sein, denn man hat ihn in der Sänfte nach Tschumbi getragen. Hingston begleitet ihn nach Gantol, und wird uns wohl Mitte Mai im Standlager einholen. Mittlerweile macht Beetham langsame Fortschritte. Noch hat er die Ruhr nicht ganz von sich abgeschüttelt; von großen Kräften ist noch keine Rede. Aber er hat das Schlimmste überstanden.

Heute bekam ich Nachricht von Mary aus Kolombo. Sie schreibt, daß der erste Hauch des Regenwindes um vierzehn Tage zu früh eingetroffen ist. Das braucht uns aber noch nicht ängstlich zu machen. Von schlechter Vorbedeutung ist dagegen das Wetter, das wir jetzt hier haben. Es schwankt mehr als 1922; die letzten zwei Nächte waren unangenehm warm. Heute zogen wir durch ein Gewitterbereich, obgleich weder Schnee noch Regen fiel.

Am 24. April zu Schekar Dsong. Ich habe die Fortsetzung dieses Briefes etwas lang aufgeschoben. Unablässige Beschäftigung mit den Ersteigungsplänen war der Hauptgrund. Die schwierige Arbeitsverteilung ist nun erledigt. Nach längerer Beratung mit mir, verkündete Norton das Ergebnis nach dem Essen vor zwei Tagen. Die Zuweisung der Teilnehmer an meine und Somervells Gruppe hängt von Folgendem ab: 1. Von der Annahme ausgehend, daß die Sauerstoffler weniger erschöpft sind und somit den andern eher helfen können, soll ich Sauerstoff gebrauchen und für den Abstieg verantwortlich sein. 2. Auf Grund seiner damaligen Leistungen nehmen wir an, daß sich Somervell nach einem gaslosen Versuche bald erholen und für einen neuen Versuch verfügbar sein wird. Natürlich muß Odell oder Irvine bei meiner Sauerstoffgruppe sein. Odell ist der Sauerstoffbeamte, aber Irvine hat die technischen Verbesserungen gemacht. Die Ausrüstung war voller Mängel und leckte überall. Irvine hat gradezu einen neuen Apparat erfunden, indem er Ueberflüssiges ausschaltete. Folglich wird Irvine mich begleiten. Er wird ein zuverlässiger Begleiter sein, geschickt mit Sauerstoff und Kochgerät.

Wenn Norton gut trainiert ist, soll er Somervell begleiten, andernfalls Hazard. Beetham kommt einstweilen nicht in Betracht. Odell und Bruce erhalten die wichtige Aufgabe, das Lager bei 7800 m einzurichten.

Es ist sehr schwer, die Rollen so zu verteilen, daß jeder den seiner Leistungsfähigkeit entsprechenden Platz im Besteigungsversuche erhält. Deshalb darf ich mich nicht beklagen, daß ich mit Sauerstoff gehen soll. Es war immer mein Lieblingsplan, den Berg ohne Gas zu erobern und dabei zwei Lager oberhalb des Nordsattels zu benutzen. Die Besteigung ohne Sauerstoff ist reizvoller. Aber der gemeinsame Sieg über den Berg ist die Hauptsache. Ich habe den Plan entworfen, und mein Anteil ist befriedigend. Ich habe womöglich die beste Aussicht, auf den Gipfel zu gelangen. Ich kann mir kaum vorstellen, daß ich nicht hinauf komme; unmöglich, sich in die Rolle des Besiegten hinein zu denken. Ich hoffe sehr, daß die Gaslosen auch auf die Spitze kommen; wir müssen zu viert oben stehen; das muß doch gehen. Wenn Windstille herrscht, wollen wir bei Mondlicht aufbrechen. Bleibt uns das Glück hold, können wir den Berg erstiegen haben, ehe der Wind gefährlich wird.

Heute abend haben vier von uns das Sauerstoffgerät geprüft. Irvine hat rund 2 kg Gewicht abgezwackt und die Vorrichtung zugleich zuverlässiger gemacht. Sogar ohne das Gas anzudrehen, vermochte ich die Last bergauf zu tragen; besser noch, als ich einatmete. An Steilhängen ist das Sauerstoffgepäck sehr unbequem; in dieser Höhenlage ist die künstliche Hilfe auch ganz überflüssig. Das Gesamtgewicht beträgt etwas unter 14 kg. Vorn hat man keine hinderlichen Gestänge; ich habe den Eindruck einer verhältnismäßig bequemen Last. Ich beabsichtige so wenig wie möglich zu tragen, schnell zu gehen und den Gipfel zu überrumpeln. Finch und Bruce hatten sich damals zu viele Stahlflaschen aufgebürdet.

Fühle mich immer noch wohl und zufrieden. Das Wetter ist außergewöhnlich, viel wärmer als 1922; die Reise war bisher angenehmer als früher. Ich freue mich, mein eigenes Pferdchen zu haben. Ein gutes Tier, aber in schlechtem Zustande; heute litt es an Kolik. Aber bald ist ihm eine lange Ruhezeit beschieden, in der es sich hoffentlich mästen

wird, damit es hübsch rund nach Dardschiling komme, wo ich es ver-
kaufen will.

Von morgen ab nur noch vier Tagemärsche zum Rongbukkloster.
Allmählich kommt man hin. Am 3. Mai sollen unser vier vom Standlager aufbrechen und den Weg bahnen. Um den 17. Mai herum hoffen
wir auf dem Gipfel zu stehen. Ich brenne vor Kampfbegier.

Nun sage ich Dir gute Nacht und krieche in den gemütlichen
Schlafsack, der heute ein reines Nasentuch kriegt, eines von den beiden,
die Du gemacht hast, mit den Druckknöpfen zum Festmachen. Wegen
der vielen Fettigkeiten, derer mein Gesicht bedarf, hat sich diese Einrichtung glänzend bewährt.

Wenn wir siegen, wird das Telegramm noch vor diesem Briefe eintreffen. Es wird keine Namen enthalten. Ich kann mir ja denken, daß
Du den Daumen hältst. Nun, ich hoffe Dich nicht zu enttäuschen.

VIII.
Rongbuk Standlager, 30. April 1924.

Die plötzliche Ankündigung einer morgen ausgehenden Post trifft mich
unvorbereitet. Wir sind erst gestern angelangt und haben seitdem viel
zu tun gehabt. Da die 150 tibetischen Träger schon bereit standen,
mußten wir mit dem Abfertigen der Lasten sputen, und es herrschte
großer Trubel. Die Träger sind heute zum Lager II aufgebrochen. Ich
mußte mich um die Ausrüstung für die Hochlager kümmern. Als die
Tiere gestern früh eintrafen, stürzte ich mich auf die Kisten, die ich
brauche und die ich fast alle auf den ersten Blick erkenne. Ich zerrte sie
unter den Füßen der Esel und Jaks hervor und ließ sie auf einen Haufen
schleppen. So gelang es mir, dreißig Lasten zusammenzustellen, ohne
die Nahrungsmittelvorräte zu rechnen. Später lange Unterredung mit
Norton wegen der Trägereinteilung. Die Lastenbeförderung in die

Hochlager ist eine sehr verwickelte Geschichte. Man muß berücksichtigen, was die Träger während der vorhergehenden Tage geleistet haben und wie es mit ihrer Anpassung an die Höhe steht.

Ferner muß man die Einrichtung des Lagers III im Auge behalten, von dem aus IV versorgt wird; sodann ist da das Begleiten der Träger von III ab. Ich habe einen Trägerplan entworfen, der sich dem für die Bergsteiger einfügt. Diese Voranschläge sind natürlich sehr verzwickt, lassen aber genügenden Spielraum, so daß zwei Schlechtwettertage keinen Strich durch die Rechnung machen. Irvine, Beetham, Hazard und ich brechen am 3. Mai von hier auf. Nachdem Beetham und Hazard sich einen Tag im Lager III ausgeruht haben, werden sie das Lager auf dem Nordsattel vorbereiten. Inzwischen wollen Irvine und ich einen Sprung auf den Ostgrat des Nordgipfels tun, teilweise der Uebung wegen, teilweise um Irvines Fähigkeiten zu beurteilen. Zugleich wird sich dabei Gelegenheit bieten, den Mount Everest nach den besten Lagerplätzen abzusuchen. Zwei Tage später begleiten Beetham und Hazard die erste Lastenkarawane nach IV. Odell und Geoffrey Bruce folgen mit der zweiten und errichten Tags darauf das Lager V. Den Beschluß machen Norton und Somervell. Irvine und ich, die wir ganz zuletzt an die Reihe kommen, ruhen uns inzwischen zwei bis drei Tage im Lager I aus.

Das Rongbuktal begrüßte uns mit üblem Wetter. Vorgestern und in der folgenden Nacht blies ein bitterkalter Wind unter bedecktem Himmel; am nächsten Morgen wachten wir bei Schneesturm auf. Gestern fiel den ganzen Tag Schnee. Heute scheint die Sonne. Die Verhältnisse haben sich sogar so gebessert, daß wir heute abend sagten, es wäre ein ganz schöner Nachmittag für den Everest gewesen. Obgleich der Berg unten ziemlich weiß ist, merkt man an den oberen Teilen kaum etwas von einem Schneefall. Diese Erscheinung haben wir 1922 oft genug beobachtet, zumal am Tage des ersten Versuches.

Während der nächsten zwei Tage werde ich mich sehr viel mit der eigenen Ausrüstung zu beschäftigen haben. Hoffentlich kommt ein

Brief von Dir und hoffentlich bleibt mir Zeit, zu schreiben und an Euch zu denken. Wann die nächste Post geht, das weiß der liebe Himmel.

Wir vertragen uns weiterhin vortrefflich. Beetham hat sich erstaunlich gut erholt, jedoch kann ich mir nicht denken, daß er schon zu schwerer Arbeit fähig ist, trotzdem er nach außen hin Tatenlust und Frohsinn zeigt. An den ersten Vorstößen wird er sich wohl kaum beteiligen können.

Es tut mir leid, daß ich Dich mit einem so schlechten und hastigen Brief abspeisen muß. Ich bin vollständig auf der Höhe, wenn vielleicht auch nicht auf derselben Höhe der Leistungsfähigkeit wie 1921. Aber ich stelle sicherlich meinen Mann und sehe keinen, der noch besser zu Fuß ist als ich. Norton stimmt mir bei, daß die Teilnehmer viel gleichmäßiger sind als 1922, ein wirklich starkes Aufgebot. Heute vermag man noch von keinem zu sagen, ob er der schwächste oder stärkste von uns ist. Ich freue mich, daß ich den ersten Wurf tun darf. Mit solchen Rückenverbindungen, wie wir sie diesmal haben, wird uns so leicht nichts zurückschlagen.

IX.

11. Mai.

Nun laß mich erzählen, was seit dem Verlassen des Standlagers geschah. Wir haben eine schwere Zeit hinter uns, denn wir mußten gegen widrige Umstände ohne Zahl ankämpfen. Die Träger scheinen noch nicht genügend an die Höhe gewöhnt zu sein und hatten viel auszuhalten.

3. Mai. Irvine, Odell, Hazard und ich nach Lager I. Die Hälfte blieb weit zurück. Sie trugen schwer, weil sie außer der zugewiesenen Last so viel von ihren eigenen Sachen mitschleppten.

4. Mai. Ich beschloß fünf weniger dringliche Lasten im Lager I zu lassen. Dafür sollen fünf Mann die Decken der andern übernehmen. Das war gut so, denn die Leute gingen nun besser. Irvine und ich eilten voraus und erreichten das Lager II gegen 12½. Wir waren kaum mit dem Essen fertig, als die ersten Träger eintrafen. Das Lager II sah wenig einladend aus, obgleich hier schon ein Unteroffizier mit zwei Mann wohnte als Wache über die 150 Lasten, die von den Tibetern herauf gebracht worden sind. Eine niedrige, unregelmäßige Mauer umgab den Platz, der für die Herrenzelte bestimmt war. In einer andern Steinhürde mit Segeltuchdach hauste der Unteroffizier. Der Hof für die Herren war bald in Ordnung; für uns vier wurden zwei Zelte aufgeschlagen. Für Noel stand sein herrliches braunes Zelt bereit. Die Träger müssen hier noch ohne Zelte vorlieb nehmen. Man wollte sie in Steinhütten mit Zeltdächern unterbringen, die aber noch nicht fertig waren. Es ist nicht leicht, Unterkunft für dreiundzwanzig Mann zu besorgen. Es ergab sich indessen, daß wir Platz genug hatten und von unserer Mauer ein Stück abtreten konnten. Daher machte ich mich mit Irvine und vier Mann an die Arbeit. Wir bauten einen langen Sangar, der nur etwas über zwei Meter breit war. Andre Träger halfen, nachdem sie sich ausgeruht hatten. Es ist merkwürdig, wie wenig oft dazu gehört, Menschen aus dem Zustande der Ermattung aufzurütteln. Das Wälzen eines Riesenblockes reizte die Leute an. Bald sangen sie alle. Auf diese Weise gelangten diese müden Kinder dazu, etwas zu ihrem eignen Wohle zu unternehmen. Sonst hätten sie keine Hand gerührt, um sich das Leben angenehmer zu gestalten. Da Irvine sich bei den gewaltigen Baukünsten etwas zu sehr angestrengt hatte, gingen Odell und ich um 3 Uhr fort, um den Weg gletscheraufwärts zu erkunden. Zunächst folgten wir den Steinen des linken Ufers, wie 1922; aber das Gelände war sehr holperig, schlimmer als früher. Links von uns erblickten wir das Gestein einer Moräne zwischen den Eiszacken. Zu ihr arbeiteten wir uns durch und genossen unterhaltsame Eiskletterei. Dann ein Stückchen auf die-

ser Moräne zurück in der Richtung aufs Lager II. Drüben erstiegen wir einen Höcker, von dem aus man den südwärts ansteigenden Gletscher überblickt. Ganz in unserer Nähe begann eine Anstiegslinie ohne irgendwelche Schwierigkeiten. Blieb nur die Verbindung mit dem Lager II. Wir gingen auf der Moräne weiter talwärts. Sie liegt als steiniger Trog zwischen hohen abenteuerlichen Eisgestalten. Nicht weit vom Lager fanden wir einen bequemen Durchschlupf durch die zackige Eiswelt. Innerhalb von anderthalb Stunden war es uns gelungen, den verwickelteren Teil des Zuganges zum Lager III zu klären.

4. bis 5. Mai. Fürchterliche Nacht; sehr kalt, starker Schneefall, böser Wind.

5. Mai. Ergebnis: späte Lebenszeichen im Lager. Das erste hörbare Zeichen in den Lagern bis II ist das Ingangsetzen des Jakmistfeuers mit dem tibetischen Blasebalg.

Die Leute brauchten sehr lange, bis das Frühstück fertig wurde. Der Unteroffizier konnte sie kaum auf die Beine kriegen; morgenländische Tatenlosigkeit hing in der Luft. Nur schwer bekam man die Leute aus den Zelten; und dann gab es allerlei Umstände mit den Lasten. Einer, der richtige altgediente Soldat, suchte sich hübsch leichtes Gepäck heraus und weigerte sich, ein schwereres Stück zu nehmen, das ich ihm aufladen wollte. Ich mußte ihm erst die Faust unter die Nase halten, ehe er gehorchte. Dann noch lange Geschichten wegen der Sachen, die man mitnehmen oder dalassen sollte, wegen der Trägerrationen, Decken, Kochtöpfe. Einige meldeten sich krank. Erst um 11 Uhr gingen wir los.

Das Festlegen und Bahnen eines Weges ist immer eine langwierige Sache im Vergleich mit dem Begehen eines alten Weges. Zudem war Schnee gefallen. Der gestern noch so unschuldige Gletscher zeigte sich jetzt durchaus nicht von der harmlosen Seite. Der Wind hatte die Erhabenheiten blankgefegt. Die vorhergehenden Tage sind vermutlich nicht warm genug gewesen, um das Eis rauh zu machen. Die höheren

Rücken bestanden aus hartem, rundem, glattem Eise, das so spröde wie Glas war und nirgends aufgerauhte Flächen bot. Zwischen den Wölbungen lag Pulverschnee. Im Schnee mußten wir Stufen treten, im Eise Stufen schlagen, was viel Arbeit machte. Dann erreichten wir die unter dem Namen des »Troges« bekannte Strecke. Das ist eine 15 m tief in den Gletscher versenkte Mulde, die etwa ein Drittel des Weges ausmacht. Hier sahen wir schon, daß wir das Lager III nur mit knapper Not erreichen würden.

Im Troge war es ganz schön warm; aber als wir wieder auf die freie Gletscherfläche hinaustraten, schlug ein heimtückischer Wind uns den Schnee um die Ohren. Glücklicherweise hatten wir den Wind im Rücken bis wir um die Ecke beim Nordgipfel herum kamen; dann warf er sich gradeswegs vom Nordsattel herab auf uns. Da die Träger inzwischen stark erschöpft waren und die dünne Luft spürten, wurde der Aufstieg zu einem wahren Leidenswege. Ich ging allein voraus, um den besten Weg zu suchen, und traf daher auch als erster auf dem Lagerplatze ein. Es überkam einen ein merkwürdiges Gefühl; Erinnerungen tauchten auf. Da standen die verrosteten alten Sauerstoffflaschen an den Steinmann gelehnt, den wir dem Andenken der verunglückten Träger errichtet hatten. Es war fast alles unverändert, was sehr sonderbar ist, wenn man bedenkt, daß dieses Geröll auf dem lebendigen Gletscher liegt. Meine Stiefel waren hart gefroren; die Aussichten auf ein gemütliches Lager waren trostlos. Ich wies den Trägern ihre Zeltplätze an (6 Uhr 30 abends) und ergriff den Rucksack mit den vier Unnakochern. Ich gab den Trägern drei Kocher nebst Meta; den letzten bekam unser Koch. Dann schlugen wir unsere zwei Meadezelte auf. Der besseren Geselligkeit wegen ließen wir nur einen Meter Zwischenraum zwischen den gegenüberliegenden Türen.

Meine Trägerabteilung A schien ziemlich erledigt zu sein. Es war erst sechs Uhr und schon rasend kalt; meine Stimmung sank erheblich. Mir selber wurde ja bald genug warm. Unser unübertrefflicher

Kami brachte ein heißes Gericht zustande, und ich lag recht behaglich im Schlafsack. Ich sah ein, daß wir schon hier unbedingt die Daunenschlafsäcke für die Träger brauchten, die eigentlich nur für IV und weiter oben bestimmt waren. Sie lagen in II, und ich hatte angeordnet, daß sie morgen noch nicht herauf geschafft werden sollten. Da noch die Trägergruppe B von zwanzig Mann mit einem Tag Abstand hinter uns kam, hielt ich es fürs beste, morgen früh aufzubrechen, um die zweite Abteilung noch im Lager II abzufassen. Zu diesem Entschlusse kam ich um Mitternacht. Sofort steckte ich die mittlerweile hart gefrorenen Stiefel in die Außenhülle meines Flohsackes möglichst dicht an den Leib. Sie blieben aber hart, und es kostete in der Frühe einen großen Kampf, ehe ich sie an den Füßen hatte. Glücklicherweise scheint die Sonne hier sehr früh auf die Zelte, so zwischen sechs und sieben. Es gelang mir um 7 Uhr fortzukommen. Ich hinterließ Anweisungen, daß man uns die Hälfte der Leute ein Viertel des Weges entgegen schicke, um den aufsteigenden Trägern die wichtigsten Lasten abzunehmen.

Ich sagte mir, daß die zweite Trägergruppe nach der kalten Nacht kaum vor 9 Uhr aufbrechen werde. Da ich gern einen bessern Weg gefunden hätte, verlor ich etwas Zeit mit erfolglosen Erkundungen. Als ich um 8 1/2 Uhr aus dem Troge heraustrat, kam mir die Abteilung B schon entgegen. Es war zu spät, sie zurückzuschicken. Einige hatten sich vorgenommen, heute nur bis III zu gehen (anstatt wieder zurück nach II) und oben zu übernachten. Sie waren daher mit Decken usw. beladen. Das paßte mir durchaus nicht, denn ich wollte nützliche Arbeit, ohne Gefährdung der Tatfreude. Bei der Abteilung A im Lager III bestand aber schon die Gefahr der moralischen Zerrüttung. Daher sandte ich Noel Nachricht und führte die Gruppe B langsam den Gletscher hinauf. An geeigneter Stelle ließ ich die Lasten ablegen und schickte die Leute nach II zurück. Ich eilte ins Lager III, wo ich am frühen Nachmittag anlangte. Ich ging schließlich sehr langsam, weil mich der Nahrungsmangel sehr mitgenommen hatte. Im Lager sah es betrüb-

Die Letzten

lich aus. Alle Träger behaupteten, bergkrank zu sein und nicht tragen zu können. Irvine und Odell erboten sich vom niedergelegten Haufen verschiedene Sachen zu holen, die wir brauchten. Das führten sie aus. Bevor sie zurück waren, hatte die Sonne das Lager verlassen. Heute ist fast nichts gebaut worden; nur eine kleine Mauer ums Zelt des Unteroffiziers. Sonst hat man nichts für die Bequemlichkeit getan. Kälte um 5 Nm (gestern war kein Thermometer da) minus 16.7° eine Stunde vor Sonnenuntergang. Unter solchen Verhältnissen kann man nur während der sonnigen und windstillen Stunden irgend etwas unternehmen. Heute gab es ein paar solcher Stunden, aber Herren wie Träger schienen an Höhenträgheit zu leiden.

7. Mai. Wir haben eine sehr kalte Nacht hinter uns, –30°. Ich schlief gut und warm, und doch war mir nicht wohl am Morgen. Auch Odell und Irvine zeigten keine glänzende Verfassung. Ich beschloß Hazard mit einigen von unseren Leuten zur Niederlage zu schicken, um dort einen Teil der B-Leute abzuholen, denen ich gestern aufgetragen hatte, herauf zu kommen. Es ergab sich, daß niemand tragen konnte; einige waren so krank, daß ich sie nicht länger im III behalten durfte. Wir mußten sie fast mit Gewalt aus den Zelten heraus ziehen. Es dauerte anderthalb Stunden, ehe ihr Frühstück zubereitet und verzehrt war. Ohne Frühstück konnte ich sie ja nicht gehen lassen. Viel Zeit brauchte man auch, um die Kranken aus den Zelten auszugraben, wo sie sich verkrochen hatten. Einer war eine halbe Leiche mit geschwollenen Füßen, so daß wir ihm die Stiefel ohne Socken anziehen mußten. Kaum vermochte er zu gehen; wir mußten ihn stützen. Schließlich schickte ich sie in drei Partien angeseilt unter der Obhut des Unteroffiziers nach II. Von der Niederlage ab ließ ich sie allein gehen; dort traf ich Hazard.

Vier Mann von B waren schon nach III unterwegs, aber nicht, um dort zu bleiben. Nur drei, die wir jetzt anseilten, erboten sich, dazubleiben. So verfloß ein zweiter Tag; der Zuwachs im Lager III betrug nur sieben Lasten; und noch war nichts geschehen, um das Lager wohnlicher zu machen, wenn man davon absieht, daß nun sechs Mann ihre Höhenschlafsäcke hatten. Mittlerweile war die Schneid der A-Gruppe flöten gegangen. Um den gesunkenen Mut zu heben, erschien es mir notwendig, sofort die B-Träger heranzuziehen und hier oben einen Rasttag einzulegen, an dem sie das Lager etwas herrichten konnten.

8. Mai. Wieder stand ich früh auf und begab mich nach II, wo ich um 9 Uhr Norton und Somervell antraf. Infolge einer Gedankenlücke hatte ich mir eingebildet, daß die beiden erst heute im Lager II einträfen, wohingegen sie schon am 7. Mai planmäßig aufgestiegen waren. Wir sprachen alles gründlich durch, während ich frühstückte, von der (verhältnismäßig) milden Sonne des Lagers II bestrahlt. Norton stimmte mir bei und schickte den Rest der B-Gruppe mit Somervell nach III. Unterwegs sollten sie die auf dem Gletscher aufgestapelten Sachen mitnehmen. Die gestern eingetroffenen A-Leute waren inzwischen heiß gefüttert worden und sahen schon besser aus, wie sie da in der Sonne lagen. Wir fragten uns, ob es nicht richtiger sei, bei der alten Gepflogenheit zu bleiben, nämlich die Träger am selben Tage nach III und wieder zurück zu schicken. Ich widersetzte mich diesem Vorschlage, weil ich es für besser hielt, den Leuten etwas leichtere Aufgaben zuzumuten, die sie mit Sicherheit erfüllten, ohne den Mut zu verlieren. Sobald sich die A-Träger erholt hatten, konnte man sie an drei aufeinander folgenden Tagen drei Viertel des Wegs bis zur Niederlage schicken. Dann beförderte B, an zwei Tagen zweimal über das letzte Wegviertel gehend, die Sachen nach III, und es blieb der dritte Tag zu Lagerarbeiten übrig. Diesem Plane stimmte besonders Geoffrey Bruce bei, dem das Frachtwesen eigentlich unterstand und der mittlerweile vom Lager I eingetroffen war.

Nun, da die Verantwortung nicht mehr auf meinen Schultern allein ruhte, fühlte ich mich wesentlich erleichtert und genoß friedlichen Sonnenschlaf im Lager II.

9. Mai. Ich gedachte voraus zu gehen, um zu erfahren, wie es im Lager III aussah, mit dem heute Wunderdinge geschehen sollten. Sieben Leute mit Sonderlasten, frische Helden vom Standlager standen bereit, um nach III vorzudringen, während die A-Leute nur bis zur Zwischenablage gingen. Ich mußte schließlich die Ersatzgruppe nach III begleiten. Als wir aus dem Troge auftauchten, wurden wir sehr ungnädig empfangen. Unterm grauen Himmel pfiff ein Sturm, der den Schnee aufwirbelte. Manchmal war die Umgebung völlig ausgelöscht, und die schwarzen Gestalten der Begleiter verschwanden hinter weißen Vorhängen.

Ich mußte anfeuern, denn die Leute hatten nicht übel Lust, die Lasten schon vor dem Vorratshaufen abzuwerfen. Mit Norton und Geoffrey begleitete ich dann die drei letzten Träger nach III. Fortschritte in der Gemütlichkeit des Lagers waren an einem solchen Tage natürlich nicht zu erwarten. Immerhin freute man sich, vom Geheul der Petroleumbrenner begrüßt zu werden. Wir haben zwei Heulbrenner, einen mit senkrechter und einen mit waagrechter Flamme, sozusagen einen Ueberprimuskocher. Irvine und Odell haben anscheinend gut gearbeitet, denn es war keine Kleinigkeit, den 20 kg wiegenden Heuler heraufzuschaffen. Leider verschlang er mehr Brennstoff, als wir dachten; außerdem setzte er manchmal aus. Da der Koch sich vor dem Ding fürchtete und trotz langer Unterweisung noch nicht ordentlich mit ihm umzugehen verstand, mußte oft ein Sahib zu Hilfe gerufen werden. Die Hauptsache war doch, daß wir mit dieser Gulaschkanone eine warme Mahlzeit für die Mannschaft zustande brachten. Die verbesserte Stimmung war den Petroleumverbrauch schon wert.

Im übrigen war weiter nichts geschehen, als die Errichtung eines Meadezeltes für zwei neue Herren (nur zwei, weil Hazard heute abstieg). Man darf niemandem einen Vorwurf machen, denn die Abteilung B befand sich jetzt auch im Zustande morgenländischer Schicksalsergebenheit. Vielleicht ist man nicht ganz gerecht, wenn man unsere Träger mit allen Orientalen in einen Topf wirft, denn sie halten recht lange aus. Aber nach großen Entbehrungen und Anstrengungen kommt auch bei ihnen der Augenblick, wo sie in sich zusammensinken. So lagen die Träger jetzt wie Winterschläfer erstarrt in den Zelten. Die Sahibs machten es nicht viel besser, denn draußen konnte man nichts anfangen.

Ich machte es mir bequem, weil Geoffrey Bruce jetzt hier weilte, dessen Amt es ist, die Zelte abzugehen, sich nach dem Befinden der Träger zu erkundigen und Befehle zu geben. Da Hazard weggegangen war, wohnte ich wieder mit Somervell zusammen. Ich zog Stiefel nebst Hosen aus und schlüpfte in die von meiner Frau gestrickten Wollstutzen, die das ganze Bein bedeckten. Darüber kamen graue Flanellhosen, zwei Paar Socken und Leinwandschuhe. Auch der Oberkörper wurde nicht vergessen. Zu guter Letzt steckt man die Beine in den Schlafsack. Somervell und ich spielten Pikett. Später besuchten uns Norton und Geoffrey, um die Lage zu besprechen. Nachdem sie sich wieder zurückgezogen hatten, öffneten wir die gegenüberliegenden Zeltvorhänge und befanden uns dergestalt in Nachbarzimmern. Wir unterhielten uns hoffnungsvoll über Kamis Talente und die Leistungsfähigkeit des Heulbrenners und ergingen uns in Vermutungen, ob wohl ein warmes Abendessen unterwegs sei. Dann holte ich den »Spirit of Man« hervor und gab einige ausgewählte Stellen zum besten. Somervell erinnerte mich daran, daß wir vor zwei Jahren genau dasselbe taten, als wir beisammen im Zelte lagen. Das Gedicht vom Kubla Khan fand allgemeinen Beifall. Nur Irvine zeigte sich etwas poesiescheu, schien aber die Grabschrift in Grays Elegie zu würdigen. Odell war empfänglicher und lobte die Schlußzeilen des Entfesselten Prometheus. Somervell, der im englischen Schrifttum ziemlich bewandert ist, hatte noch kein Gedicht von Emily Brontë gelesen, was jetzt nachgeholt ward. Und plötzlich war die heiße Suppe da.

Die folgende Nacht war einfach scheußlich. Der Sturm überfiel uns mit heftigen Böen und blies trotz aller Gegenwehr den Schnee in die Zelte. Kaltes Eispulver lagerte sich aufs Gesicht, wenn man den Kopf nicht unter der Decke behielt. In der Frühe bedeckten mich 7cm Neuschnee. Es war zunächst unmöglich zu beurteilen, wie viel Schnee draußen gefallen war; es stand nur fest, daß die Dinge nicht rosig aussahen. In stilleren Pausen erhaschte man einen Blick aufs verschneite Lager; im nächsten Augenblick war alles in weiße Wirbel gehüllt.

Bald erschienen Norton und Bruce zur Beratung. Geoffrey, der für die Träger verantwortlich ist, befürwortete den sofortigen Rückzug. Es stand fest, daß wir während der nächsten Tage nichts gegen den Nordsattel unternehmen konnten und daß es keinen Zweck hatte, die Träger den Unbilden des Lagers III auszusetzen. Indessen hielt ich es für wahrscheinlich, daß das Wetter sich endlich austobte und daß wir vielleicht schon heute nachmittag einige Arbeiten in Angriff nehmen konnten. Ich war dafür, noch bis morgen auszuharren, worin Norton mir beipflichtete.

Einigermaßen beunruhigend war der Brennstoffverbrauch. Im Lager II hatte man eine Schachtel Meta und eine unbekannte (jedoch keineswegs große) Petroleummenge verbraucht. Hier oben mußte alles Wasser durch Schneeschmelzen gewonnen werden, was viel Meta und Petroleum erforderte. Inzwischen war der Heuler hinzugekommen, der ungeahnte Mengen verschlang. Das erste Erfordernis war demnach eine Verminderung der sechs Europäer. Da Somervell, Norton und Odell den Weg auf den Nordsattel bahnen sollten, mußten Irvine und ich abziehen. Während des Abstieges litten wir – Irvine stark, ich weniger – an der sogenannten Gletschermattigkeit. Dieses geheimnisvolle Leiden hängt wohl mit der Sonnenstrahlung bei Neuschnee zusammen.

Im Lager II erfreuten wir uns der Ruhe in Gesellschaft von Beetham und Noel.

11. Mai. Wetter dunstig und zweifelhaft. Ich schickte fünfzehn Lasten zum Zwischenlager und veranlaßte den Abstieg zweier Kranker. Der eine, ein wenig widerstandsfähiger Leptscha, hatte erfrorene Füße; der andre Kellas' alter Diener Sanglu, ein tüchtiger Mann, den man Noel zugeteilt hatte. Er litt an Bronchitis. Kaum waren die Leute eine halbe Stunde fort, als gerufen wurde. Ein Mann hatte auf dem Gletscher das Bein gebrochen. Wir brachen sogleich zur Rettung auf und begegneten einem Boten Nortons, der mitteilte, daß er das Lager III räume, was vorauszusehen war. Der Verwundete lag nicht weit und hatte glücklicherweise einen reinlichen Bruch in der Kniegegend.

Am nämlichen Abend waren Beetham, Noel, Irvine und ich wieder im Standlager; die andern folgten am nächsten Tage.

Das war also die Geschichte des Rückschlages. Norton hatte unbedingt recht, denn wir sind an die Grenze des Erlaubten gegangen. Alles hängt von den Trägern ab, so daß wir uns bemühen müssen, sie in bester Verfassung an den Ablauf (Lager III) zu bringen. Vielleicht haben wir 1922 mit weniger Spielraum gearbeitet, als wir ahnten. Jedenfalls habe ich mich damals immer sehr darüber gewundert, daß der Trägerbetrieb so tadellos klappte. Jetzt war das Lager III ja tatsächlich eine Hölle; so große und anhaltende Kälte mit Sturm haben wir dort noch nie erlebt. Wahrscheinlich werden sich die Träger zum Schluß doch ebenso gut bewähren, wie ihre Vorgänger. Ich habe es an mir selber gespürt, wie schlimm es im Lager III zuging. Natürlich bedeutet der Rückzug einen riesigen Zeitverlust. Wir haben hier unten auf besseres Wetter gewartet; nun scheint es sich zu wenden, und wir sind wieder auf dem Sprunge. Der Gipfeltag ist vom 17. auf den 21. verschoben worden. Das große Fragezeichen ist der Monsun.

X.

Wir haben wieder eine böse Zeit hinter uns. Ich blicke auf harte Anstrengungen zurück, die uns stark erschöpften. Vor dem Zelte breitete
sich eine Welt wirbelnder Flocken und schwindender Hoffnungen.
Trotzdem darf man auch Gewinne buchen. Die Teilnehmer haben die
Feuerprobe bestanden. Der erste Aufstieg zum Nordsattel war eine
Glanzleistung der alten Garde. Norton und ich haben die Geschichte
gedeichselt, wobei mir die Stufenarbeit zufiel. Soweit man oberhalb
des Lagers III von genußreicher Bergsteigerei reden darf, habe ich die
Eiswand, den Eiskamin und die letzten 60 m gründlich ausgekostet.
Odell hat als Vorangehender vom Lager zur Jochhöhe treffliche Arbeit
geleistet. Ich war ziemlich erledigt und hätte während dieser halben
Stunde die Führung kaum übernehmen können, wenngleich ich noch
genügend Besinnung zu gelegentlichen Winken hatte. Im Abstiege
patzten wir schrecklich. Es fiel mir plötzlich ein, nachzusehen, wie es
mit dem alten Wege stünde. Norton und ich gingen unangeseilt voran;
hinterdrein kam Odell mit einem Träger, der leichtes Gepäck zum Sattel
befördert hatte. Wir kamen auf Gelände, das Geübte noch grade eben
ohne Steigeisen beherrschen (wir hatten keine). Hie und da schlugen
wir Kerben in Hartfirn oder Eis. Ich kam gut voran, aber Norton
rutschte einmal eklig aus. Dann fiel der Träger aus der Seilschlinge und
kriegte einen tüchtigen Schreck. Inzwischen trat ich bei der Wegsuche
in eine unverkennbare Spalte. Vielleicht spiegelte mir das Unterbewußt-
sein vor, ich hätte die Brücke schon mit dem Pickel geprüft. Solche Gei-
stesverwirrungen gehören wohl zu den Folgen der Erschöpfung. Jedenfalls brach ich durch und versank in ein Schneegrab. Glücklicherweise
blieb ich nach drei Metern geblendet und atemlos stecken. Mein ein-
ziger Halt war der Pickel, der sich quer in der Spalte verkeilt hatte; unter mir klaffte ein recht unliebenswürdiges schwarzes Loch. Es vergin-

gen einige peinliche Minuten, ehe ich mich bequem verspreizt hatte. Dann schrie ich durchs runde Sturzfenster in der Schneebrücke um Hilfe, weil ich fürchtete, durch nachstürzende Schneemassen in den Schlund gerissen zu werden, wenn ich mich selbst zu befreien versuchte.

Bald wurde mir die Ruferei zu langweilig; die andern ahnten nicht, wo ich stak. Den Schnee allmählich wegkratzend, erweiterte ich das Loch und kroch auf einer Seite der hangwärts gerichteten Spalte heraus. Leider war es die falsche Seite. Ich mußte mich durch einen hämischen, sehr harten Eishang schlagen und weiter unten durch eine verdächtige Schneemischung. Endlich landete ich auf leichtem Gelände, wo die andern schon seit zehn Minuten auf mich warteten. Sie hatten einen besseren Weg gefunden. Diese eilige Hauerei am Schlusse eines anstrengenden Tages gab mir fast den Rest. Soviel für diesen Tag.

Das einzige, das mich persönlich stört, ist ein Husten. Er begann etwa zwei Tage vor dem Verlassen des Standlagers; ich beachtete ihn nicht weiter. Im höheren Lager machte er das Leben zur Hölle. Sogar nach der tüchtigen Bewegung am Nordsattel konnte ich nicht schlafen, denn Hustenanfälle drehten mir die Eingeweide um. Dazu Kopfweh und elendes Befinden überhaupt.

Außerdem stört so etwas sehr beim Gehen. Somervell hat denselben Husten, der etwas später anfing. Auch er ist körperlich nicht mit sich zufrieden.

Tags darauf würde die erste Ladung auf den Nordsattel verfrachtet. Somervell und Irvine hatten im Schneesturm Großartiges als Lastenaufzug geleistet. Durch einen unglücklichen Zufall blieben vier Träger allein im Lager IV zurück.

Der arme Norton nahm sich die Sache sehr zu Herzen. Und dabei war er selber ruhebedürftig. Keinem von uns ging es gut. Als wir ausrückten, war zehn gegen eins zu wetten, daß wir nicht auf den Nordsattel kamen, geschweige denn die Gestrandeten retteten. Ich führte vom Lager ab zu einer Stelle, wo der flache Gletscher aufhört. Der

Schnee war noch nicht ganz bösartig, weil er noch keine Zeit gehabt hatte, pappig zu werden. Trotzden brauchten wir drei Stunden für diese Strecke. Dann führte Somervell bis dorthin, wo Odell und Geoffrey gestern die Lasten aufbewahrt hatten. Zuletzt übernahm Norton die Spitze. Der Schnee wurde allgemach besser. Norton war der einzige mit Steigeisen und konnte uns daher ohne Stufenschlagen durch den großen Schlund bringen. Hier rasteten wir eine halbe Stunde. Um 1.30 packte ich die steilen 60 m an; dann weiter zum Ende des Schrundes am Korridor. Hier kamen zwei verdächtige Stellen. Norton bewältigte die erste, während wir am Spaltenrande sicherten. Er meldete verhältnismäßig guten Schnee. Somervell ging auf dem Schlußhang voran und folgte Hazards eben noch sichtbaren Spuren. Norton und ich verbrachten bange Minuten. Außerdem war das Sichern nicht besonders schön, weil die scheidende Sonne heftige Kälte hinterließ. Somervell machte seine Sache wieder einmal vorzüglich, als er die Träger vom Nordsattel herunter holte. Doch ich will seinen Bericht hier nicht wiederholen. Es war schon 4 1/2 Uhr, als die Leute den Abstieg begannen, Somervells Seil als Geländer benützend. Natürlich hielt uns auch der Eiskamin längere Zeit auf. Es wurde dunkel, als wir im Lager eintrafen.

Norton tat recht, indem er uns alle wieder in die Ruhestellung schickte. Es hat keinen Zweck, Geschwächte gegen den Berg anlaufen zu lassen. Die ganze Mannschaft ist in einem ziemlich traurigen Zustande. Wir müssen nun versuchen, uns zu erholen und einen abgekürzten Plan durchzuführen. Allein Geoffrey Bruce erfreut sich wohlgenährter Tauglichkeit. Norton überließ mir die Auswahl der nächsten Stoßtrupps. Vorher wies er mir die Spitzengruppe zu. Ich weiß aber noch nicht recht, ob ich es leisten kann. Und dann dieser Monsun! Wird er uns noch einmal Gelegenheit geben? Ich möchte mich nicht überrumpeln lassen. Aber die drei Tage, die wir oberhalb des Tschang La brauchen, sind doch eine gar zu günstige Gelegenheit für den Monsun. Uebermorgen steigen wir wieder auf. Von hier aus sechs Tage zum Gipfel!

III. TEIL

ANHÄNGE

Festung Kampa Dsong (unvollendet)
(nach dem Original von T. H. Somervell)

Ein typisches Lager in der Ebene von Tibet
(nach dem Original von T. H. Somervell)

Mount Everest vom Standlager 1922
(nach dem Original von T. H. Somervell)

Gyatschung Kang von Gyatschung Tschu aus
(nach dem Original von T. H. Somervell)

1. ÜBER KÖRPERLICHE BEDINGUNGEN

von Major R. W. G. Hingston, I. M. S.

Die Hauptaufgabe des Unternehmens war das Erreichen des höchsten Gipfels der Welt. Alles übrige kam an zweiter Stelle. Feine Beobachtungen waren unmöglich; verwickelte Versuchsanordnungen waren gänzlich ausgeschlossen. Wir mußten uns mit einfachen Feststellungen und mit den Berichten der Bergsteiger begnügen. Diese sind keineswegs wissenschaftlich wertlos, denn sie geben uns einen Begriff von den leiblichen Nöten, die mit der riesigen Höhe verbunden sind.

Unregelmäßigkeiten der Atmung. Am auffälligsten sind die Atembeschwerden. Infolge des allmählichen Ansteigens waren sie unterhalb von 3000 m kaum zu merken. Erst über 4300 m hinaus wurden sie deutlich; von 5800 m ab war die geringste Anstrengung mit Kurzatmigkeit verbunden. Solange man sich in der Ruhelage befand, schien das Atmen auch in den allergrößten Höhen ebenso regelmäßig zu sein wie am Meeresspiegel. Aber die leichtesten Tätigkeiten, wie das Binden eines Schnürsenkels oder das Oeffnen einer Dose, erzeugten heftige Atemnot. Daraus ergab sich die gewaltige Steigerung aller Schwierigkeiten mit wachsender Höhe. Das Atmen wurde eher schneller als tiefer; man war gezwungen, häufig stehen zu bleiben, um tief Luft zu schöpfen. Eine Anzahl tiefer Atemzüge brachte Erleichterung und befähigte zur Fortsetzung des Anstieges. Norton erzählt, daß er manchmal hinter seinen Begleitern zurück blieb und sie nur wieder einholen konnte, nachdem er mehrmals tief geatmet hatte.

Somervell berichtete aus 8200 m Höhe, daß er für jeden Schritt aufwärts 8 bis 10 Ein- und Ausatmungen brauchte. Sogar bei diesem Schneckengange mußte er alle 20 bis 30 Schritt einige Minuten ausruhen. Auf 8500 m legte Norton innerhalb einer Stunde nur 25 m Höhenunterschied zurück. Das war beim höchsten ohne Sauerstoff erreichten Punkte. Die Anstrengung in dieser Höhe ist demnach ungeheuerlich. Aber wenn wir bedenken, daß die Luft dort oben nur ein Drittel ihres Sauerstoffgehaltes am Meeresspiegel liefert, müssen wir uns wundern, daß die Leute es überhaupt noch aushalten. Noch merkwürdiger ist es, daß sie sich verhältnismäßig wohl fühlen, sobald sie sich hinsetzen.

Häufig konnte man die als Cheyne-Stokes-Atmung bekannte Erscheinung beobachten. Bei einem Teilnehmer hörte ich sie sogar schon in 3650 m Höhe. Obgleich sie selten im wachen Zustande des Menschen auftritt, bemerkte ich sie an mir im Standlager kurz vor dem Einschlafen. Krankheit begünstigt das Cheyne-Stokes-Atmen. Einer von uns litt stark daran, als er in 4600 m einen Malariaanfall hatte. Noch stärker zeigte es sich bei einem Gurkha, der in 5500 m an Gehirnblutung starb.

Das Einatmen der kalten und trockenen Luft ruft mancherlei Nebenerscheinungen hervor, die in mannigfaltigen Reizungen der Luftwege bestehen. Jeder litt an Halsweh, Heiserkeit oder Stimmlosigkeit. Die meisten hatten einen quälenden Husten ohne Auswurf. Einige Träger bekamen schwere Bronchitis; einer hatte Geschwüre im Halse; ein andrer spuckte andauernd Blut. Dr. Kellas meinte, daß starker Wind das Atmen erleichtere, weil er die Luft sozusagen in die Lunge drängte, wozu noch der Vorteil der schnellen Abfuhr der verbrauchten Luft käme. Damit stimmen unsere Erfahrungen nicht. Der Everest ist ein richtiger Windberg, so daß wir genug Gelegenheit zur Beobachtung hatten. Eine leichte Brise wirkt allerdings erfrischend. Aber heftige Windstöße erschwerten das Fortkommen und erzeugten ein Gefühl des Erstickens.

Die englischen Heeresflieger werden einer einfachen Prüfung unterworfen, die im Anhalten des Atems besteht. Die folgende Tafel zeigt die Verminderung dieser Kraft mit zunehmender Höhe. Nur die erste Zahlensäule ist vollständig. Am Meeresspiegel vermochte R. W. H. den Atem eine Minute anzuhalten; in 6400 m gelang es ihm nur für 14 Sekunden.

Höhe in Metern	Anhalten des Atems in Sekunden									
	R.W.H.	E.O.S.	B.B.	G.B.	E.F.N.	G.L.M.	J.V.H.	A.C.I.	T.H.S.	N.E.O.
Meeresspiegel	64	–	120	–	–	–	90	120	–	–
2100	40	40	60	40	40	50	42	80	60	55
4360	39	32	35	32	37	40	–	47	48	–
5030	20	23	35	20	31	–	23	30	41	28
6400	14	17	–	20	–	–	17	–	–	–

Eine andere Fliegerprüfung stellt die Ausatmungskraft fest. Man läßt den Mann in eine Glasröhre mit Quecksilber blasen und liest die Druckhöhe am eingeritzten Maßstabe ab. Aus schwachem Drucke schließt man auf geringe Ausdauer. Aus unserer Tafel scheint hervorzugehen, daß der Atemdruck mit der Höhe besser wird, denn bei o m lesen wir 110 mm, bei 6400 m aber 150 mm. Aehnliches bemerken wir in einigen der anderen Zahlenreihen.

Höhe in Metern	Ausatmungskraft in Millimetern (Quecksilber)									
	R.W.H.	E.O.S.	B.B.	G.B.	E.F.N.	G.L.M.	J.V.H.	A.C.I.	T.H.S.	N.E.O.
Meeresspiegel	110	–	–	–	–	–	–	–	–	–
2100	110	120	140	160	110	110	130	160	120	110
4360	110	90	160	190	120	120	–	160	120	–
5030	140	130	210	200	170	–	120	170	120	100
6400	150	120	–	210	–	–	150	–	–	–

Diese Zunahme kam natürlich gänzlich unerwartet. Man darf aber keine falschen Schlüsse ziehen, denn der Versuch hat keine sehr unmittelbare Beziehung zur Atemtätigkeit. Er beweist vielmehr die gute körperliche Verfassung und Muskelkraft. Diese aber steigern sich mit der Höhe, immer vorausgesetzt, daß man allmählich höher kam und sich angepaßt hat. Es gilt auch nur für die Höhe, wo die größten Anforderungen an die menschliche Ausdauer noch nicht eingesetzt haben. Der Anmarsch durch Tibet hat uns abgehärtet, was der verbesserte Atemdruck bezeugt. Mosso gelangte in den Alpen zu ähnlichen Ergebnissen. Er ließ seine Leute Hantelübungen machen und war erstaunt, daß sie in 4560 m mehr leisteten als in Turin.

Blutumlauf. Jenseits von 5800 m treten auf: Bläue des Gesichtes und der Lippen, Blässe der Fingernägel, Kältegefühl in den Gliedmaßen. Drei Teilnehmer hatten Schwindelanfälle, denen einer von ihnen durch tiefes Einatmen sofort entgegen zu wirken vermochte. Sogar im Schlafsack ist es hoch oben sehr schwer, Hände und Füße wieder warm zu kriegen, wenn sie einmal kalt geworden sind. Während der Ruhe ist der Puls nicht stark beschleunigt, was sich indessen bei der geringsten Anstrengung sogleich ändert. Norton hat einen gewöhnlichen Pulsschlag von 40 in der Minute, was sich in der Ruhelage in 8400 m nur auf 60 steigerte. In großen Höhen ergibt sich häufig ein aussetzender Puls. Einmal, in 4270 m setzte der Puls vier Schläge in der Minute aus, ohne merkliche Angstgefühle zu verursachen. Diese Unregelmäßigkeit scheint häufig vorzukommen. Mosso berichtet, daß seine Versuchspersonen auf dem Monte Rosa fast ausnahmslos Unregelmäßigkeiten des Herzschlages zeigten. In Büchern liest man viel von Blutungen aus dem Zahnfleisch, aus den Lippen, der Augenbindehaut und der Nase. Solche Blutungen sind bei keinem der Unsrigen aufgetreten.

Die folgende Tafel verzeichnet den Pulsschlag eines Teilnehmers. Die erste Zahlensäule bezieht sich auf den Ruhezustand. Erst bei der Höhe von 6400 m ergibt sich eine Veränderung. Beim Stehen zeigt sich eine Zunahme, die etwa dem Höhenverhältnis entspricht. Die zur dritten Reihe vorgeschriebene Uebung bestand darin, innerhalb von 15 Sekunden fünfmal auf einen Stuhl zu steigen. Auch hier nimmt der Pulsschlag mit der Höhe zu. Die letzte Zahl ist die der Sekunden, die der Puls brauchte, um wieder regelmäßig zu werden.

Puls eines Menschen

Höhe in Metern	Sitzend	Stehend	Nach einer Uebung	Zeit in Sekunden bis zur Rückkehr des gewöhnl. Pulsschlages
Meeresspiegel	72	72	84	20
2100	72	84	96	15
4360	72	84	108	40
5030	72	96	120	20
6400	108	120	144	20

Den Blutdruck maßen wir mit einem Sphygmomanometer wie bei der englischen Fliegertruppe. Die Tafel zeigt keine klare Beziehung des Blutdruckes zur Höhe.

Blutdruck

Höhe in Metern	R.W.H.		E.O.S.		B.B.		G.B.		E.F.N.		J.V.H.		G.L.M.		A.C.I.		T.H.S.		N.E.O.	
	Sys.	Dias.	Sys.	Dias.	Sys.	Dias.	Sys.	Dias.	Sys.	Dias.	Sys.	Dias.	Sys.	Dias.	Sys.	Dias.	Sys.	Dias.	Sys.	Dias.
Meeresspiegel	120	80	–	–	–	–	–	–	–	–	–	–	–	–	–	–	–	–	–	–
2100	130	90	125	90	150	110	130	90	140	80	120	100	120	85	130	100	110	85	100	80
4360	135	95	115	80	145	85	130	90	135	90	–	–	120	90	130	100	130	90	–	–
5030	146	104	128	90	140	102	128	93	136	96	126	94	122	78	140	110	120	82	125	95
6400	138	118	100	80	–	–	110	90	–	–	100	80	–	–	–	–	–	–	–	–

Eine bekannte und auffällige Erscheinung ist die Vermehrung der roten Blutkörperchen in der Höhe. Auf dem Everest konnte man diese feine Untersuchung nicht vornehmen. Indessen habe ich früher auf dem Pamir Blutzählungen in 5550 m vorgenommen, die Folgendes ergaben:

Tag	Höhe	Anzahl der Blutkörperchen im Kubikmillimeter
10. April	210 m	4,480,000
12. Mai	1350 m	5,240,000
21. Mai	2440 m	6,040,000
28. Mai	3050 m	6,624,000
30. Mai	3645 m	6,760,000
1. Juni	3780 m	6,800,000
21. Juni	4050 m	7,525,000
23. Juni	4750 m	7,840,000
26. Juni	5150 m	7,640,000
27. Juni	5550 m	8,320,000

Von 210 m auf 5550 m vermehrten sich die Körperchen also von 4,480,000 auf 8,320,000. Die in jenen Höhen lebenden Eingeborenen haben eine höhere Blutzahl als die Menschen des Tieflandes. Die Sarikolis haben durchschnittlich 7,596,000, die Kirgisen 7,920,000 Blutkörperchen. Der Europäer hat rund 5,000,000, vermehrt seine roten Blutkörperchen aber sehr schnell, wenn er dort hinauf steigt, und kommt schließlich auf dieselbe Anzahl, wie die dauernd in der Höhe Wohnenden.

Die Physiologen fragen sich noch, wie Blutkörperchen und Höhenanpassung zusammenhängen. Professor Boycott hat einen heldenmütigen Vorschlag gemacht. Er weist nämlich darauf hin, daß man die Blutanreicherung durch Uebung beschleunigen kann. Hierzu gehört auch der Aderlaß. »Entzieht man einem Tiere ein Drittel der Blutkörperchen, so wird es sie in etwa zwanzig Tagen ersetzt haben. Wiederholt man den Aderlaß dann, so wird das Tier den Mangel schon in sechs bis acht Tagen ausgleichen. Der Vorgang läßt sich sogar noch weiterhin beschleunigen.« Beim Menschen darf man wohl Aehnliches annehmen. Infolgedessen schlägt Professor Boycott den Teilnehmern der nächsten Fahrt vor, sich regelmäßigen Aderläßen zu unterwerfen.

Muskelkraft. Flieger melden Muskelschwäche aus großen Höhen. Sogar das Auslösen des Zeitverschlusses an der Lichtbildkammer erfordert das Zusammennehmen aller Kräfte. Wir bemerkten keine so heftige Wirkung, was wohl auf den allmählichen Anstieg zurückzuführen ist. Die Beine geben indessen nach, sobald man das Atmen vernachlässigt. Es handelt sich weniger um eine Gehmüdigkeit als vielmehr um eine Mattigkeit, die nach kurzer Ruhe schnell vergeht.

Die Ausdauerprüfung der Fliegertruppe soll die Stetigkeit der Rückenmarkzentren beweisen und damit die Fähigkeit, Ermüdung zu bekämpfen. Der betreffende muß eine Quecksilbersäule auf die Höhe von 40 Millimetern blasen und möglichst lange dort halten. Inzwischen zählt man den Puls in Abständen von 5 Sekunden. Die Zahlen zeigen deutliche Abschwächung mit zunehmender Höhe. Man betrachte beispielsweise die erste Reihe. R. W. H. konnte das Quecksilber 45 Sekunden halten, in 6400 m aber nur noch 15 Sekunden.

Ausdauerprüfung

Höhe in Metern	Zeit in Sekunden während der das Quecksilber auf 40 mm gehalten wurde									
	R. W. H.	E. o. S.	B. B.	G. B.	E. F. N.	G. L. M.	J. V. H.	A. C. I.	T. H. S.	N. E. O.
Meeresspiegel	45	–	–	–	–	–	–	–	–	–
2100	35	30	60	50	20	60	35	45	50	50
4360	30	30	25	40	25	35	–	45	25	–
5030	23	23	23	15	23	–	17	25	22	20
6400	15	15	–	15	–	10	–	–	–

Dazu wurde der Puls genommen, wofür unten einige Beispiele. Die erste Zahl jeder Reihe bedeutet den Puls in den fünf Sekunden vor Beginn der Prüfung. Ein Strich trennt diese Zahl von den übrigen. Die folgenden Zahlen sind die Pulsschläge von fünf zu fünf Sekunden. Nehmen wir 6/7 . 8 . 9 . 9 . 8 . 7 ., so ist 6 der Puls vor dem Versuche; 7 in den ersten fünf Sekunden nach Beginn usw. So erhalten wir den Puls eines Menschen bei fortlaufender Anstrengung.

Höhe in Metern	E. O. S.	B. B.	G. B.	A. C. I.
2100	6/7.8.9.9.8.7.	6/6.7.9.9.9.7.6.6.6.5.	5/6.6.8.6.5.4.5.5.5.	8/9.11.10.8.7.6.6.6.6.
4360	6/6.7.7.7.7.7.	6/7.8.8.6.5.	5/7.7.7.6.8.6.5.5.	8/9.11.10.9.9.9.9.8.
5030	6/7.7.8.7.	6/9.9.9.3.	6/7.8.9.	8/11.10.9.7.6.
6400	8/10.8.6.	–	9/10.10.6.	–

Ich verweise besonders auf die Verlangsamung, die sich bei der Anpassung der Kräfte einstellt. Anfänglich steigt der Puls; nach 15 bis 20 Sekunden sinkt er ab. Das zeigt sich um so auffälliger, je höher man kommt. Sehr ausgeprägt ist das in der Fußzahl der zweitenReihe, 6/9.9.9.3. Der Puls hob sich in den ersten fünf Sekunden sofort auf 9 und fiel nach 15 Sekunden plötzlich auf 3 zurück. In den Erläuterungen der Fliegertruppe heißt es: »Ungenügende leibliche Verfassung zeigt sich am Aufschnellen des Pulses im Anfange und am schnellen Absinken aufs Gewöhnliche oder gar darunter.« Aus dem Versuche geht also hervor, daß sich die Herztätigkeit eines kräftigen Mannes in 5030 m ähnlich verhält, wie die eines schwachen Menschen auf Meereshöhe.

Sinnesfähigkeiten. Bergsteiger haben oft diese oder jene Beeinträchtigung ihrer Sinne bemerkt. Sie berichten Abnahme des Sehvermögens, des Gehörs, des Geruches und Geschmackes. Die meisten unter uns wußten nichts davon. Nur zwei Teilnehmer beklagten ein ganz entschiedenes Versagen des Geschmackes. Einer sagte, daß das Essen fader schmecke, obgleich er den Geruch bewahrte. In 5800 m blieben Zwiebeln für ihn geschmacklos. Ein andrer nannte das Essen durchaus geschmacklos; von einem Pfefferminzplätzchen merkte er in 5800 m nur wenig. Im Standlager (5300 m) gewannen beide ihren Geschmack wieder.

Schmerzen. Kopfweh war der einzige Schmerz, den man der Höhe zuschreiben durfte. Viele Teilnehmer litten nie daran; einige bekamen es bei der Ankunft auf der tibetischen Hochfläche, wurden es nach einigen Tagen aber wieder los. Es begann meist im Genick, verbreitete sich als allgemeiner, mäßiger Kopfschmerz und verschwand nach einer Ruhestunde. Bewegung, zumal Bücken, verstärkte es. In ausgestreckter Lage verspürte man bald Erleichterung. Auch die Träger hatten Kopfweh. Viele baten um Gegenmittel, als wir nach Tibet kamen. Sogar die Bewohner sind nicht ganz gefeit. Sie haben oft

Pflaster auf den Schläfen und schwarze Farbe auf den Wangen. Das sind die landesüblichen Hausmittel gegen das durch Höhe und Wind verursachte Kopfweh.

Magen und Darm. Mangel an Eßlust ist eine ernst zu nehmende Folge des Aufenthaltes in großen Höhen. Das ist wohl die Haupterklärung für die starken Stoffverluste. Die Einzelnen unterscheiden sich in dieser Hinsicht sehr. Viele von der Bergsteigergruppe meldeten keinen Appetitmangel. Ich mochte sogar im Standlager anfänglich nicht essen; das gab sich aber, nachdem ich mich eingelebt hatte. Bruce empfand bis 6400 m keine Störung.

Bei 7000 m war ihm Fleisch zuwider; jedoch aß er noch Mehl und Süßigkeiten. In 7600 m Höhe verlor er alles Verlangen nach fester Nahrung, genoß aber Kaffee und etwas weniger gern Suppe. Somervell hatte in 8200 m starke Abneigung gegen alles Feste, erfreute sich aber an Getränken, Süßigkeiten und Obst. Alle erklären ziemlich einstimmig, daß jenseits von 5800 m Süßigkeiten am besten, Fleischspeisen am schlechtesten schmecken. Aber auch von den größten Höhen hat keiner Uebelkeit oder Erbrechen berichtet.

Durchfall ist häufig. Er scheint mit einem Ueberfluß an Galle verknüpft zu sein und vergeht gewöhnlich bald. Gelegentlich sträubt er sich hartnäckig gegen jede Behandlung und weicht erst, wenn man tiefer steigt. Wichtiger ist der Durst. Am Schluß eines anstrengenden Tages kann er sehr groß werden und bei Wassermangel Erschöpfung verursachen, so den Erfolg gefährdend. Das Löschen des Durstes in den Hochlagern gehört daher zu den wichtigsten und schwierigsten Punkten der Fürsorge. Der Durst ist hier keine Folge des Schwitzens, sondern der Verdunstung in den Luftwegen infolge der trockenen Luft. Dieses Ausdörren des Leibes in den größten Höhen bringt oft Harnmangel mit sich. Einer der Bergsteiger brauchte in 6400 m Höhe 18 Stunden lang kein Wasser zu lassen; ein andrer hielt es sogar 24 Stunden aus, als er aus 8500 m zurück kam.

Geistige Wirkungen. Große Höhen beeinflussen die Gehirntätigkeit. Einer von uns empfand Abstumpfung der Willenskraft und Zielerfassung. Je höher er stieg, desto weniger begehrlich erschien ihm der Gipfel. Somervell bemerkte über 7600 m hinaus ein Nachlassen der Aufmerksamkeit und Beobachtungsgabe. Bruce schien das Gedächtnis geschwächt zu sein, denn es wurde ihm schwer, die Vergangenheit zurückzurufen. Jenseits 7000 m verschwammen die Begriffe sehr schnell, so daß er alles sofort aufschreiben mußte, weil die Erinnerung ungenau und verwirrt war. Fast alle stellten irgendwelche geistige Ermattung fest. Auch bei klarem Kopfe spürte man Abneigung gegen Anstrengung in jeder Form. Es war angenehmer, tatenlos da zu sitzen, anstatt eine Arbeit anzupacken, die Ueberlegung forderte. Wir hatten uns nicht über Launenhaftigkeit oder Verdrießlichkeit zu beklagen, was indessen wohl mehr dem kameradschaftlichen Geiste unsrer sehr glücklich zusammengesetzten Gesellschaft zu verdanken war.

Obgleich Gedankenarbeit in großer Höhe eine Last bedeutet, vermag man sie doch zu leisten, wenn man sich aufrafft. Ein Physiologe hat einmal gesagt, daß geistige Dauerleistungen jenseits 3000 m unmöglich seien. Dem widersprechen unsre Erfahrungen.

Wer Nortons Briefe an die »Times« gelesen hat, zumal den im Lager III bei Sorgen und Schneeblindheit diktierten, der wird zugeben, daß hier in 6400 m Höhe eine sehr anerkennenswerte Gehirnleistung vollbracht ward. Die Hauptwirkung der Höhe ist geistige Trägheit, die man mit Entschlußkraft überwinden muß. Ich habe einige Seelenprüfungen gemacht, die allesamt sehr einfach waren. Zunächst kam eine Multiplikation. Die Reihe 123456789 sollte mit sieben multipliziert werden. Dann folgte eine Teilungsaufgabe, wobei man obige Reihe durch 9 dividieren mußte.

In den verschiedenen Höhenlagen wurde die zur Lösung beanspruchte Zeit gemessen. Die Aufgaben scheinen indessen etwas zu leicht gewesen zu sein, so daß der Einfluß der Höhe nicht scharf genug zur Geltung kam. Immerhin setze ich das Ergebnis hierher. Die Mitglieder der nächsten Fahrt werden es allerdings nicht freudig begrüßen, daß man sie mit schwierigeren Aufgaben quälen wird.

Multiplikationsübung

Höhe in Metern	Lösungszeit in Sekunden									
	R.W.H.	B.B.	E.F.N.	G.L.M.	T.H.S.	E.O.S.	G.B.	J.V.H.	A.C.I.	N.E.O.
0	20	–	–	–	–	–	–	–	–	–
2100	25	25	27	13	40	43	40	35	25	80
4360	25	24	19	15	28	43	25	–	28	–
5030	18	23	28	17	40	35	35	55	35	30
6400	17	–	–	–	–	35	27	40	–	–

Höhe in Metern	Lösungszeit									
	R.W.H.	B.B.	E.F.N.	G.L.M.	T.H.S.	E.O.S.	G.B.	J.V.H.	A.C.I.	N.E.O.
0	30	–	–	–	–	–	–	–	–	–
2100	20	20	30	10	25	55	15	35	15	45
4360	28	20	13	23	20	45	17	–	17	–
5030	13	27	23	17	40	38	23	43	20	50
6400	15	–	–	–	–	40	13	59	–	–

Ebenso beobachteten wir den Patellarreflex (Knieschnellen) in verschiedenen Höhen. Er blieb sich gleich. Drei Teilnehmer hatten leichte Zuckungen. Beim einen zitterten die Augenlider in 4270 m; die beiden andern hatten in 6400 m leichtes Fingerbeben. Diese Erscheinungen sind auf die Nervenanspannung zurück zu führen. Im Kriege waren Zuckungen ein häufiges Anzeichen von Erschöpfung oder Sorge.

Schlaf. Die Schlaflosigkeit gehörte zu den unangenehmsten Erscheinungen, wenigstens bei mir. Viele schliefen indessen ausgezeichnet, solange sie keine kalten Füße hatten. Bruce schlief in 6400 m zweimal über zehn Stunden. Auf 7000 m Höhe verbrachte er eine ganz erträgliche, wenn auch etwas gestörte Nacht. In 7600 m schlummerte er erst zwei Stunden, war dann längere Zeit schlaflos, und genoß gegen Morgen wieder einige Stunden Schlaf. Er legte seinenKopf immer hoch, was er auf der vorjährigen Fahrt gelernt hatte. Somervell schlief in 7600 m gut und erfreute sich in 8200 m zweimal eines guten Schlummers. Am weitesten brachte es Norton. In 8200 m schlief er gut und verbrachte eine vorzügliche Nacht. Bemerkenswerterweise ist die Höhenschlaflosigkeit nicht mit Unrast verknüpft. Auch folgt am nächsten Morgen keine Abgespanntheit. Man liegt wach, wälzt sich aber nicht unruhig hin und her; auch fehlen quälende Träume.

Gletschermattigkeit. Mattigkeit auf Eis und Firn gehörte zu den gewöhnlichen Erscheinungen. Zumal im Troge des Rongbukgletschers in 6100 m Höhe machte sie sich stark bemerkbar. Dieser Trog ist ein eigenartiges Gelände. Die Eiswände sind stellenweise in Zacken und Türme zerlegt. Hier überfiel einen leicht Schwäche des Willens und der Beine. Der Grund war nicht Atemlosigkeit, sondern Verlust an Muskelkraft. Man fühlte sich vollkommen fertig und schleppte sich nur so dahin. Oft brach der Schweiß aus allen Poren. Der Zustand erinnert etwas an Märsche durch die Treibhausluft tropischer Urwälder. Die Mattigkeit stellte sich sofort beim Betreten des Eises ein und verschwand ebenso schnell, wenn man wieder auf die Felsen kam. Am schlimmsten war sie bei Windstille und in der Mittagssonne. Am späten Abend oder frühen Morgen merkte man kaum etwas; an bewölkten Tagen litt man weniger.

Die Sache ist leicht zu erklären. Eis, Sonne und Windstille sind die ausreichenden Bedingungen. Da das Eis in der heißen Tageszeit schmilzt, sättigt es die untere Luftschicht mit Feuchtigkeit. Diese vermag sich nicht zu erheben, weil sie kühl bleibt. Infolgedessen bewegt man sich in feuchter Luft, die in Verbindung mit der Höhe Mattigkeit erzeugt.

Andre Zustände der Luft schienen an den Höhenkrankheiten nicht mitzuwirken. Dagegen machte ich im westlichen Himalaya andre Erfahrungen. Dort erstiegen wir denselben Berg zweimal bis zur Höhe von 5550 m. Beim erstenmal war der Himmel klar und die Luft trocken; wir spürten kaum etwas. Beim zweiten Ausfluge drohte ein Unwetter am düsteren Himmel; die Luft war feucht und drückend. Diesmal litten wir sehr stark; wir mußten nach wenigen Schritten Atem schöpfen und häufig rasten. Die Gründe sind dieselben, wie bei der Gletschermattigkeit. In der feuchten Luft konnte der Schweiß nicht ordentlich verdunsten, was den Einfluß der Höhe aufs Mehrfache steigerte.

Persönliche Eigentümlichkeiten. Bei den einzelnen Teilnehmern zeigten sich große Unterschiede im Sauerstoffbedarf. Einige atmeten bedeutend angestrengter als andre. Dieser litt an Kopfweh, jener nicht. Einige verloren den Geschmack; andre behielten ihre feine Zunge. Viele beklagten sich schon weit unten über Schlaflosigkeit; einer schlief in den höchsten Lagen vorzüglich. Ein Mann erwies sich als besonders unempfindlich gegen Gletschermattigkeit. Aber alle sind davon überzeugt, daß die Scherpas weniger leiden, als die Europäer. Ihre Ausdauer beim Lastenschleppen war bewunderungswürdig. Mit Gepäck gingen sie ebenso schnell wie wir ohne Last. Dabei sind sie nicht muskelstärker als wir, eher schwächer. Nur im Tragen übertrafen sie uns. Das kommt sicherlich davon, daß sie in Höhen zwischen 3600 und 4300 m daheim sind. Außerdem gehört es zu ihren Lebensgewohnheiten, Warenballen über 4900–5500 m hohe Pässe zu befördern.

Sauerstoff. Wie weit ist der Sauerstoff fähig, die oben geschilderten Beschwerden zu mildern? Lehrmäßig erwartet man eine außerordentliche Wirkung. Wir kennen den Wert des Sauerstoffs von Ballonfahrten her, die ohne ihn unmöglich gewesen wären. Die bisherigen Erfahrungen sind indessen noch nicht ganz befriedigend. Die beiden Bergsteiger, die uns viel hätten berichten können, leben nicht mehr. Bruce nahm Sauerstoff, als er auf den 7000 m hohen Nordsattel ging. Der Vorteil war gering. Odell versuchte es auf der gleichen Strecke und verspürte kein Nachlassen seiner Beschwerden. Später atmete er Sauerstoff zwischen 7600 und 8200 m, was das Atmen zu erleichtern und die Beinschwäche zu beheben schien. Vor allem glaubt er an den günstigen Einfluß auf die Körperwärme. Das Gas dörrt die Kehle aus, was zum Schlucken und Spucken nötigt. In 8200 m gab er den Sauerstoff auf und stieg ohne Mühe ab. Im Vergleich mit den Erfahrungen der zweiten Everestreise fällt einem auf, daß der Sauerstoff auf der dritten Reise keine nennenswerten Vorteile gebracht hat.

Anpassung. Beim Nebeneinanderstellen schneller und langsamer Anstiege zeigt sich der wichtige Einfluß der Akklimatisation. Haldane beschreibt den Zustand der Besucher nach einer schnellen Fahrt auf den 4300 m hohen Pikes Peak: »Viele ritten oder wanderten in der Nacht hinauf, um den Sonnenaufgang zu sehen. Am Sonntag war der Andrang natürlich am größten. Das Bild im Speisesaal und auf dem Vorbau des Hauses läßt sich nur mit dem vergleichen, das sich an Deck eines Kanaldampfers bei bewegter See bietet.« Die Höhe entspricht der des tibetischen Hochlandes. Aber wir hatten sie ganz allmählich erreicht und blieben daher von heftigen Zuständen verschont. Bei schnellem Anstiege wäre es uns wohl ebenso ergangen, wie den Seekranken auf dem Pikes Peak.

Noch auffälliger ist der Vergleich mit einem Ballonaufstiege. Im Jahre 1875 machten Tissandier und zwei Gefährten ihren berühmten Flug von Paris aus. Sie hatten Sauerstoff bei sich, konnten ihn aber nicht rechtzeitig anwenden. Tissandier wurde in 8076 m Höhe ohnmächtig. Als er ins Bewußtsein zurückkehrte, waren seine Begleiter tot. Der Ballon war bis in 8500 m gekommen. Wir haben demnach einen schnellen Aufstieg ohne Anpassung vor uns. Zwei Menschen starben zwischen 7900 und 8500 m, obgleich sie ruhig in der Gondel saßen und sich nicht anzustrengen brauchten. Dagegen halte man den schrittweisen Angriff auf den Mount Everest. Bergsteiger sind ohne Sauerstoff bis 8500 m gelangt, also bis zu jener Grenze, wo die Ballonfahrer der Tod ereilte. Trotzdem konnten sie noch Arbeit leisten. Sie zeigten keine Neigung zu Ohnmachtsanfällen; sie schliefen nur wenig tiefer recht gut und fühlten sich in der Ruhelage sogar ganz gemütlich. Anpassung ist das Geheimnis des Gegensatzes zwischen diesen beiden Höhenfahrten. Ohne Anpassung ist das Erreichen des Everestgipfels undenkbar. Versuche mit Luftballons und Druckluftkammern sind eben für langwierige Anstiege nicht maßgebend.

Wir haben auf dieser Reise festgestellt, daß man sich besser und leichter anpaßt, wenn man schon früher auf großen Höhen war. Die Neulinge haben es schwerer. Die Teilnehmer an den beiden ersten Reisen berichten einstimmig, daß sie beim zweiten Besuche Tibets viel geringere Beschwerden hatten. Der eine sagte, daß sein Geist viel reger sei als 1922; ein andrer fand den Weg zum Lager III viel leichter; ein Dritter brauchte nachts nicht mehr so tief zu atmen. Man sah es den Neulingen deutlich an, daß ihnen alles schwerer wurde als den Alten. Diesen wichtigen Punkt muß man im Auge behalten, denn er besagt, daß die zähen Soldaten mehr Aussichten haben als frisch angeworbene. Bei Fliegern hat man Aehnliches bemerkt. Auch sie passen sich nach vielen Flügen an die Höhe an. Der Körper scheint auch in diesem Falle durch häufige Wiederholung geübt zu werden.

In diesem Zusammenhange verweise ich nochmals auf die Aderlässe an Tieren. Sie erholten sich nach jeder Blutentziehung viel schneller. Unbewußte Erfahrung wurde Anpassung. Der Körper ließ sich zu kräftigerer Erzeugung von Blutkörperchen anreizen. Ebenso geht es dem Bergsteiger, der sich nach seinem ersten Aufenthalte in sauerstoffarmer Luft sehr schnell an die Höhe gewöhnt, die er wiederholt besucht.

Bis zu welcher Höhe kann sich der Mensch anpassen? In 5800 m Höhe unterliegt die fortschreitende Besserung keinem Zweifel. Shebbeare verbrachte über einen Monat in dieser Höhe, als er im Lager II weilte. Zunächst kam ihm der Weg zum Lager III sehr beschwerlich vor. Aber nach vier Wochen dachte er sich gar nichts mehr dabei; am letzten Tage stellte er sogar eine Höchstleistung von 1 Stunde 55 Minuten auf. Odell blieb zehn Tage auf 7000 m und berichtete fortschreitende Angewöhnung. Somervell hielt Anpassung noch in 7300 m Höhe für wirksam. Indessen bedenke man, daß mit der Anpassung auch eine körperliche Schwächung einhergehen kann. Trotz der Gewöhnung an die Höhe verliert der Körper Gewicht und Kraft. Daher stellt Dr. Kellas die wichtige Frage: »Kann man sich zwischen 7300 und 7900 m genügend anpassen, um dann eine Höhe von 8800 m zu erreichen?«

Ich glaube, daß fast alle unsre Leute es bejahen. Zwei sind schon bis 8500 m gekommen, sich einzig und allein auf ihr natürliches Anpassungsvermögen verlassend.

Nachwirkungen. Vor dem Abzug wurden die Bergsteiger neuerlich untersucht, um die Folgen des Aufenthaltes in den Hochlagern zu ermitteln. Alle zeigten Herzerweiterung, die bei zweien deutlich ausgeprägt war. Keiner war Gewichtsverlusten entgangen, die $4^1/2$ bis $6^1/2$ kg betrugen. Auch die Träger waren magerer geworden. Barcroft hat in Peru dieselbe Erfahrung gemacht. Alle seine Begleiter nahmen ab; einer ging in 27 Tagen von 70 kg auf 59 kg zurück.

Wer starke Erfrierungen erlitten hatte, mußte noch wochenlang nachbehandelt werden. Wir beobachten zwei Abarten: die feuchte mit großen Flüssigkeitsblasen und die trocken-brandige. Ebenso erfordert die Schneeblindheit oft Nachbehandlung. Merkwürdigerweise wurde Norton in großer Höhe schneeblind, obgleich er dort (8500 m) auf schneefreien Felsen wanderte. Er glaubte die Schneebrille ablegen zu dürfen. Die Höhensonne reizt demnach auch, wenn von Felsen zurückgestrahlt.

Somit hinterläßt das Höhenleben seine Spuren im menschlichen Körper. Im Standlager erholten sich die Leute: Eßlust und Schlaf kehrten zurück. Später stellte uns die Nachkur im Rongschartale vollkommen wieder her.

Folgerung. Noch ein Wort über die Besteigungsmöglichkeit. In einer Versammlung der Londoner Gesellschaft für Erdkunde im Jahre 1916 zeigte Dr. Kellas eine schöne Dissoziationskurve des Oxyhämoglobins im Blute. Auf diese Kurve entwarf er die Höhen bekannter Berge und zog diese Schlüsse: »Die Kurve ist vielsagend. Sie sagt, daß man die Anstrengung bis 3000 m vernachlässigen kann. Erst bei etwa 4600 m wird die Beanspruchung deutlich bemerkbar. Man muß aber über 6100 m hinaus steigen, ehe die größere Steilheit der Kurve mahnt, daß der Bergsteiger von jetzt ab auf sorgfältige Anpassung bedacht sein muß. Bei 7000 m wird die Kurve sehr steil; jenseits von 7600 m ist sie am steilsten und bereitet uns auf die größten Anstrengungen vor. Mit jedem weiteren Höhenabschnitte wachsen die Anforderungen ganz gewaltig. Auf dem Everestgipfel wird der Sieger ungefähr den letzten Kraftüberschuß und die letzte Anpassungsmöglichkeit erschöpft haben.«

Obige Schlußfolgerungen stammen aus der Zeit vor der ersten Everestfahrt. Man darf sagen, daß unsere Erfahrungen sie bestätigt haben. Ich glaube, daß man den Gipfel auch ohne Sauerstoff erreichen wird. Die leiblichen Widerstände lassen sich überwinden. Jedoch müßte das Wetter besser sein als in diesem Jahre. Von den Bergsteigern muß man untadlige Gesundheit und einen vollkommen durchgearbeiteten Körper verlangen. Sie müssen außergewöhnliche Ausdauer und restlose Anpassungsfähigkeit besitzen.

2. NATURGESCHICHTE

von Major R. W. G. Hingston, I. M. S.

Die mitgebrachten Sammlungen bestanden aus 10,000 Tieren und 500 Pflanzen. Sie werden jetzt bearbeitet und dann in Fachzeitschriften beschrieben. Ich will hier nur auf allgemeine Gesichtspunkte hinweisen, um ein möglichst anschauliches Bild der Lebensbedingungen auf dem tibetischen Hochlande zu liefern.

Schutzfärbung in großen Höhen. Die tibetische Hochfläche ist eine Wüste, die sich durchschnittlich 4300 m über den Meeresspiegel erhebt. Sie ist wie eine gegen den Himmel gehobene und in Berge aufgerunzelte Sahara. Rundum weite, leere Räume, braune, kahle Hügel, Sandstrecken; darüber ein meist wolkenloser Himmel, dessen Licht alles durchdringt. Hier herrschen große Wärmegegensätze bei Dürre und Wind. Der Pflanzenwuchs ist niedrig und dornig.

Zuallererst fällt uns die Schutzfärbung der meisten Tiere auf. Sie hüllen sich in ein braunes und dunkelgelbes Gewand, das dem Erdboden gleicht. Diese Anpassung ist den Lebewesen aller Wüstenländer gemeinsam. Sie erstreckt sich also auch auf die höchsten Wüsten der Erdoberfläche. Der Beispiele begegnen uns genug, denn Säugetiere, Vögel, Kerfe beweisen auf Schritt und Tritt, wie lebenswichtig die Schutzfarbe ist.

Die Pfeifhasen *(Ochotona curzoniae)* gehören zu den häufigsten Säugetieren Tibets. Sie wohnen gemeinschaftlich auf grasigen Flecken, wo sie in Erdlöchern überwintern. Im Sommer kommen sie hervor, um Vorräte einzusammeln. Sie sind reizende kleine Wesen von der Größe eines Meerschweinchens. Bei Phari trifft man sie in großen Scharen; die Ebene ist von ihren Bauten unterhöhlt. An warmen Tagen zeigen sie lebhafte Tätigkeit. Sie benagen die Gräser nach Wurzeln, gucken neugierig aus den Löchern oder laufen eilfertig von Tür zu Tür.

Wir bewundern, wie sie sich am Boden anschmiegen, dessen Farbe dem ihres hellgrauen Felles gleicht. So schützen sie sich vor ihren Hauptfeinden, den starken Raubvögeln. Steigen wir in die mit Pflanzenwuchs erfüllten Täler Sikkims oder Nepals ab, so finden wir dort eine andre Pfeifhasenart *(Ochotona sikimaria)* mit schwarzem und rostfarbnem Haar. Die Umgebung ist ebenfalls dunkler als in Tibet.

Aehnliches beobachten wir bei den Murmeltieren. Man findet sie gewöhnlich nur auf hohen Pässen, wo sie vor ihren Wohnungen sitzen und laute Warnpfiffe ausstoßen. Ihr braungelber Balg verschwimmt mit dem Felsgestein. Sodann ist da der tibetische Hase, der das grobe Geblock am Fuße der Berghänge bevorzugt. Dort versteckt er sich zwischen den großen Steinen, von denen er sich in der Farbe kaum unterscheidet.

Auch viele Großtiere haben Schutzfarben. Die Gazelle der ebnen Hochflächen ist sehr schwer zu sehen. Dasselbe läßt sich von den Wildschafen sagen, die sich beim Standlager umhertrieben. Trotz ihrer Größe heben sie sich kaum von der Bergflanke ab. Erst das Geräusch fallender Steine machte uns auf ihre Anwesenheit aufmerksam.

Die Vogelwelt liefert zahlreiche Beispiele. Zu den gemeinsten Höhenvögeln gehören die Schneefinken, von denen uns fünf Abarten unterkamen; so Blandfords Schneefink, ein lohfarbner Vogel, den man häufig bei den Dörfern und in den Feldern bemerkt. Adams Schneefink ist braun und trägt einen hübschen weißen Fleck auf den Flügeln. Er besuchte uns im Standlager und baute dort sein Nest in eine Moräne, als wir die Gegend verließen. Häufig war auch der rothalsige Schneefink. Er ist braun mit weißer Kehle, schwarzem Schnurrbart und weißem Band über den Augen. Er lebt friedlich mit den Pfeifhasen zusammen. Ihm ziemlich ähnlich ist Mandellis Schneefink, der aber nicht so allgemein verbreitet ist. Auch ihn sahen wir in die Hasenlöcher kriechen, wo er vermutlich nistet.

Wieder anders sieht Brands Schneefink aus. Er ist dunkler, zumal im Winter, wenn sich die Federn abgenutzt haben. Wir trafen ihn gewöhnlich in der Nähe der menschlichen Behausungen. Er gehörte zu den regelmäßigen Besuchern im Standlager. Man begegnet ihm auf allen steinigen Pässen bis zu 5200 m. Alle fünf Schneefinken sind durch ihr Federkleid gut geschützt.

Zu den gemeinsten Vögeln des Hochlandes gehören die Lerchen. Die tibetische Feldlerche ist von der unsrigen kaum zu unterscheiden. Sie tummelt sich auf Feldern und folgt dem Pfluge. Singend erhebt sie sich in die

Luft. Noch gemeiner war die kurzzehige Lerche, deren Nester bis 4600 m überall zu finden waren. Sodann haben wir die großschnäblige Kalanderlerche, einen kräftigen Vogel, der sehr viel Lärm macht und beim Fliegen laute Rufe erschallen läßt. Diese Lerche liebt sumpfige Stellen, wo sie ihr Nest auf Schilfhöckern verbirgt. Wie die Finken, tummeln sich die Lerchen im freien Gelände und bedürfen deshalb einer düsteren Färbung.

Gute Anpassung zeigt auch das tibetische Schneehuhn. Es ist ein fest gebautes, rotbeiniges Rebhuhn, das man bis 5200 m antrifft. In Schwärmen kam es auf den Rongbukgletscher, um die Moränen oder Schutthänge abzusuchen. Im Standlager hörten wir oft seinen lauten Ruf. Im Gestein ist das Schneehuhn sehr schwer zu erkennen.

Das Gleiche gilt vom tibetischen Steppenhuhne, dessen Federkleid mit den freien Flächen übereinstimmt, auf denen es lebt. Die Steppenhühner versammeln sich zu großen, lärmenden Flügen. Dann sieht man die helle Unterseite und die schwarzen Flecke unter den Flügeln. Sobald sie sich niedergelassen und die Flügel geschlossen haben, glaubt man verstreute Steine vor sich zu sehen.

Der Mauerläufer schmiegt sich den Felsen an. Wir beobachteten ihn auf den Schieferhängen von Schekar und an den Abstürzen beim Standlager (5500 m). Dort sucht er Kerfe in den Gesteinsritzen. Der aschgraue Rücken verschwindet gegen die Unterlage. Im Fluge wird er indessen recht auffällig. Dann erscheinen grellrote und schneeweiße Flecken. Der Farbenblitz erregt unsre Aufmerksamkeit; aber im nächsten Augenblick setzt sich der Vogel und ist wie weggezaubert.

Im Geröll der Flußbetten haust der ibisschnäblige Brachvogel, ein Watvogel des Hochlandes. Seine aschgraue Farbe stimmt gut mit den Rollstücken des Flußbettes. Den weißen Kehlfleck verbirgt er durch die meist gebückte Stellung. Wenn erschreckt, bleibt dieser Vogel ruhig stehen, duckt sich und verliert sich zwischen den Steinen. Ebenso machen es die Jungen, die sich still verhalten, sobald der Warnruf der Alten ertönt.

Die starken Vögel Tibets bedürfen keiner Schutzfarbe, weil sie sich verteidigen können. Den Kolkraben sieht man in allen Dörfern; der Steppenadler schwebt über den Pfeifhasensiedlungen; der Milan stößt aufs Hirtenlager herab, um Abfälle zu ergattern. Diese Vögel haben fast keine Feinde und verraten sich schon aus weiter Ferne. Ebenso ist es mit den rotschnäbligen und gelbschnäbligen Steinkrähen oder Alpendohlen. Sie gehören zu den kräftigen Vögeln. Sie sind kampflustig und daher wohl imstande sich zu verteidigen.

Auch manche unter den Kleinvögeln sind auffällig. Bei einigem Nachdenken erkennt man, warum sie keine Schutzfarbe brauchen. Zu ihnen zählen die Braunellen und Baumsperlinge. Sie leben nahe bei den Dörfern und in Steinhaufen, so daß sie sich schnell vor Raubvögeln verkriechen können.

Man hat darauf hingewiesen, daß sich ein fliegender Vogel durch seinen auf die Oedfläche geworfenen Schatten verrate. Das gilt vielleicht für eine gleichmäßig ausgestrichene Sandfläche. Aber hier in Tibet ist die Ebene unregelmäßig mit Steinen und Graspolstern bestreut, die ebenfalls Schatten werfen, wenn die Sonne tief steht, so daß der Flugschatten des Vogels nicht besonders auffällt.

Welches sind die Feinde der Kleinvögel? Adler sieht man sehr oft. Bussarde erforschen die Gänge der Pfeifhasen. Einst sah ich einen Angriff der Alpendohlen auf einen Falken. Vermutlich jagen die Turmfalken nach kleinen Vögeln, denn ich sah deren sehr viele im April, als es noch keine Insekten gab.

Natürlich haben sich auch die Eidechsen angepaßt. Die kleine, eifrige *Phrynocephalus Theobaldi* gräbt sich in den Boden ein und schafft sich so Dauerwohnungen, die einen schlitzförmigen Eingang haben. An warmen Tagen sonnen sie sich draußen auf dem heißen Sande. Obgleich sie alle einer Art angehören, zeigen diese Eidechsen viele Farbenvarietäten. Einige sind hellgrau, andre braun und gelb getüpfelt, wieder andre gebändert. Trotzdem verschwimmen sie recht gut gegen die gesprenkelte Unterlage und genießen so einen Schutz vor den Raubvögeln. Diese Hochlandechsen haben eine fast rein weiße Unterseite. In der Bauchmitte und am Schwanzende befindet sich ein schwarzer Fleck. Aehnliches hat man an den Eidechsen der Sahara festgestellt. Vielleicht hat diese Eigentümlichkeit etwas mit der Wüste zu tun. Wir haben den Zweck aber noch nicht ergründet.

Bei den Hochlandsspinnen treffen wir viele Beispiele für die Schutzfärbung. Die Wolfsspinnen leben an tibetischen Flußufern, wo sie über den Sand laufen und sich unter Steinen verstecken. Sie sind braun mit einer dem Sande angepaßten Sprenkelung. Andre Arten leben auf den Moränen bis zu Höhen von 5200 m. Sie sind grau oder braun wie der umliegende Fels. Ihre Hauptfeinde sind Wespen, die sie bis in diese trostlosen Einöden verfolgen.

Wie zu erwarten, herrscht auch bei den Nachtschmetterlingen die unbestimmte Farbe vor. In großen Höhen begegnen wir einer unsrer *Anarta* ähnlichen Art. Sie flatterte um die Moräne beim Standlager und verirrte sich sogar zu Lagern in 5500 m Höhe. Unterwärts hat sie weiße und schwarze Streifen. Aber diese auffällige Zeichnung verschwindet, sobald sich das Tier auf den gesprenkelten Granit gesetzt hat.

Die Heuschrecken machen die tibetische Mode mit. Leider kann man die gesammelten Stücke nicht bestimmen, weil sie aus der frühen Jahreszeit stammen, wo die Heuschrecken sich noch im Larvenzustande befinden. Die Larve der hochasiatischen Wanderheuschrecke lebte in 4600 m zwischen frischem Grase und war grün gefärbt. Eine neuentdeckte Art fanden wir in größeren Höhen. Es war ein winziges und flügelloses Geschöpf, das sich im Geröll der Moränen (5200 m) aufhielt. Sein Leib war grau und schwarz; Querbänder liefen über die Schenkel. Dieses Muster paßte sehr gut zu den Schuppen des verwitterten Granites.

Weiter unten, auf den winddurchtosten Hochflächen, kroch ein braunes Tierchen mit blauen und rostroten Streifen. Diese ähnelten den roten und blauen Körnern des Sandes. Eine vierte Art stöberten wir im Flußgeschiebe des Tschiblung Tschu auf. Das flache, glatte Geröll bestand vorwiegend aus bläulichem Schiefer. Denselben Farbenton hatte die Heuschrecke.

Man sieht, wie wichtig die Schutzfarbe für die Bewohner der öden, offnen Landstrecken ist. Grade in der Hochwüste hat die Natur diesen Grundsatz ausgiebig befolgt. Es ist sehr schwer, hier ein Versteck zu finden, in dem man unterkriechen kann. Da sind keine Bäume oder Büsche, keine üppigen Wiesen. So bleibt nur das Unsichtbarmachen, wenn der Feind naht.

Anpassung an Kälte und Wind. Es ist reizvoll zu sehen, wie die Tiere des Hochlandes sich gegen Wind und Kälte wehren. Der Winter ist hier oben sehr hart; im Laufe der vierundzwanzig Stunden schwankt das Thermometer oft um dreißig Grad. Im Standlager ergab sich am 27. Mai ein Tagesunterschied von 30 Grad, am 31. Mai betrug er sogar 32 Grad. Tibet ist wegen seiner durchdringenden Winde berüchtigt. Beim Standlager liegen Felsen, in die das Windgebläse Rinnen gefurcht hat. Die Luvseite des Granites ist zerfressen, daß sie wie Korallen aussieht, während die Leeseite ihre übliche Glätte zeigt.

Die nahe am Boden lebenden Tiere sind natürlich den größten Schwankungen ausgesetzt. Folgendes fanden wir am 20. Mai im Standlager (5030 m).

	Größter Wert in 24 Stunden	Kleinster Wert in 24 Stunden	Tages-schwankungen
Temperatur des Sandes	+ 35.6°	− 16.7°	52°
Luftwärme	12.8°	− 11.7°	25°

Tiere, die auf sandigen Flächen leben – Käfer, Spinnen, Heuschrecken – müssen demnach häufig einen Wärmeunterschied von 50–55° aushalten.

Viele Säugetiere sind mit einem dicken Haarkleide ausgerüstet. Die Hausziegen, eine Zwergrasse, tragen Unterröcke aus langen Haaren. Die tibetischen Hunde sind zum Teil auch sehr gut angezogen, wenn auch nicht ganz so warm wie manche ihrer Genossen, die ich auf den Pamiren traf. Sie haben neben den Haaren oft noch Wolle, was ihnen im Frühjahr ein vermottetes Aussehen gibt, wenn die letzten Flocken der Winterwolle noch nicht abgestoßen sind. Bei Gautsa, in 3650 m Höhe sah ich eine Schweineherde in Gesellschaft von Jaks. Sie kamen mir hier oben ganz unangebracht vor; sie trugen einen dicken rostbraunen Pelz, der sie von ihren halbnackten Vettern des Tieflandes unterschied. Der tibetische Hase trägt ebenfalls ein sehr warmes Vließ, das ihn befähigt, Höhen über 5000 m aufzusuchen.

Am schönsten sieht man den Kälteschutz am Grunzochsen entwickelt. Er trägt doppelte Kleidung. Auf der Haut hat er Wolle und darüber lange Haare, die ihn wie ein Mantel einhüllen, dessen Saum auf der Erde schleift. Er hat eine dicke Mähne und einen buschigen Schweif. Den Wert dieses Schweifes erkennt man, wenn die Tiere am Berghange weiden, denn der Jak dreht dem Winde sein Hinterteil zu und schützt sich hinter dem mächtigen Schwanze.

Der fließende Haarvorhang um den Bauch ist wahrscheinlich beim Hinlegen sehr vorteilhaft, weil das Tier die angezogenen Beine wenigstens teilweise unter ihm wärmen kann.

Die Kleinsäuger Hochtibets sind Unterschlupfsucher. Der Hase drückt sich zwischen die Felsbrocken; sein Bruder im Pamir soll sogar eigene Erdwohnungen besitzen. Murmeltier, Hamster und Pfeifhase graben sich tief in den Boden ein, ebenso die Eidechsen, deren Höhleneingang oft noch durch einen Stein oder Grasschopf geschützt ist.

Der Tibetwind beginnt gewöhnlich gegen 10 Uhr früh. Die Höhensonne wärmt schnell, so daß die Sand- oder Gesteinflächen an schönen Tagen recht heiß werden. Die Bodenluft beginnt zu zittern; aufsteigende Ströme verursachen Luftspiegelungen. Die schnelle Erhitzung der Hochfläche erzeugt den Wind, denn aus den kalten Bergen stürzt sich die kalte Luft herab, um die in der Wärme aufsteigende zu ersetzen.

Die Vögel haben unter den täglichen Stürmen viel zu leiden. Schneefinken, Laufhäher, Lerchen nützen die Unebenheiten des Geländes aus. Daher findet man so oft Vogelschwärme auf den Leeseiten von Dörfern oder Mauern. Andre kriechen in Löcher. Die Baumsperlinge sitzen häufig in den Spalten der Häuser. Die mit den Pfeifhasen vergesellschafteten Vögel finden in den Erdbauten Zuflucht. Der Wind zerrt am Federkleide. An Sammlungen aus diesen Gegenden fällt einem der zerzauste und abgetragene Zustand der Bälge auf.

Alle Vögel kehren heftigen Winden den Kopf zu, denn ein Seitenwind würde sie hinwegfegen. Die Alpendohlen weiden gern auf Grasflächen, wo sie sich paarweise verteilen. Mit dem Kopfe gegen den Wind bohren sie in der Erde herum. Ebenso dreht sich der Kolkrabe beharrlich dem Winde zu, wann er die Abfallhaufen der Dörfer durchstöbert. In Tibet kann man besonders gut beobachten, wie die Vögel den Wind zu ihren Flugkünsten ausnutzen. Fast mühelos schweben und kreisen die Schwärme der Alpendohlen höher und höher, wohingegen sie bei Windstille mit den Flügeln schlagen müssen. Der Lämmergeier läßt sich von den Luftströmungen empor tragen, wenn er schwere Knochen zerschlagen will, die er irgendwo gefunden hat. Er läßt sie aus großer Hölle fallen und stößt dann mit dem Kopfe gegen den Wind auf die Bruchstücke herab.

Zwei Vögel sieht man sehr häufig über den Ebenen schweben. Fast unbeweglich steht der Turmfalke in der Luft, nach Beute ausspähend. Die tibetische Seeschwalbe hängt über den Seen und stürzt sich auf einen Fisch. Der Wind erleichtert dieses Schweben, das andernfalls große Muskelkraft beansprucht, zumal in der dünnen Luft, die nur halb so tragfähig ist wie im Unterlande.

Natürlich sind geschützte Nistplätze ganz besonders erwünscht. Die Dohlen bewohnen Löcher in erdigen Klippen; ähnlich macht es der Wiedehopf. Der Baumsperling nistet in den Dorfmauern. Das Nest des Laufhähers fanden wir einst einen Meter tief unter der Erde. Die schon oft erwähnten Schneefinken pflegen ihre Brut in den Bauten der Pfeifhasen, wo weder Wind noch Feinde sie stören. Die Elster baut ein mächtiges Nest, das viel umfangreicher ist als das der europäischen Artgenossin. Die Erdbrüter schmiegen sich den Bodenerhebungen an. Wir fanden das Nest der Alpenlerche in einer Furche, das der Kalanderlerche in einem Grasschopfe, das der kurzbeinigen Lerche hinter einer Wickenstaude. Diese hier hatte außerdem auf der Windseite der Wicke einen niedrigen Wall aus Kieselsteinen gebaut.

Auch die Schmetterlinge müssen sich nach dem Winde richten. Das sieht man besonders an den allen Hochländern eigentümlichen Parnassiern. Auf den Moränen beim Standlager konnte man sie häufig beobachten. Sie sind verhältnismäßig schwache Flieger, die sich leicht vom Winde fortführen lassen. Trotzdem lieben sie wilde Einöden bis 5200 m, wo scharfe Winde über die Pässe blasen. Sie fliegen höchst ungern, solange die Luft nicht still ist. Wenn beunruhigt, fliegen sie nur kurze Strecken und suchen möglichst schnell einen geschützten Winkel auf. Beim Sitzen entfalten sie die Flügel und drücken sie dicht auf den Boden, um dem Winde keine Angriffsfläche zu bieten. Ihre steifen, harten Flügel werden nicht leicht zerzaust. Darin unterscheiden sie sich sehr von den zarteren Schmetterlingen der tiefen Täler.

Der Schwalbenschwanz *(Papilio machaon)* und der Fuchs *(Vanessa cashmirensis)* kamen ebenfalls bis zum Standlager (5030 m). Sie hatten andre Gewohnheiten als die Parnassier. Da sie aber kräftige und ausdauernde Flieger sind, konnten sie anscheinend gegen den Wind aufkommen. Wie sehr unterscheidet sich dieser hochalpine Schwalbenschwanz doch von den farbenprächtigen, aber der Gnade jedes Luftzuges ausgelieferten Faltern der Sikkimschluchten.

Gewisse Nachtfalter verhalten sich wie die Parnassier. Eine *Anarta* war auf dem Rongbukgletscher allen wilden Stößen der Everestlüfte ausgesetzt. Sie besuchte die höchsten Alpenblumen und ruhte auf den Felsblöcken, mit denen das Eis übersät ist. Bei Wind flog sie nicht frei umher, sondern flatterte durch die Winkel und Spalten im Geblock. Ihr Flug war lebhaft; aber selten legte sie einige Meter zurück, ohne sich wieder an den Boden zu drücken. In der Ruhe macht sie es wie der Apollo, indem sie die Flügel ausgebreitet niederlegt.

Einige Zweiflügler hielten sich in der Höhe von 5200 m auf. Aehnlich wie die Nachtfalter blieben sie zwischen dem Gestein. Aufgeschreckt machten sie kurze Flüge, die eher an die Sprünge von Heuschrecken gemahnten. Da war eine Tachinide, die sich zwischen den Uferblöcken der Ströme aufhielt. Ihr Rumpf war schwarz behaart, der Hinterleib stachlig; die gefleckten Flügel waren zart. Fast möchte man glauben, daß diese Fliege überhaupt nicht fliegen kann, so ungern erhebt sie sich in die Luft. Sie verbarg sich unter Steinen und ließ sich mit der Hand greifen, anstatt zu entfliehen.

Tschomolhari

Eine andre Art, die zur Gattung *Gonia* gehört, bewohnte dorniges Gestrüpp, aus dem sie an warmen und windstillen Tagen heraus kam. Sie wagte sich aber niemals weit hinaus. Sobald sie sich verfolgt glaubte, blieb sie im Gebüsch, von Zweig zu Zweig flatternd oder sich auf dem Sandboden ausruhend.

In Hochtibet gibt es viele Raubwespen. Im stürmischen Rongbuktale sahen wir sie auf der Suche nach Spinnen, die in den Moränen leben. Sie arbeiten nur bei Sonnenschein und Windstille. Bei Wind begeben sie sich zwischen die Felsblöcke und machen nur schnelle, sprungartige Flüge. Auch die Hummeln kommen hoch ins Gebirge hinauf; eine fand ich bei 6400 m. Die Hummeln sind indessen recht kräftige Tiere, die sich um keinen gewöhnlichen Wind kümmern, sondern kühn von Blume zu Blume eilen.

Die *Pseudabris*-Käfer haben ihr eigenes Verfahren. Diese schwarz und rot gestreiften Käfer sitzen in großen Mengen auf den Wicken und Schwertlilien, sich von jungen Trieben oder Blüten nährend. Sobald der Wind heftig bläst, lassen sie sich fallen und liegen nun scheinbar tot auf dem Boden. Jeder Käfer liegt auf der Seite; der Kopf ist im rechten Winkel zum Leibe abgebogen; die Fühler sind angelegt und die Beine zum Bündel versammelt. So liegen sie steif und still da, wie kleine Leichname. Doch leben sie wieder auf, sobald der Wind nachläßt. Sie kriechen allmählich wieder auf die Pflanze. Man kann sie täuschen, indem man sie anpustet. Gleich lassen sie sich los und fallen wie tot zur Erde. Die Tiere der Höhe passen sich also auf mannigfache Weise den Härten des Klimas an. Einige bringen dichteren Haarwuchs hervor, andre suchen geschützte Stellen auf und graben sich womöglich in die Erde ein. Einige Schmetterlinge und Nachtfalter drücken sich flach an; viele Kerfe beschränken sich auf kurze, plötzliche Flüge oder halten sich an Steine und Gebüsch. Einige Käfer machen sich starr.

Nahrungssorgen. Die Höhentiere haben es mit der Futterbeschaffung nicht leicht. Auch die Haustiere müssen hart um das bißchen Futter kämpfen. Auf anscheinend pflanzenleeren, braunen Hängen weidet eine Jakherde. Obgleich man kein Grün sieht, halten die Tiere den Kopf tief. Sie finden irgendwo einen Grashalm und zwei Meter weiter den nächsten. So sammelt sich allmählich ein Maulvoll an. So heißt es das Leben im Frühling fristen. Im Sommer ist die Weide allerdings saftiger. Dann wird der Grunzochse fett und ist imstande Lasten zu tragen. Umso härter ist das Dasein im Winter, wo jeder Halm aus dem Schnee gegraben werden muß. Wie die Tibeter sagen, scharrt der Jak im Winter Wurzeln aus. Ich habe gesehen, wie ein Jak den Mist unsrer besser ernährten Pferde fraß. Ebenso schwer haben es die Schafe. Jedes Maulvoll kostet geduldige Arbeit. Fast jeder Grashalm muß einzeln aus dem steinigen Boden geschürft werden. Die Pferde schlagen mit den Hufen Wurzeln aus der Erde oder waten in den Seen und tauchen mit dem Kopfe nach Wasserpflanzen. Maultiere und Esel fressen oft große Mengen Jakmist, was ihnen nicht zu schaden scheint. Am wirtschaftlichsten sind die Pfeifhasen, die Wintervorräte von Grassamen anlegen.

Wechsel in den Gewohnheiten. In Hochtibet hat manche Vogelart die ihr sonst eigentümlichen Gewohnheiten ändern müssen, was hauptsächlich auf den Mangel an Pflanzenwuchs zurückzuführen ist. Die Wüste ist im Winter gänzlich kahl, im Sommer nur leicht mit Grün getüpfelt. Die wenigen Pflanzen sind dornig; die Blütezeit ist kurz. Hie und da findet man ein Weidengebüsch bis in Höhen von 4300 m. Die Bäumchen sind aber zwerghaft und werden von den Eingeborenen durch Steinwälle geschützt.

Die üblicherweise im Strauchwerk lebenden Vögel müssen sich also andre Gelegenheiten suchen. Einige sind zu Dorfbewohnern geworden, so der Baumsperling, der in den Hauswänden nistet und sein Futter auf der Straße findet. Auch die Braunellen sind Nachbarn des Menschen geworden, während sie sonst Buschwerk bevorzugen. Es gibt hier oben zwei Arten, die rotbrüstige und die braune Braunelle. Beide leben unter Brücken oder in Mauern. Die Elster baut bei uns in die Bäume. In Tibet stehen ihr nur Häuser zur Verfügung. In Pangle wohnen die Elstern auf den Dächern oder zusammen mit Dohlen und Tauben auf hohen Klippen. Man ersieht daraus, daß auch die Tiere aus der Not eine Tugend machen.

Mancher Vogel hat in Tibet alle Furcht abgelegt, weil er dort nicht verfolgt wird, denn die Religion verbietet das Töten. Die indische Gans und die Brandente gehören in Indien zu den scheuesten Vögeln. Aber in Tibet schwimmen sie dicht bei den menschlichen Behausungen umher, wie bei uns die Schwäne im Park. Auf den Festungswällen sehen wir Kolkraben, Lämmergeier, Tauben und Alpendohlen. Besonders die Felsentaube *(Columba rupestris)* ist außerordentlich zahm. Oft besuchte sie uns im Standlager. Alle Jäger wissen, wie schwer das Wildschaf zu beschleichen ist. In Tibet hat es sich an den Menschen gewöhnt. Oft weideten die Wildschafe ganz nahe beim Standlager und kamen bis auf zwanzig Schritt heran, auch wenn jemand hin und her ging. Einer der Bergeinsiedler hat die Schafe so weit gezähmt, daß sie seine Zelle besuchen und ihm aus der Hand fressen.

Hochlandsgemeinschaften. Ein schönes Bild bietet das friedliche Zusammenleben von Säugetieren und Vögeln, was man besonders in den Siedlungen der Pfeifhasen beobachten kann. Viele Vögel leisten den Nagern Gesellschaft: vier verschiedne Schneefinken, die Elweslerche und der Laufhäher. Alle haben sie Schutzfärbung und verraten sich somit nicht gegenseitig. Die Vögel finden Futterreste der Pfeifhasen und nisten in ihren Höhlen. Niemals sind uns Streitigkeiten aufgefallen.

Was ist der Grund dieser Verbindung? Die Pfeifhasen sind Sammler; die samenfressenden Vögel ergattern verlorene Körner und tun sich vielleicht manchmal auch an den aufgestapelten Vorräten gütlich.

In noch größeren Höhen haben sich die Wildschafe mit den Alpendohlen verständigt. Die Dohle sitzt auf dem Rücken des Schafes, das ganz still hält, und sucht nach Insekten. So sah ich sie hoch über dem Rongbukkloster in 5200 m Höhe an den Berghängen entlang wandern. Die Wildschafe gehören zu den Säugetieren, die am höchsten kommen; die Alpendohlen sind vielleicht die allerhöchsten Erdbewohner überhaupt. Die Entbehrungen des Hochgebirges haben die Tiere friedliches Zusammenleben gelehrt.

Ueberwinterung. Der Höhensommer ist kurz, so daß dem tierischen Wachleben kaum fünf Monate zur Verfügung stehen. Der Winter ist so kalt, daß man ihn verschlafen muß, wenn man nicht auswandern kann. Pfeifhasen und Eidechsen verkriechen sich in ihre Löcher. Im April war nichts Lebendiges auf dem Hochlande zu sehen. Sogar die Kerfe fehlten noch. Unter Steinen und in der Erde entdeckten wir aber eine große Tierwelt, in schlaftrunkenem Zustande. Die Ameisen schliefen in ihren unterirdischen Gängen; die Käfer waren so betäubt, daß sie sich kaum bewegen konnten. Tausendfüßler lagen steif zusammengerollt, Spinnen hockten regungslos in leeren Schneckenhäusern, Raupen sahen ganz erfroren aus und Ohrwürmer verharrten totenstill mit an den Leib gezogenen Fühlern. Bis 5400 m fanden wir überwinternde Kerbtiere, davon viele im Larvenzustande. Die Erdkäfer schienen fast immer in Paaren zu überwintern, als ob sie zu Beginn des Frühlings gleich für die Fortpflanzung sorgen wollten. Die Ameisengänge bargen Puppen und Larven; man wundert sich, so zarte Gebilde im gefrorenen Boden zu finden. Unter den Steinen enthüllten sich oft Friedhöfe toter Insekten, die der Kälte zum Opfer gefallen waren.

Einige Versuche zeigen, wie wichtig das Ueberwintern ist. Am 22. Mai grub ich in 5030 m Höhe einen künstlichen Bau, der ein Pfeifhasenloch vorstellen sollte. Dreißig Zentimeter unter der Oberfläche ergaben sich folgende Wärmegrade:

Tagesstunde	Wärme im Bau	Luftwärme
8 Uhr früh	+ 0.6°	+ 1.1°
Mittags	+ 0.6°	+ 8.9°
4 Uhr nachmittags	+ 0.6°	+ 5.6°
9 Uhr abends	+ 0.6°	− 1.7°

Unter der Erde blieb die Temperatur also gleichmäßig, während die Luft in der nämlichen Zeit um 11 Grad schwankte. Der Vorteil des Ueberwinterns ist klar. Unter einer tiefen Schneedecke werden die Verhältnisse noch günstiger sein.

Auch der Aufenthalt unter den Steinen ist dem in der freien Luft vorzu-ziehen. Folgende Werte ergaben sich am 21. Mai in 5200 m Höhe:

	Unterm Stein	Luftwärme
Höchste Wärme in 24 Stunden	+ 3.9°	+ 13.3°
Niedrigste Wärme in 24 Stunden	− 2.8°	− 11.1°

Die Schwankung unterm Stein betrug nur 6.7 Grad innerhalb von 24 Stun-den, wohingegen sich die Luftwärme durch 25 Grade hindurch bewegte.

In gleicher Höhe ergab sich Folgendes 5 cm unter der Erde:

	5 cm unter der Erde	Luftwärme
Maximum in 24 Stunden	+ 1.1°	+ 15.0°
Minimum in 24 Stunden	− 2.8°	− 5.0°

Fünf Zentimeter unter der Oberfläche haben wir einen Wärmeausschlag von nur 4 Grad, wohingegen die Luftwärme 20 Grade durchlief. Man versteht nun, warum die Insekten unter die Steine oder möglichst tief in die Erde kriechen.

In 5200 m begann es sich Ende Mai zu rühren. Am 27. Mai entdeckte ich oberhalb des Standlagers den ersten blühenden Enzian auf der Moräne. Am selben Tage erschien ein Fuchs (Schmetterling); bleiche Nachtfalter huschten zwischen den Blöcken umher; unreife Heuschrecken hüpften auf den Stei-nen und Larven wimmelten in aufgetauten Pfützen. Die Käfer erwachten und krochen gelegentlich unter den Steinen hervor. Zu den Frühaufstehern gehören vor allem die Spinnen, die man oft auf dem feuchten Boden am Rande des schmelzenden Schnees erblickt.

Höhen, zu denen die Tiere aufsteigen. Der Lebenskampf treibt manches Tier in die größten Höhen. Daran erkennt man das Bestreben der Natur, jeden Winkel mit Leben auszufüllen.

Der Mensch gehört zu den zähesten Ausbeutern letzter Möglichkeiten. Die Tibeter pflügen das Erdreich in 4600 m, um dürftiges Korn zu ernten. In schmutzigen, armseligen, winddurchblasenen Steinhäusern hält sich ein Volk in der höchsten Wüste der Welt.

Im Rongbuktal, auf 4900 m, steht ein Kloster. Noch weiter oben liegen die Trümmer eines Frauenklosters; bei 5200 m lebt ein Einsiedler in seiner Steinzelle.

Gewisse Säugetiere steigen hoch hinauf, so die Blauschafe (Barhel) bis 5200 m. Erst bei genauem Hinsehen entdeckt man die spärlichen Halme, denen sie nachgehen. Auf dem Passe Phusi La (5000 m) sahen wir Murmeltiere; der tibetische Hase lebte 5200 m hoch zwischen Steinen nicht weit vom Standlager. Eines Tages fanden wir hier sogar einen Pfeifhasen. Beim Lager II (6100 m) sah Shebbeare die Spuren eines kleinen Säugetieres im Schnee. Wahrscheinlich stammten sie von einem Pfeifhasen. Dabei gab es hier oben nichts mehr, wovon ein Pflanzenfresser hätte leben können. Vielleicht ist das Tierchen mit dem Gepäck verschleppt worden.

Auf ihren Wanderflügen scheinen einige der kleinsten Vögel die höchsten Bergkämme der Erde zu überschreiten. Viele halten sich dauernd in großen Höhen auf. Jenseits von 4300 m stellten wir sechsundfünfzig befiederte Bewohner Hochtibets fest. Schneefinken besuchten uns regelmäßig im Standlager, ebenso die braune Braunelle, gelegentlich auch der Mauerläufer, dazu vereinzelte Kolkraben, Lämmergeier, Felsentauben und Alpendohlen. Adams Schneefink und Güldenstadts Rotschwänzchen nisteten hier oben. Gewisse Wasservögel sind überall zu finden, wo es noch Sumpf oder Wasser gibt. Die indische Gans und die Brandente bevölkern die Seen Tibets bis 4300 m hinauf. Die braunköpfige Möve und die tibetische Seeschwalbe beleben Fluß und Teich. Der Halsbandregenpfeifer sucht die Flußufer ab. Noch in 4600 m Höhe habe ich Bekassinen aufgeschreckt. Der Wasserstar folgt den Sturzbächen bis 4900 m, oft den Gletscher erreichend. Noch höher wagt sich Güldenstadts Rotschwänzchen. Gewöhnlich hält es sich dicht an die Wasserläufe, doch sah ich eines auf dem Eise des Everest in 5500 m Höhe.

Mancher Vogel begleitete unser Lager trotz Kälte und Wind. Beim Lager I gab es Kolkraben und Tauben, während der königliche Lämmergeier in 6100 m Höhe über uns schwebte. Das Lager II erwies sich als weniger verlockend, denn dorthin kamen nur Tauben und Dohlen. Das Lager III befand sich auf 6400 m. Dort meldeten sich Alpendohlen und eine Dschungelkrähe; ein vorüberfliegender Schneefink schien über die Berge zu wandern. Im Lager IV (7000 m) besuchten uns nur Alpendohlen. Jedoch bezeichnet es nicht ihre Höhengrenze, denn Somervell hat sie auf dem Kharta Phu beobachtet (7205 m). Diese neugierigen Vögel sind den Bergsteigern bis in die gewaltige Höhe von 8200 m gefolgt. Bisher ist das die größte Höhe, in der man Lebewesen begegnet ist.

Die Tiere steigen so hoch wie ihre Nahrungsmittel reichen. Schon der Mensch bezeugt das. Ebensowenig lassen sich die Tiere durch rauhes Klima abschrecken. Daher finden wir sie, soweit Pflanzen, Sümpfe, Wasser vorkommen. Ein Lager auf dem Gipfel des Everest würde ganz bestimmt von Alpendohlen besucht werden.

Sogar die gegen Kälte so empfindlichen Lurche und Kriechtiere bevölkern das grimmige Hochland. Von der Eidechse *Phrynocephalus* habe ich schon erzählt. In der Gegend von 4300 m ist sie gemein. Einige ließen sich am Tinkipaß blicken (4600 m). Lachen und Sümpfe bis 4600 m enthalten Frösche *(Rana pleskei)*. Die seltene Kröte *Cophophryne alticola* haben wir diesmal leider nicht wiedergefunden. Die Schlangen fehlten, obgleich sie bei den heißen Quellen Tibets vorkommen.

Käfer der Gattung *Ascelosodis* liegen unter fast jedem tibetischen Stein. In 4600 m fanden wir Springkäfer unter den Steinen. Nach Eintritt des Monsuns sind Mistkäfer häufig. Bis 4900 m entdeckte man sie unter jedem Fladen und jeder Tierleiche. Auf 4600 m gab es noch Maikäfer, die abends schwerfällig durch die Luft surrten und oft hilflos in die Wasserpfützen fielen. Blaue Wicken wachsen auf der Hochfläche in 4600 m und bieten verschiednen Marienkäferchen Obdach.

Unterirdische Ameisenstaaten werden noch in 4600 m gegründet. Diesen armseligen Gemeinden schlägt aber doch die Kälte aufs Gemüt, denn im Vergleich mit ihren wilden Vettern der Ebene sind sie recht schlafmützig. Bienen und Wespen kommen sehr weit hinauf. In 4600 m gibt es summende Nester der *Antophora*. Sie bohren sich in die Erde oder in Lehmmauern ein. Die dicke Hummel fällt leicht auf; man sieht sie an Blumen in 5500 m Höhe.

Eine kam sogar bis zum Lager III (6400 m). Eine seltene kleine Wespe, eine Töpferin, kommt bei 4900 m vor. Sie klebt kleine Lehmgewölbe an die Steine und füllt sie mit gelähmten Larven.

Beim Standlager stellte ich drei Arten Raubwespen fest. Sie graben Erdgänge, in denen sie ihre Opfer gefangen halten. Ihr angestrengtes Leben ist auf die sonnigen Tage beschränkt.

Schmetterlinge umfliegen die höchsten Berge oder werden vom Winde vertragen. Dem Apollo begegnet man bestimmt auf allen Pässen bis 5200 m. Einst sah ich einen Fuchs vom Winde über das Lager III (6400 m) dahin geführt. Einige am Tage fliegende Nachtfalter folgen dem Pflanzenwuchse bis in die größten Höhen. Sonderbarerweise klammern sich sogar Heuschrecken an die letzten Spuren des Pflanzenlebens (5200 m). Aehnlich steht es mit den Zweiflüglern. Tachiniden belebten das Ufer eines Bergstromes (5200 m) und in derselben Gegend verfolgten Raubfliegen *(Asilidae)* kleine Bienen. Unter Steinen an Teichrändern in 4400 m saßen zarte mückenähnliche Zweiflügler.

Wir trafen auch eine ziemliche Auswahl von Halbflüglern an. Die Wicken in 4600 m Höhe wimmelten von Blattläusen, die zahlreiche Ameisen anlockten. Eine größere Art kam am Rongbukgletscher vor (5000 m). Auch die Gewässer Hochtibets haben ihre Bewohner. Man wundert sich, wovon die vielen Fische leben. Wasserkäfer krabbeln über den Schlamm der Sümpfe; in Lingka (4400 m) holte ich sie unter dem Eise hervor. Ruderwanzen schweben unter dem Wasserspiegel dahin und Flohkrebse schnellen umher. Auf dem Grunde kriechen Larven der Köcherfliegen mit ihren Gehäusen.

Hie und da stößt man auf heiße Quellen. Eine solche in 4600 m Höhe war gut besetzt. Dagegen fand ich keine Lebewesen in den Bächen beim Lager III (6400 m), die Anfangs Juni auftauen und unter Schneebrücken fließen.

Feinhäutige Netzflügler gingen hoch hinauf. Ueber Sümpfe in 4600 m flirrten schwarz und türkisblau geschmückte Schlankjungfern. In Tümpeln auf 5200 m lebten die Larven der Uferfliege.

Spinnen sind den Hochgebieten besonders eigentümlich. Die Weber runder Netze gehen bis 4600 m, wo sie Ginster oder Dornbüsche zum Fallenstellen benutzen. Raubspinnen sind beim Standlager häufig; Walzenspinnen wurden bei 4600 m gefunden. Sie sind kleiner als die der Tieflandwüsten, haben indes dieselben nächtlichen Gewohnheiten. Noch weiter oben gab es andre Spinnen auf Pässen oder Moränen. Tausendfüßler kommen in 4600 m Höhe vor; Zecken sind noch in 4900 m unter Steinen zu finden.

Die Weichtiere haben verschiedne Vertreter in die Hochwüste entsandt. Unter Blöcken in 5050 m hausten Landschnecken. In manchen Mooren gibt es sehr viele Wassermuscheln, sowohl Univalven wie Bivalven (bis 4600 m). Regenwürmer fehlten auf dem Hochlande; wir fanden die letzten bei 3700 m in den Schluchten der Hauptkette. Im Rongschartale begleiteten Nacktschnecken uns bis 4900 m, wo außerdem kleine Plattwürmer unter den Steinen eiskalter Bäche lagen.

Trotzdem wir die letzte Pflanze in 5500 m Höhe fanden, hatte so manches Tier seinen dauernden Wohnsitz bis 6700 m hinauf. Dort stöberten wir unausgewachsene Exemplare einer winzigen schwarzen Spinnenart *(Attide)* auf. Wovon das Tier sich nährt ist mir unklar. Gelegentlich gelangen Bienen, Schmetterlinge und Nachtfalter in diese Einöde aus Fels und Eis. Sie kommen aber nur zufällig hierher, während die Spinnen in der Gegend seßhaft sind und wohl als die höchsten Ansiedler der Welt angesprochen werden dürfen.

Diese zerstreuten Aufschreibungen geben uns einen Begriff vom erfolgreichen Kampfe der Tierwelt mit der Höhe, der Kälte, dem Winde und dem Nahrungsmangel. Auf den unwirtlichsten Höhen der Erde setzt sich die ewige Lebenskraft noch durch.

3. GEOLOGIE UND GLETSCHERKUNDE

von N. E. Odell

Im April 1922 gab Dr. Heron der Königlich Geographischen Gesellschaft einen anschaulichen Bericht über die geologischen Ergebnisse der ersten Reise, die er als Geologe mitgemacht hatte *(Geog. Journ. LXI/6)*. Er entwarf das Ergebnis seiner angestrengten Tätigkeit nördlich vom Mount Everest. Wie er selber sagte, war seine Arbeit eine westliche Fortsetzung der Forschungen Sir Henry Haydens, der als erster Tibet in den Jahren 1903–04 geologisch erschlossen hat. Heron beschäftigte sich vornehmlich mit den Sedimentärgesteinen, die nordwärts vom großen kristallinen Gürtel liegen. Die Zeit erlaubte ihm nur flüchtige Einblicke ins kristalline Gebiet.

In den Jahren 1922 und 1924 wurde politisch Einspruch gegen Geologen erhoben. Die Tibeter halten das Hämmern an den Bergen für gefährlich, da es das Gleichgewicht der stofflichen und geistigen Welten stört, denn der Gesteinsklopfer befreit Teufel, die sich dann in die bessre Welt begeben. Außerdem argwöhnen sie, daß die Geologie hauptsächlich dem Gewinne dient. Heron hat selbstverständlich ganze Pferdelasten von Gold und Edelsteinen aus dem Lande geschleppt. Aber trotz ihrer buddhistischen Bedenken gegen das Töten von Tieren, haben die Tibeter es ruhig geschehen lassen, daß unser Naturforscher zehntausend Tierleichen fortführte.

Als man bei meiner Ankunft in Dardschiling in den dortigen Zeitungen las, daß der Expeditionsgeologe eingetroffen sei, verlangte der Politische Agent für Sikkim, Major Bailey, sofort eine Erklärung von General Bruce. Denn man hatte der Regierung von Tibet ja die Zusicherung gegeben, daß kein Geologe in amtlicher Stellung anwesend sein werde. Es ergab sich indessen eine befriedigende Lösung, denn ich war nicht amtlich bestellt, sondern ein Bergsteiger, der die Sauerstoffgeräte bediente. General Bruce verlieh mir sogar die etwas zweideutige amtliche Bezeichnung eines »Oelmannes«. Natürlich darf man von einem Geologen nicht erwarten, daß er beim Durchwandern der Landschaft die Augen schließt. Im Folgenden berichte ich über meine Beobachtungen und die Schlüsse, die ich daraus gezogen habe. Wegen meiner Beschäftigungen mit andern Dingen, ist die Ausbeute verhältnismäßig gering.

Geologie

Der metamorphische Komplex. Ich überspringe meine Beobachtungen an den jüngeren Sedimenten, aus denen das tibetische Hochland größtenteils zusammengesetzt ist. Zu den Beobachtungen von Hayden und Heron hätte ich nicht viel hinzuzufügen. Ich habe mich vorwiegend auf die kristalline und metamorphische Zone der Hauptkette des Himalayas beschränkt. Somit ergänze ich Herons Bericht über den nördlichen Teil der kristallinischen Gesteine. An zwei Stellen gelang es mir, ziemlich tief in dieses Gebiet einzustoßen, nämlich beim Mount Everest und im Rongschar-Gaurisankar-Gebiet, 60 km weiter westlich. In beiden Fällen gelang es mir indessen nicht, die Untersuchungen westwärts und ostwärts in die Breite zu dehnen.

a. *Everestgebiet*. Wandert man von Schekar Dsong südwärts; so begegnet man den kristallinischen Gesteinen zuerst im Tale des Dsakar Tschu und zwar dort wo der Gyatschung Tschu von Westen her einmündet. Der Pfad nach Rongbuk folgt dem ortographisch rechten Ufer des Dsakar Tschus. Von einem Vorkommen beim Tschobukloster abgesehen (von Heron erwähnt) beginnt die Hauptmasse der Kristallinen an der Flußgabelung als mächtige Klippe, die an der Ostseite aufragt. Wir sehen dunklen, waagrecht gebänderten Biotitgneis, der mit Lagen hellen Granites abwechselt. Dieser wird indessen in den oberen Teilen der Wand durch Pegmatit ersetzt. Es scheint sich um ein großzügiges Beispiel einer Intrusion in alle Schichtfugen zu handeln. Dieser Aufschluß zeigt Ueberwiegen des Gneises in den oberen Wandteilen. Der Gneis hat abwechselnd biotitische und feldspatige Bänderung. Dieses stark flaserige Vorkommen ist durchaus nicht porphyrisch. Später komme ich noch auf das wichtige Verhältnis dieser Urgesteinmasse zu den darüber liegenden Kalken zurück.

Im Anstiege durchs breite Tal des oberen Dsakar Tschu am Dorfe Rongbuk vorbei begleitet uns dieselbe gestreifte Serie auf beiden Seiten, oft steile Klippen bildend, zumal auf dem Ostufer des Tales. Natürlich fehlen die Schutthänge am Fuße der Wände nicht. Bei Sa-Rongbuk sehen wir einen Schnitt nahe beim Wege, wo der Biotitgneis gänzlich von Pegmatitlagern durchsetzt wird, woraus sich das jüngere Alter des Pegmatites ergibt.

Nicht weit von der Zunge des Rongbukgletschers ergießt sich breit ein Quellfluß von Osten her ins Hauptal des Dsakar Tschu. Er hat eine Schlucht ausgegraben, die einen reizvollen Aufriß des gebänderten Gneises und der mit ihm vergesellschafteten Gesteine enthüllt. Ziemlich in waagrechter Lage beharrend, zeigt sich dieser Gneis wiederum mit dem hellen Granit vermischt, der sich sowohl in der Richtung der Flaserung als auch rechtwinklig zu ihr ergossen hat. Dieser Granit ist hellrötlich gefärbt, enthält Turmalin und Granaten und geht wegen seiner Glimmerarmut oft in Pegmatit über. Auch der Biotitgneis ist hier stark granatführend. Im Gneis bemerkt man isolierte Linsen von Pegmatit. Adern des biotitischen Gesteines, die in den Pegmatit ausstrahlen, beweisen, daß die Masse zu irgend einer Zeit sehr im Flusse gewesen sein muß. Im großen und ganzen wies der Gneis nur örtliche Fältelung auf. An einer Stelle der Schlucht liegt indessen ein um neunzig Grad gedrehter Verwerfungsblock. Weiter oben in der Schlucht tritt ein sehr grober porphyritischer Granit oder Pegmatit auf mit großen Einsprenglingen aus Muskovit und Turmalin, die oft 5–7 cm breit sind. Auf diesem Gestein ruht eine große Masse harten, grünen Kalkes, der durchaus kristallinisch ist und viel Epidot enthält, wo der Pegmatit eingedrungen ist. Das Verhältnis dieses Kalkes zu seinen hangenden Gneisen war leider durch Schutthalden verwischt. In dieser Schlucht – von mir die »Einsiedlerschlucht« genannt nach der Zelle am Eingange – fand ich auch graue Kalkrollstücke, die wahrscheinlich aus ihrem Ursprungslager im Osten (Permo-Trias) nach hier verfrachtet worden waren, was ich aber nicht sicher feststellen konnte, weil die Zeit nicht reichte.

Genauer untersuchte ich auch die Oertlichkeit nördlich vom Lager I am Rongbukgletscher. Es ist eine steile Wand. Hier sah man wieder gründlich metamorphosierten und kristallinen Kalk auf Turmalingranit, der seine Apophysen in den Kalk gedrückt hatte. Ueber dem schätzungsweise 30 m mächtigen Kalke lag der gebänderte Biotitgneis nebst andren metamorphischen Gesteinen in konkordanter Lagerung und daher einen gradezu sedimentären Eindruck machend.

Dieselbe Folge dehnt sich südwärts zum Talschlusse des Rongbukostgletschers aus und erweckt den Anschein einer fast ungestörten Schichtenserie. Beim Lager III zeigte ein Aufschluß des Tschangtse-Ostgrates dieselbe metamorphische Serie. Aber der Kalk fehlte hier. Es überwog granatführender Biotitschiefer mit Pegmatit durchsetzt. Im Süden, jenseits des Firnbeckens des Rongbukostgletschers scheint die Serie sich in den unteren Teilen des Nordostgrates des Everest fortzusetzen. Nirgends besser als vom Lager III sieht man ihre Vereinigung mit dem ihr aufliegenden gebänderten Biotitgneis. Schlechtes Wetter und Schnee verhinderten mich an der klaren Einsicht in diese Ueberlagerung. Man bemerkt von dieser Stelle auch eine beträchtliche Verwerfung und eine antiklinale Flexur.

Die Gesteine des Nordsattels stufen sich von dunklem, sehr feinkörnigem Biotitgneis ab zur Hornblende und zu Turmalingesteinen, die 29–30° nach Norden einfallen. Auf dem Nordgrat des Everest ansteigend treten entschieden kalkigere Gesteine an die Stelle der kieseligen weiter unten. In 7300 m gab es dürftige Anzeichen einer diskordanten Anlagerung der kieselhaltigen und mehr kalkhaltigen Fazies. Auswalzung der Schichten und 30-grädiges Einfallen nach Außen (das heißt Norden) bei einer Geländeböschung von 35–40 Grad nebst viel Geröll verhinderten den klaren Einblick. Die dachziegelartige Schichtlage ist es ja auch, die hier den Anstieg beschwerlich, wenn nicht grade schwierig macht. Die Felsen sind nicht faul, sondern ausgiebig verhärtet.

Ich will hier nicht die ganze Petrographie des Everestgipfels vorführen. Wir haben es hauptsächlich mit Kalkschiefern, lichten Kalken und Sandsteinen zu tun. Heron bestimmte 1922 von den Bergsteigern mitgebrachte Funde als Kalksilikatgestein. Leider hat man ihn unfreiwilligerweise irregeführt. Ich meine jenes hellbraune Felsenband, das sich so auffällig von der Nordostschulter zum Fuße der Gipfelpyramide hinzieht. Der freundliche Hilfssammler, der Steine mitbringt, macht oft Angaben, die zu Fehlschlüssen führen, zumal da er anstehendes und verschlepptes Gestein leicht verwechselt. Die Bergsteiger brachten damals ein Stück Schörl-Muskovitgranit mit. Ich erreichte diese Ablagerungen und stellte zweifelsfrei fest, daß sie aus Kalksandsteinen bestehen, die hie und da glimmerhaltig sind. Die metamorphische Serie, die den Everest vornehmlich aufbaut, hat Intrusionen des hellen Schörlgranites und Pegmatites, die als deutliche Gänge und Adern aus den Sedimenten hervorbrechen, nachdem sie den liegenden Biotitgneis durchsetzt haben. Dieses granitische Intrusivgestein spielt im Vergleich mit den Schichtgesteinen hier oben eine untergeordnete Rolle. Das Fundstück des Jahres 1922 aus 8200 m Höhe war möglicherweise ein versprengtes Vorkommen des granitischen Gesteines im Sandstein. Daher läßt sich Herons Ansicht nicht länger halten, daß diesem von ihm angenommenen Granitlager die Erhaltung des Gipfelbaues zu verdanken ist. Die höchste Pyramide besteht aus dunklem, quarzhaltigem, biotitischem Kalkschiefer, der sehr feinkörnig und dicht ist und sich als Kappe des Berges bis über die Nordostschulter erstreckt und somit auch den Sandstein schützt. Vermutlich hat dieser Gesteinshut mitgeholfen, die Höhe des Berges zu bewahren. Jedoch glaube ich die Hauptursache in tektonischen Vorgängen zu finden. Die Haupteslänge, um die der Everest alles überragt, scheint von einer Verwerfung mit mäßiger Sprunghöhe zu kommen. Die Kluft wird durch die deutliche Rinne bezeichnet, zu der Norton bei seiner großen Besteigung vordrang.

Bei schönem Wetter (das allzu selten war) hoch oben vom Nordhange des Everest ausblickend, konnte ich die nördliche Fortsetzung der Sedimentenserie zum Nordgipfel (Tschangtse) verfolgen. Sein Gipfelbau ist sicherlich aus der Everest-Kalkserie zusammengesetzt, die auf dem stark mit Pegmatit geäderten, gebankten Biotitgneis liegt. Die Berührungsfläche der beiden Serien ist an ihrer Färbung deutlich erkennbar; sie ist grade und regelmäßig. Man sieht das sehr gut auf Nortons prachtvollem Lichtbilde aus 8500 m Höhe, das in der Fallrichtung der Serie aufgenommen ist. Es ist schwer, Genaues über die Art dieser Auflagerung zu sagen. Anscheinend ist sie diskordant, obgleich man durch die Flaserung getäuscht werden kann, ebenso wie durch die unregelmäßigen Adern und Gänge des Pegmatits, die indessen zumeist auf den dunklen Gneis im Liegenden beschränkt sind. Auf den höheren Nachbargipfeln, wie Khartaphu im Nordosten und Gyatschung Kang im Nordwesten, sieht man die Fortsetzungen der oberen Kalkserie. Die niedrigeren Gipfel gehören zumeist der unteren Biotitserie an und verdanken ihr Aufragen wohl der Festigung durch Granit- und Pegmatitintrusionen.

Die fast waagrechte Ausdehnung des Everest-Westgrates ist ebenfalls den widerstandsfähigen Biotitgneisen zuzuschreiben, von denen der weichere Kalk schon abgetragen wurde.

Im Gebiete des Rongbukwestgletschers, den Hazard als Kartograph besuchte, sollen die meisten der oben erwähnten metamorphischen Gesteine vorkommen. Sie liegen in der zu erwartenden Reihenfolge.

b. *Rongschargebiet.* Der zwischen Tscho Uyo und Tscho Rapsang nordwärts fließende Kyetrakgletscher liegt in einem Tale, dessen untere Teile von Wänden eingefaßt werden, die aus denselben gebänderten Biotitgneisen bestehen, wie man sie im Rongbuktal findet. Unter ihnen stellte ich mehrfach dieselben metamorphosierten Sedimente fest, zumal Kalke, ganz wie unter den Gneisen des Rongbuks. Ueberall sah man Pegmatitadern. Beim Passe Phusi La (5200 m), der ins Rongschartal hinüberführt, erschlossen sich unverkennbare Vertreter der oberen Everest-Kalkschiefer. Ich identifizierte sie in den Nordausläufern des Punktes 18620, der eine zum Tscho Rapsang gehörige und nördlich vorgelagerte Kuppe ist. Ich konnte sie entlang der Kammhöhe des Gebirges verfolgen, das den Kyetrakgletscher westlich begrenzt und sich sowohl nördlich wie südlich vom Phusi La erstreckt. Auch sah ich Kalk- und Kalkschieferwände drüben auf der Südseite des Passes. Unter ihnen kamen die zu erwartenden gebänderten Biotitgneise. Im oberen Rongschar absteigend, berichtet mein Tagebuch, allmähliches Uebergehen des waagrecht gebänderten und geflaserten Gneises in den knotigeren und verbogeneren Gneis, der die tieferen Lagen der Schlucht erfüllt. Dieser Gneis war natürlich der mustergültige himalayische Augengneis, der den Kern des ganzen Gebirges bildet und so oft aus vielen Gegenden beschrieben worden ist. Ich brauche hier kaum auszuführen, daß sein Intrusivcharakter von Generalleutnant C. A. McMahon bewiesen worden ist *(Records, Geol. Surv. of India, Vol. XV., 1882, p. 44; Vol. XVI, 1883, p. 129; and Geological Magazine, Dez. III., Vol. 4,*

1887, p. 215). Gefüge wie Struktur sind im Augengneis ganz anders als im stark geflaserten Biotitgneis. Anlagerung und Verwandtschaft beider im oberen Rongschar ließen sich nicht genau ermitteln, teils wegen der Unzulänglichkeit, teils wegen verhüllender Schuttmassen. Doch möchte ich beinahe glauben, daß der Augengneis die jüngere und intrusive Fazies ist. Heron mußte die Frage der Beziehung ebenfalls unbestimmt lassen. Im unteren Rongschar schien der Augengneis 25–30° nach Norden einzufallen und behielt diesen Winkel weit ins Nepaler Gebiet hinein. Bei Tasang und weiter unten bei Tschupar erschienen Schiefer und andre metamorphe Gesteine, besonders Kalke. Man kann sie als Glieder einer Beweiskette für eine alte Sedimentenserie deuten, die nach Ansicht Haydens und andrer das »Fenster« in eines der archäischen Systeme der indischen Halbinsel darstellt. Ueberall im Rongschargebiet stößt man auf den typischen Schörlgranit und den mit ihm vergesellschafteten Pegmatit. Beide dringen durch alle Schichten und verraten stellenweise einen dermaßen starken Fluß, daß Gneisstücke durch die Intrusion verschleppt wurden.

Auf seiner bemerkenswerten Reise rund um den Kantschendschunga in Begleitung von Freshfield hat Professor Garwood keine schlüssigen Anzeichen finden können, daß die Pegmatite jener Gegend jünger sind als der Himalayagneis. Er hält es für möglich, daß der Pegmatit Apophysen im Gneis darstellt *(Garwood in Round Kangchenjunga von D. W. Freshfield, p. 292)*. Im westlichen Rongschar liegt das Verhältnis klar. Die Pegmatite sind jünger, wenn auch nicht sehr viel jünger, da sie häufig fast waagrecht »geschichtet« mit dem Augengneis gehen und so aussehen, als wären sie zugleich mit diesem während einer Krustenbewegung ausgewalzt worden, die auf die letzten Intrusionen folgte.

Den Aufbau des Gaurisankars habe ich infolge der Wolken und des Schnees nie deutlich genug ermittelt, um etwas über seine höchsten Teile aussagen zu können. Unten besteht er anscheinend aus typischem himalayischen Ortho-Gneis, der durch Pegmatitgänge verstärkt ist.

Permo-Triaskalke. Bevor ich Schlüsse auf die oben beschriebenen metamorphischen Folgen der beiden besuchten Gebiete aufbaue, will ich noch kurz auf die Kalkserie hinweisen, die Heron längs des Südrandes der jurassischen Schiefertone von Hochtibet gefunden hat und die manchenorts zwischen die gefalteten Schiefertone und metamorphischen Gesteine des kristallinen Komplexes eingeklemmt sind. Heron beschreibt sie als fossilienfreie

Kalke mit tonigen Bestegen. Die Fossilien sind zerstört worden und bilden wahrscheinlich die Streifen kristallinischen Kalzits. An einer Stelle fand sich indessen eine reiche Productus- und Spiriferfauna, die auf ein oberpermisches Alter der Kalke hinzuweisen scheint. Die jurassischen Schiefertone lagen anscheinend konkordant auf den Kalken. Nun hat Hayden aus seinen Forschungen weiter im Osten geschlossen, daß die jurassischen Schiefertone nur den obersten Horizont jenes Systemes darstellen und den Schiefertonen von Spiti entsprechen, daß ferner die unteren (Lias) Schichten, zumal um Phari, aus verschiednen Schiefern, Quarziten und Kalken bestehen, deren tiefstes Glied ein Brachiopodenkalk ist, dessen Fauna Lias, womöglich auch Rhät vermuten läßt.

In Lhonak am Nordrande von Sikkim fand Professor Garwood einen Krinoidenkalk, dem Hayden nach Ueberwindung faunistischer Schwierigkeiten ein höchstwahrscheinlich jurassisches Alter zuschreiben konnte. Die Schwierigkeiten bestanden in der Aehnlichkeit mit den Krinoidenkalken, die Hooker am Nordostrande von Sikkim gefunden hat und in denen er Nummuliten, also Tertiärformen, zu erkennen glaubte.

Aber Hayden hat diese Anschauung widerlegt und das jurassische, insbesondere liassische Alter wahrscheinlich gemacht. Alle fossilienführenden Kalke von Nordsikkim scheinen demnach gleichaltrig zu sein. Eingliederungsschwierigkeiten entstehen erst weiter westlich am Dsakar Tschu, wo Heron seinen permischen oder untertriassischen Kalk gefunden hat, der entsprechende Lage zu den kristallinischen Gesteinen zeigte. Liegen die oberjurassischen Schiefertone von Spiti auf dem Productuskalk, dann muß eine große Gesteinserie ausgefallen sein, die Hayden in die oolitischen und liassischen Stufen eingereiht hat, obgleich Heron sagt, daß die Schiefertone ganz normal auf den Kalken liegen. Die Sache ist insofern wichtig, als ich westlich von Dsakar Tschu und gegen den Lamna La hin eine große Kalkserie gefunden habe, die über die kristallinischen Gesteine im Süden greift und nordwärts an die Schiefertone stößt. Diese harten dunkelgrauen Kalke, die rötlichbraun verwittern, waren gänzlich fossilienfrei und mit Kalzitfugen durchschossen. Wegen der lithologischen Aehnlichkeit und Lage hielt ich sie sogleich für die westliche Verlängerung im Streichen von Herons Permo-Trias, obgleich er in dieser Gegend hier nur Jura meldet. Ostwärts über den Dsakar Tschu blickend, konnte man an der Färbung die zweifelsfreie Fortsetzung in den Raum verfolgen, wo die Geländeaufnahme Permo-Trias zeigt.

Pumori vom Rongbuk-Westgletscher

Nun fand ich neben diesen Kalken beim Lamna La eisenschüssigen Quarzit, Konglomerat und die unvermeidlichen Schiefertone. Das Zusammenliegen dieser Zone mit dem Kalk stellt die Serie auf eine Stufe mit Haydens jurassischer Folge im Gebiete vom Kampa und Phari oder zumindest mit einem beträchtlichen Teile dieser Folge. Einige Schichten der Folge scheinen beim Lamna La zu fehlen, was sich aber durch eine Längsverwerfung erklären läßt, für die genügende Anzeichen vorhanden sind. Die Fossilienleere dieser Kalkserie im Vergleich mit den Kampaschichten kommt vielleicht von der unmittelbaren Nachbarschaft der harten kristallinischen Gesteine. Durch den Druck gegen diese Gesteine, vielleicht auch durch ihre Intrusionen, ist der versteinerungsführende Kalk wahrscheinlich gänzlich verändert worden. Außerdem ist es möglich, daß Längsverwerfung und Unterschiebung auf der Linie Dsakar Tschu – Lamna La einige Kalke und andre unterjurassische Zonen ausgehoben haben, wobei gleichzeitig der Permo-Triaskalk westlich vom Lamna La gegen die oberjurassischen Schiefertone geworfen wurde. Einmal verhinderte mich ein geschwollener Fluß, ein andermal ein lahmes Pferd am Besuche von Herons Permo-Triaskalken und an stratigraphischen Vergleichen mit meinen Funden östlich und westlich vom Lamna La.

Mag nun der Kalk zum Permo-Trias oder zum Jura gehören, jedenfalls erscheint er deutlich diskordant gegen den streifigen Biotitgneis des metamorphen Komplexes, auf den er transgrediert.

Oben auf der Wand am Zusammenfluß von Dsakar Tschu und Gyatschung Tschu schien der Kalk über den gebankten Biotitgneis zu greifen. Jedoch verbot das Hochwasser jede Annäherung an diese Ueberschichtung. In Anbetracht der starken Faltungen und Ueberkippungen der Sedimente weiter im Norden, muß man indessen die Möglichkeit im Auge behalten, daß wir es hier mit der Verwerfung einer Ueberschiebungsfläche zu tun haben.

Schlußfolgerungen aus der Stratigraphie der Everest- und Rongschorgebiete. Ich gehe nun zum Versuche einer Synthese über, um das stratigraphische Bild der Gegend zu erfassen. Jahrelang wogte ein Kampf um den Ursprung des Himalayagneises, des »Zentralgneises« wie er einst genannt wurde. Man fragte sich, ob er ein intrusiver Glutfluß gewesen sei oder das Endergebnis im Metamorphismus alter Sedimente, mit andern Worten, ob es sich um einen »Orthogneis« oder einen »Paragneis« handle. Ich habe schon auf General McMahons Arbeiten hingewiesen, der zumindest für einen großen Teil der Gneismasse bewiesen hat, daß wir einen Orthogneis vor uns haben. R. D. Oldham hat gezeigt, daß es auch mikroskopisch nahezu unmöglich sein kann, einen Gneis sedimentären Ursprunges von einem Gneise zu unterscheiden, der aus Intrusivgranit hervorgegangen ist. Infolgedessen muß die Lage im Felde bei der Bestimmung den Ausschlag geben.

Als ich zuerst ins Everestgebiet kam, zweifelte ich kaum am intrusiven Charakter des gebänderten Biotitgneises. Er dünkte mich nur ein weiterer Beleg für die große seitliche Entfernung, in der Intrusivgesteine sich als Gänge fast gleichbleibender Mächtigkeit auszubreiten vermögen. Immerhin mag man annehmen, wie schon Heron vorschlug, daß Auswalzungen infolge von Ueberschiebungen ihren Teil dazu beigetragen haben. Trotz der Magerkeit meiner Ergebnisse neige ich mehr und mehr zu der Ansicht, daß diese Serie streifigen Biotitgneises eine hochmetamorphosierte Sedimentenserie darstellt, die vermutlich tonig und sandig gewesen ist. Sehen wir von der auffällig schichtartigen Lagerung ab, die hauptsächlich von der ausgreifenden Pegmatitintrusion parallel mit der Flaserung kommt, so ergibt sich dennoch ein ziemlich glaubhafter Sedimentärursprung aus ihrer so regelmäßigen Lage zwischen der oberen und unteren Kalkserie des Everest- und Rongschargebietes. Außerdem fehlen bisher Anzeichen für Apophysen in diese Kalkserien. Ich erwähnte schon den Unterschied zwischen diesem biotitischen, feldspathaltigen Gneis, der oft Granaten führt, und dem Augengneis der Innenmasse des Gebirges. Diesen habe ich im Rongbukabschnitte und überhaupt nördlich des Hauptzuges nirgends festgestellt.

Was nun die obere Kalkserie anbetrifft, die die Kalkgneise und Kalkschiefer des Everest und Kyetrak bildet, so halte ich sie für Südausläufer der sogenannten permotriassischen Kalkserie. Ihren metamorphen Zustand schreibe ich der Lage im Gebiete der stärksten Zug- und Druckkräfte zu. Zeigen spätere Forschungen, daß die obere Kalkserie und die gebankte Gneisserie Stufen einer einzigen Sedimentenserie sind, oder zumindest verschiedne Stufen ohne großen Altersunterschied, so wird es vielleicht möglich werden (wie ihre Lage ja ahnen läßt), sie Haydens Dothak (Lilang)-Serie bei Phari anzugliedern, in der wir vergleichbare, wenn auch weniger metamorphosierte lithologische Zonen antreffen.

Die untere Kalkserie, die vollkommen in Marmore und Schiefer umkristallisiert ist und nur unter dem gebankten Gneis gefunden wird, scheint nach Lage und Umwandlungszustand die bei weitem ältere Serie zu sein. Die Aufschlüsse auf der tibetischen Seite darf man wohl Haydens Khongbuserie zuweisen, die zweifellos präjurassisch ist und wahrscheinlich noch höheres Purana-Alter hat (ebenfalls bei Phari erschlossen). Die lithologisch ähnlichen Schichtenkomplexe tief im Rongschar entsprechen vielleicht Mallets Dalingserie in Sikkim oder der Baxaserie in Südbhutan. Das sind aber nur Anregungen, die der Bestätigung durch eingehendere Forschungen bedürfen.

Bei meinem Versuche, das tektonische Bild der Gegend zu enträtseln, habe ich absichtlich auf verwickelte Krustenbewegungen und große Ueberschiebungen verzichtet. Gewiß zeigen die jüngeren Sedimente Tibets Ueberkippungen und verzwickte Dislokationen; aber die kompakteren verhärteten Gesteine am Nordrande der Hauptkette lassen sehr wenig Seitendruck erkennen. Vergeblich fahndete ich nach einwandfreien Zeugen einer Ueberschiebung. Nur bei der schon erwähnten Berührung von Lias (oder Permotrias) und Streifengneis am Dsakar Tschu erschien mir die Möglichkeit gegeben. Die verwickelten Deckenbewegungen der Alpen scheinen den Osthimalaya verschont zu haben, wenigstens nach dem zu urteilen, was wir heute wissen. Solange man die Gegend nicht gründlicher durchgearbeitet hat, halte ich es für besser, sich nur auf beobachtete Tatsachen zu stützen, anstatt hypothetische Erklärungshilfen herbeizuholen.

Im Gegensatz zum Seitenschube drängen die Vertikalbewegungen sich überall auf. Im kleinen Stück Tibets, das ich nördlich vom Zentralhimalaya durchquerte, sieht man viele Hebungen. Der Tschomolhari steigt fast 3000 m senkrecht aus der Ebne. Noch eindrucksvoller sind die riesigen Gneiswände des Kantschendjhau und des Tschomojumo in Nordsikkim, die den Sedimenten der Kampafläche entsteigen. Viele Beobachter haben auf die Hubkräfte hingewiesen, die außer der Faltung oder Intrusion tätig gewesen sein müssen, um diesem Abschnitte der Erdkruste so gewaltige Höhe zu verleihen. Da der Everest vorwiegend aus löslichem Kalk besteht, müssen wir seine überragende Höhe langwirkenden Hebungen zuschreiben, die heute vielleicht noch andauern. Wer weiß, ob die Besteiger des Gipfels sich beim nächsten Male nicht einen Meter höher bemühen müssen?

Das Kampasystem und die jurassischen Schiefertone. Wie schon gesagt, kann ich nicht viel über die vom Jura zum Eozän reichenden Gesteine der tibetischen Hochfläche berichten. Auf den Eilmärschen der Hin- und Rückreise war genaues Arbeiten unmöglich. Was ich gesehen habe, bestätigt zumeist Herons Angaben. Leider hatte ich keine Gelegenheit, Heron ausführlich zu sprechen und unsre Beobachtungen zu vergleichen.

Auf dem Heimwege über Tingri machte ich einen vergeblichen Versuch, den Permotrias nördlich und nordöstlich der heiligen Laptsche Kang-Kette zu erreichen. Das Pferd bekümmerte sich mehr um sein Füllen als um unser Geschäft und biß nach mir, wenn ich es antrieb. Seine Anteilnahme an der Geologie seiner Heimat war so gering, daß es einmal ausriß. Nur der schleppende Zügel, über den es stolperte, ermöglichte das Einfangen.

So kam ich nur in die Nachbarschaft von Kura im Südwestwinkel der riesigen Ebene von Tingri. Auf dem Wege von Scharto, südsüdwestlich von Tingri, säumt man den Ausläufer im Westen, der bei Schar ins Alluvium der Ebene untertaucht. Er schien aus dunklem, sandigem Kalk zu bestehen, der rötlich verwitterte und schwach gen Norden einfiel. Der Hügel, an den sich Kura lehnt, besteht aus demselben sandigen Kalk, ebenfalls nördlich einfallend. Zusammen mit einem andern Ausbiß, der 65° Süd bei West einfällt, bildet er eine isokline Antiklinale. Fossilien waren nicht zu finden; doch kenne ich außer dem des Kampasystemes keinen ähnlichen sandigen Kalk. Weiter südwestlich den Grat entlang war eine Antiklinale dunkler Schiefertone gegen diesen Kalk verworfen und zwar mit dem steilen Flügel auf der Nordseite. Dann folgte rostroter Kalk, dessen Schichten sich zur Senkrechten aufbogen, wo sie gegen den steilen Flügel der Schiefertone verworfen waren. Weitere Falten enthüllten weißen kalkigen Sandstein, dunklen, kalkspatgeäderten Kalk und rötlichen Quarzit, die ohne Vermittlung der jurassischen Schiefertone an die kristallinen Metamorphosen angelagert zu sein schienen, so weit sich das feststellen ließ. Obige Schichtenfolge konnte man ziemlich gut ostwärts übers Tal fortgesetzt sehen und zwar in der schon erwähnten Schulter, die nördlich von Schar verläuft. Der Hügel von Kura, sowie das ansteigende Gelände im Westen, sind 1921 als Alluvium aufgenommen worden, was sich als falsch erwiesen hat. Wichtiger noch ist die Bezeichnung des sandigen Kalkes von Schar als jurassisch, wohingegen die Aehnlichkeit mit den typischen Kalken des Kampasystemes größer erscheint, es sei denn, daß Heron dagegen zeugende Fossilien gefunden habe. Es kommt mir doch so vor, als ob wir in den gefalteten Gesteinen von Schar, Kura und weiter westlich wenigstens einige Vertreter der Kampaserie vor uns hätten. Die unklare Erscheinung der jurassischen Schiefertone – wenn obige Schiefertonschichten sie überhaupt sind – läßt sich durch enge Faltung erklären und außerdem durch einen Wechsel, der eine Reihe der bekannten Zonen ausgeschaltet hat. Der Druck aus Norden scheint die Kampaschichten gegen die Metamorphen geschoben zu haben. Oder, anders gesagt, er hat ein Kampavorkommen synklinal in die älteren Jurafalten eingezwängt.

Laptsche Kang (Munkri)- und Gyankarketten. Die oben geschilderte Gegend südwestlich von Tingri ist deshalb bemerkenswert, weil sie am Nordostende der großen Laptsche Kang-Kette liegt, die wie die 130 km weiter östlich mit ihr parallel laufende Gyankarkette, ihre gezackten Kämme quer zur Allgemeinrichtung des Himalayazuges stellt. Ich messe dem Dasein und Streichen dieser Ketten große Bedeutung bei, denn sie haben das Stromnetz des Landes beeinflußt. Das gilt besonders von der Gyankarkette. Diese wurde 1921 von Heron erforscht, der die großartigen Schluchten des Yaru und Arun besucht hat. Beide Ketten entspringen keinem Transversalfaltensystem, sondern granitischen Intrusionen in dieser Richtung. Sie müssen später als das Hauptgebirge entstanden sein, wie sich aus ihrem Verhältnisse zum geologischen Aufbau und Bewässerungsnetze der Gegend ergibt, wozu noch ihre Querstellung zum Streichen des Hauptgebirges kommt. Diese Annahme erklärt die außergewöhnliche Ablenkung des Yaru östlich von Nyönne Ri und Sanghar Ri. Der Fluß verlor seine Verlängerung in den unteren Arun, weil das Gebirge sich schneller hob als die Erosion Schritt halten konnte. So kam ein See zustande, der sich schließlich durch die Rongmeschlucht nordwärts ergoß. Einen ähnlichen Vorgang hat, wie ich glaube, C. C. Fox für die untere Schlucht von Yö Ri angenommen *(G. J. Vol. LIX., No. 6, p. 433).* Heron erwähnt, daß der Fluß bei Yö Ri in eine harte Gneisschlucht strömt. Indessen wäre mir eine genaue Bestätigung lieb. Entsprechen die beiden Ketten tatsächlich späten Intrusionen, dann wäre es wichtig zu wissen, ob sie zu den späteren granitischen Gesteinen gehören, nämlich zum Turmalingranit oder zum zweiglimmerigen Granite der Nordkette, den Heron so häufig gefunden hat, oder mit einiger Wahrscheinlichkeit sogar zum Hornblendegranit, den Hayden in der Gegend des Tsangpo verzeichnet. Die Häufung von Intrusionen des Zweiglimmergranites in der Nordkette, zumal in der nördlichen Verlängerung der Richtung beider Ketten, legt nahe, daß ein genetischer Zusammenhang besteht. Wenn Heron das Gestein von Yö Ri gneisartig nennt, so bezieht sich das vielleicht auf die örtliche Flaserung, die während der Intrusion verursacht wurde.

Gletscherkunde

Das Everestmassiv trägt das Gepräge einer fortgeschrittenen glazialen Erosion und Korrosion, einerlei, ob wir dem Gletscherhobel oder dem Spaltenfroste den Löwenanteil der Arbeit zuschieben. Die langen Talgletscher, die sich rückwärts ins Herz der Berge eingefressen haben, zahllose Kessel und Kare bildend, sind von gewundenen Graten eingefaßt und weisen auf einen Zustand beinah vollendeter Glazialreife. Obgleich die Länge der nordseitigen Gletscher bedeutend ist (Rongbuk 17 $^1/_2$ km), verschwindet sie im Vergleiche mit der früheren Ausbreitung. Ueberall sieht man Anzeichen, daß die Gletscher sich in die Winkel ihrer Geburt zurückziehen. Es handelt sich um eine hundertjährige Bewegung und nicht um kurze Schwankungen.

Nehmen wir das Tal des Dsakar Tschu. Seine U-Form deutet auf unmittelbare und mittelbare Gletscherwirkung. Moränen beweisen, daß es früher mit Eis erfüllt war. Oberhalb des Standlagers erkennt man drei Systeme von Terrassen, die sich als übereinanderliegende Stufen an den Talflanken hinziehen. Am deutlichsten sind sie am Westhange, obgleich die oberste Terrasse durch Abflußrinnen aus den Karen unterbrochen wird. Diese Moränenleisten hoch über dem heutigen Eise verkünden Rückzugsunterbrechungen seit dem eiszeitlichen Höchststande. Zeugen zeitweiligen Stillstandes sind auch die Endmoränenhaufen in verschiednen Talabschnitten. Dazwischen liegen ziemlich flache Talstrecken. Das Standlager befand sich auf einer Gruppe solcher Moränenhügel. Talauf schloß sich eine etwa kilometerlange Geröllfläche an, die bis zur Gletscherzunge reichte und wohl größtenteils durch die Gletscherbäche ausgeebnet wurde. Der Rongbuk-Ostgletscher hat sich anderthalb Kilometer von seiner Mündung ins Haupttal zurückgezogen.

In Kashmir hat Oldham drei Vorstöße festgestellt. Aehnliche Schwankungen wurden von Huntington im Pangongtale in Ladak beobachtet. Vorläufig haben wir aber nicht genügende Anhalte, um die zeitliche Uebereinstimmung mit den so weit östlich davon liegenden Everestgletschern zu behaupten.

Verhältnisse am Nordsattel. Am Nordsattel glaube ich die Spuren der Entgletscherung in eigenartiger Weise ausgedrückt zu sehen. Dieses 7000 m hohe Joch ist mit abenteuerlichen Eisgebilden überladen. Die oft scharf abgespaltenen Riesenblöcke des Eises scheinen Teile einer einst zusammenhängenden Masse zu sein. Die östlichen Anstieghänge bestehen aus durchschnittlich 35 Grad geneigten Firnböschungen, die von Schründen und Eisspiegeln unterbrochen sind. Die Westseite gegen den Rongbuk-Westgletscher besteht vorwiegend aus Eishängen. In dieser Höhe mit ihrem geringen Niederschlage wird es schwer, an die jährliche Erneuerung dieser Firn- und Eismassen zu glauben. Wie soll man auch – bei genügendem Schneefall – die geborstenen Firnblöcke erklären. Bei ausreichenden Niederschlägen muß man eine ausgeglichene Firnkappe auf dem Sattel erwarten. Oberstleutnant Norton meint allerdings, daß die trichterförmige Lage des Nordsattels einer Ansammlung von angewehtem Schnee aus der Umgebung günstig ist. Doch gibt auch er zu, daß der Firnbruch auf der Schneide des Joches nicht leicht zu enträtseln ist. Nach meiner Ansicht handelt es sich um den Rest einer großen Firnmasse, die einst gleichmäßiger mit dem Becken des Rongbukgletschers verfloß, als dieser einen höheren Stand inne hatte. Man könnte das zerstückelte Ueberbleibsel auf dem Sattel somit als »fossilen Firn« bezeichnen.

Gletscherbewegung. Auf der Nordseite des Himalayas herrschen außergewöhnliche klimatische Bedingungen, denen die Vereisung entspricht. Das tiefe Jahresmittel der Temperatur, die große Trockenheit und Höhe, die Sonnenhitze müssen Wirkungen haben, die sich sehr von denen der gemäßigten Zonen unterscheiden. Vielfach wurde ich an die arktischen Verhältnisse in Spitzbergen erinnert. Der niedrigen Durchschnittstemperatur der Luft wegen muß das Eis der Everestgletscher entsprechend kalt sein. Infolgedessen wird es auch eine größere Starrheit oder Dehnbarkeit besitzen, je nach unsern Ansichten über die Struktur des Gletschereises und die Art seines Fließens.

Die Gletscherkörner sind durchschnittlich walnußgroß, was eher arktischen als alpinen Zuständen gleicht. Da das Eis starrer ist, muß es sich langsamer bewegen. Somervell und ich versuchten die Bewegung des Rongbuk-Ostgletschers an einem Eiszacken zu bestimmen, der im Strome lag. In zehn Tagen legte er nur 76 cm zurück, was eine tägliche Bewegung von 7.6 cm ausmacht. Messungen an andern Gletschern auf der Südseite und am Nordwestende des Himalayas ergaben ein tägliches Fortschreiten von 7.5–12.5 cm an den Seiten und von 20–30 cm in der Mitte (D. N. Wadia; *The Geology of India, p. 15*). Obgleich wir nur eine einzige und behelfsmäßige Beobachtung im unteren Teile des Gletschers gemacht haben, scheint sie doch die zu erwartende langsame Bewegung nachzuweisen. Langsame Bewegung bedeutet natürlich keine schwache Erosion, denn im starren Eise sitzen die Schleifblöcke viel fester und werden mit umso größerer Kraft über den

Boden gestoßen. Die Riesenmoränen der Everestgletscher sind beredte Zeugen der gewaltigen Ausräumung.

Länge und geringste Höhe der Gletscher. Die Länge der Everestgletscher hält den Vergleich mit andern Himalayagletschern aus. Nur die gewaltigen Längsgletscher des Kara Korams nehmen eine Sonderstellung ein. Das Rongbuksystem hat eine größte Länge von 19 km; das Zungenende liegt bei 5030 m. Der Kyetrakgletscher ist fast 17 1/2 km lang und steigt bis 4700 m hinab.

Das sind die beiden kartographisch aufgenommenen Hauptgletscher auf der Nordseite des Gebirges. Sie gehören zu den Quergletschern, die rechtwinklig zum Kamme abfließen. Anderswo im Himalaya sind sie immer bedeutend kürzer als die zwischen Längsgraten liegenden Eisströme. Der einzige aufgenommene Längsgletscher unseres Gebietes, der Kangschung am Nordhange der Makalugruppe, ist ungefähr 19 km lang und endigt bei 4450 m. Als ostwärtsgerichteter Gletscher läßt er sich mit dem Semu der Kantschendschungagruppe vergleichen, der 26 km lang ist und bei 4200 m endigt. Daß keine von den hiesigen Gletschern so tief hinabreichen, wie die des nordwestlichen Himalayas, wird wohl hauptsächlich auf die niedrige Breitenlage zurückzuführen sein. Doch muß man an viele Bedingungen denken, an die Geländeform, an die Zufuhr, an die Steilheit. Die Gletscher von Kumaon und Lahul gehen bis etwa 3660 m hinunter, die von Kaschmir gelegentlich bis 2440 m (D. N. Wadia; *The Geology of India, p. 14*).

Abschmelzung. Trotz des niedrigen Jahresmittels der Luft ist die Gegend wegen ihrer südlichen Lage (Everest 28° N) einer heißen Sonne ausgesetzt. Auf dem Nordsattel war die Luftwärme mittags manchmal −1.7°, die Sonnenwärme aber 40°. Infolgedessen schmilzt das Eis in der Sonne sehr schnell. Jedoch ist der sichtbare Schmelzvorgang an Eis und Firn verhältnismäßig gering, denn die große Höhe und Trockenheit verursachen unmittelbares Verdunsten aus dem festen in den gasförmigen Zustand ohne Vermittlung des flüssigen Zustandes. Das ist besonders hoch oben an den Flanken des Everest der Fall. Im Frühjahr und Sommer verflüchtigt sich gefallener Neuschnee in wenigen Stunden, ohne daß man viel Feuchtigkeit sieht. Diesem Umstande haben wir es zu verdanken, daß die Felsen nicht vereist sind. Etwas weniger macht sich diese Verdunstung auf den Gletschern bemerkbar. Nennenswerte Bäche entwickeln sich aber nur in ihren unteren Abschnitten. Zudem treten diese Oberflächenbäche nach unsrer Erfahrung nicht vor Ende Mai auf. Die starke Abschmelzung der Oberfläche läßt auch die sonderbaren Eistürme entstehen, von denen ich noch sprechen werde.

Trotz der starken Abschmelzung sind diese Gletscher im Vergleich mit den Schuttströmen des Nordwesthimalayas recht reinlich. Nur der Kangschung zeigt auf den Lichtbildern von 1921 eine ziemlich verschmutzte Oberfläche. Das ist vielleicht der noch heftigeren Abschmelzung auf der Südseite zuzuschreiben. Als die Bilder aufgenommen wurden, war der Monsun schon im Gange. Staub aus den indischen Ebenen kommt nicht in Betracht, weil die Everestwinde vorwiegend westlich sind. In Spitzbergen wurden die Gletscher nach langem Tauwetter ganz schwarz, was dort keineswegs auf Staub aus der Luft beruhen kann. Es zeigt sich, daß der Schmutz im Eise fein zerriebenes Gestein der Unterlage ist. Das Eis reichert sich mit diesem Gesteinmehl an, weil der Gletscher sich abwärts immer mehr durch Abschmelzung verdichtet. Der Zustand des Kangschunggletschers kommt sicherlich von den größeren Temperaturgegensätzen auf der Südseite, woraus sich stärkere Verwitterung und Schuttzufuhr ergeben. Besonders reichliche Mengen liefert die Südostflanke des Everest, deren einwärts geneigte Schichten dem Spaltenfroste besonders günstige Angriffspunkte bieten.

Auf dem Rongbuk-Ostgletscher fanden wir schöne Beispiele der Eisstaublöcher (Kryokonitlöcher) oder »Staubbrunnen«. Sie entstehen durchs Versinken erwärmter Moränenbestandteile. Man sieht sie auf arktischen Gletschern besonders häufig. Hier, auf dem Rongbuk, hatten sich die Steinchen sehr tief eingefressen. An warmen Tagen füllte sich das Loch mit Wasser, das dann strahlenförmig gefror und runde, blumenartige Gestalten aus klarem Eise inmitten des Gletschereises erzeugte. Jedoch war das typische Wabeneis der Polarländer wenig verbreitet.

Auf östlich oder westlich fließenden Gletschern verursacht die Tropensonne durch starkes Abschmelzen des Südufers steile Eisränder, so beim Nebengletscher, der beim Lager II in den Rongbuk-Ostgletscher mündet. Der Vorgang wird durch die Rückstrahlung von den Felswänden des Ufers verstärkt.

Der heftige Wind begünstigt das Abschmelzen. Beim Standlager sehen wir deutlich Zeichen seines Wirkens. Dort hat er als Sandstrahlgebläse zolltiefe glatte Rinnen in die Felsblöcke geschliffen, ohne sich um Einschlüsse wie Turmalin oder Feldspat zu kümmern. Zu dieser Arbeit hat die Zeit gelangt, seitdem die Blöcke vom Gletscher zurückgelassen wurden, der nur 800 m weit entfernt ist.

Leider habe ich mich nie näher mit der Schmelzwirkung befassen können, aus der die Riefelung hoher Firnflanken, besonders auf den Nordseiten hervorgeht. Man sieht die Kannelierung gut an den Lingtrenspitzen im Zwiesel von Hauptgletscher und Ostgletscher. Viele Reisende schreiben die Furchen ausschließlich den Lawinen zu. Aber die scharfen Grate oberhalb dieser Flächen tragen gewöhnlich gar nicht genug Wächten oder sonstige Schneeansammlungen. Soweit ich die Riefen aus der Ferne beurteilen konnte – sie reichen oft bis an die Schneide – sind sie das Ergebnis des Abschmelzens unter schiefer Sonnenbestrahlung. Jedoch ist der Höhe wegen keine Rede vom Schmelzen und Wiedergefrieren im üblichen Sinne. Soviel ich weiß, ist die Erscheinung aus andern Gebirgen nicht in dieser Vollendung bekannt.

Der Trog. Immer werden wir an das Feenland zurückdenken, das dieses merkwürdige Gebilde uns vorzauberte, in dem wir jedesmal drei Kilometer unsres Anstieges zurücklegten. Es befindet sich auf dem Rongbuk-Ostgletscher zwischen den Lagern II und III. Man stelle sich einen bis zu 15 m tiefen und 30 m breiten versenkten Gang vor, dessen Seiten mit eisigem Schnitzwerk behangen sind, dessen Boden stellenweise mit dem Parkett gefrorner Teiche belegt ist. Hie und da springen Eissäulen und Zacken empor, die zu mannigfachen Gebilden geformt sind. Es war immer eine wunderschöne Wanderung durch diesen Wundergarten, ausgenommen vielleicht in der Tageshitze des Junis, wann die gestaute dicke Luft eine Mattigkeit erzeugte, die den Genuß beeinträchtigte.

Der im Rongbuk-Ostgletscher verlaufende Trog beginnt etwa bei der 6100 m-Höhenlinie (20,000 Fuß) auf Major Wheelers Karte und setzt sich ununterbrochen bis zum schuttbedeckten Unterteile des Gletschers fort. Anfänglich konnte ich mir dieses sonderbare Gebilde nicht erklären. Anfang Mai bildete der Winterschnee noch eine zusammenhängende Decke auf der oberen Hälfte des Gletschers, so daß man am Beginne des Troges zunächst noch keine Untersuchungen anstellen konnte. Der Schnee schien indessen ziemlich starke Unebenheiten des Eises kurz oberhalb des Troges zu verbergen. Als der Schnee genügend verdunstet war, erwies sich klar, daß das Eis unter starkem Zug und Druck stand. Man sah hier die Bänderstruktur des Gletschereises nach Forbes. Blaueisstreifen wechselten mit körnigen und undurchsichtigen, lufthaltigen Abarten. Sie liefen der Stromrichtung des Gletschers parallel. Man erinnere sich, daß Forbes die Bänderung als Wirkung

289

von Spannungen im Eise nachgewiesen hat. Ohne auf die Theorien von Forbes im Einzelnen einzugehen, möchte ich nur bemerken, daß ich aus Beobachtungen in den Alpen, in Spitzbergen und im Himalaya geschlossen habe, daß die gewöhnlich – wenn auch nicht immer – senkrecht angeordnete Bänderstruktur bestimmt und hauptsächlich durch mächtigen Druck hervorgerufen wird, so wie er am Zusammenflusse von Eisströmen auftritt. Die Bänderung darf nicht mit der Schichtung des Gletschereises verwechselt werden, die durch jahreszeitliche Einlagerung von Schmutzschichten entsteht.

Daß das Eis oberhalb des Troges stark beansprucht wurde, ging auch aus seinen Verwerfungen hervor, die anzeigten, daß die Masse sich äußeren Umständen anzupassen suchte. Kam es irgendwo nicht zur Verwerfung, so doch zu Aufwölbungen. Am Beginne des Troges schienen die Flaserungsbänder ihre höchste Entwicklung zu erreichen. Die durch den Druck frei werdende Wärme schmolz das Eis; zugleich verdunstete das geschmolzene Eis. Der Trog schien sich auf der Schmelzlinie gebildet zu haben. Seine Wände zeigten deutliche, wenn auch weniger stark ausgeprägte Bänderstruktur. Diese stand schwach reliefartig vor, wahrscheinlich einem Drucke nachgebend. Die Mittellinie des Troges ist 360 m vom talweisend linken Ufer des Gletschers entfernt. Dieser Lage scheint die Innenmoräne von der Nordostschulter des Everest zu entsprechen, denn im Trogbette treten stellenweise Moränenflecke zutage. Unterhalb der Höhenlinie von 6020 m (19,750 Fuß) läuft sie mit der Moräne vom Nordgrate des Punktes 22090 zusammen. Dieser Schutt bedeckt von hier ab den größten Teil der Senke etwas links von der Mitte des unteren Gletschers. Die verwitterten Trogwände ließen hier noch deutliche Spuren der alten Längsbänderung (durch Flaserung) erkennen.

Anscheinend also ist der Trog das Ergebnis der Kräfte aus den zwei Eisströmen. Der eine wird von den Zuflüssen vom Nordsattel und von den Osthängen des P 22090 am Tschanatse gebildet, der andre besteht aus der von Osten kommenden Hauptmasse des Gletschers. Die westlichen Zuflüsse werden demnach von der östlichen Hauptmasse zusammengedrückt, besonders in der engen Einschnürung zwischen Punkt 22090 und den gegenüberliegenden Bergen (Westausläufer des Khartaphu). Deutlich sieht man diesen Flaschenhals auf der Karte. Am kritischen Punkte tritt sogar noch ein Beitrag von den Westhängen des Khartaphu hinzu. Grade hier beginnt sich der Trog zu entwickeln. Die Pressung erzeugt Spannungen, die im Verlaufe der Innenmoräne von der Nordschulter ihren höchsten Betrag erreichen. Die oberen

Eisschichten schmelzen; die unteren bewahren ihre Zähigkeit (oder Starrheit) nur infolge ihres Gehaltes an Innenmoräne.

Man wird einwenden, daß ein Bach den Trog durchfließen muß, wenn die Annahme richtig ist, daß das Eis unter dem Drucke schmilzt. Tatsächlich zeigt der Trog keine Spuren der Wassererosion. Erst spät im Mai begann Wasser zu fließen und das auch nur im unteren Abschnitte nach der Vereinigung mit der Moräne vom P 22090. Infolge des geringen Luftdruckes und der großen Trockenheit ist zu erwarten, daß das theoretisch durch Druck frei gewordene Wasser sehr schnell verdunstet.

C. S. Wright hat das arktische Eis untersucht und sich – wie er sagt – auf Grund der Quantenlehre eine Ansicht über Eisstruktur gebildet (G. J. March *1925, p. 212*). Er meint: »Die durch Druck erzeugte Wärme braucht kein Schmelzen herbeizuführen. Aber die freiwerdende Energie vermehrt die Zahl der beweglichen (Dampf-) Moleküle, die nun bloß das Bestreben haben, nach Punkten (im Kristall) zu diffundieren, die in dieser Hinsicht weniger begünstigt sind.« Dazu ist zu bemerken, daß »diese Diffusion keiner freien Flächen bedarf.« Dieser Anschauung gemäß wäre also die Troglinie infolge außergewöhnlicher Außeneinwirkungen beschleunigt. Diese schnellere Bewegung vermehrt die Schleppung und begünstigt die Bildung der schon erwähnten Verwerfungen am Troganfange.

Mithin wird der Trog ein Dauerzustand des Gletschers sein, das heißt, so lange die augenblickliche allgemeine Vergletscherung gilt. Daß ich nicht alles restlos aufgeklärt habe, glaube ich gern. Zwar wurden die Beobachtungen an Ort und Stelle gemacht, aber leider hatte ich wenig Zeit. Je länger man in jener Gegend weilt, desto mehr kommt man zur Ueberzeugung, daß die Eisverhältnisse um den Everest eines jahrelangen Studiums würdig sind.

Eistürme. Die Erscheinung der Eistürme ist mit der des Troges eng verbunden. Am schönsten sieht man sie im untern Teile; ihr Ursprung liegt in den Seitenwänden des oberen Teiles. Im Maße, wie die mit dem Troge abwärts bewegten Eiswände verwitterten und ausschmolzen, traten Strebepfeiler hervor, die sich allmählich unter der Einwirkung des Abschmelzens zu alleinstehenden Gebilden absonderten. Die Höhensonne ist es wohl, die ihnen die zugespitzte Form gibt. Sie scheint während der Mittagszeit fast scheitelrecht herab, dergestalt gleichmäßiges Abtauen rundherum bewirkend. Trotzdem erkennt man die leichte Neigung der Sonne gegen Süden an der steileren Südseite der Eistürme.

Ebenso kommen in andern Teilen des Gletschers Zacken zum Vorschein, die sich aus kleineren Eisböschungen als denen des Troges ablösen. Der Vorgang beginnt oft als Gletschertisch, indem ein Moränenblock das darunter liegende Eis schützt. Nach dem Abrutsch des Steinhutes rundet sich der Pfeiler zur Spitze. Aehnliches kann man von den Zacken des Rongbuk-Hauptgletschers sagen. Ueberall ist eine vorhergehende Zerklüftung des Eises nötig, an der dann die Sonne ihre bildhauerische Arbeit vollendet. Die Entstehungsgeschichte des Büßerschnees der Anden hat sicherlich verwandtschaftliche Beziehungen. Die allgemeinen klimatischen und örtlichen Bedingungen scheinen ja ziemlich ähnlich zu sein. Hie und da trifft man auf den Everestgletschern Gestalten, die von denen des Büßerschnees kaum zu unterscheiden sind.

Erdpyramiden. Sehr schöne Erdpyramiden stehen in den alten Moränenhängen oberhalb des Zungenendes des Hauptgletschers. Einige ragen 6–7 m empor. Die zu Beginn der Entstehung unentbehrlichen Decksteine fehlen zumeist. Die Erhaltung der Türme trotz dieses Verlustes ist nur ein weiterer Beleg für die Niederschlagsarmut des Gebietes.

Polygonböden. Da die Frostfugenfiguren fast ganz auf die Polarländer beschränkt sind, freute es mich sehr, sie hier anzutreffen. J. S. Huxley und ich haben an den Vorkommen in Spitzbergen erläutert, daß der Frost die Hauptursache ist. Die besten Ergebnisse liefert ein ziemlich trockenes Klima, in dem die Wärme während eines Teiles des Jahres um den Gefrierpunkt schwankt. Daher ist die Erscheinung in warmen Landstrichen selten. Hier fanden wir sie in 5200 m Höhe auf einer alten oberen Moränenterrasse am Ostufer des Rongbuk-Hauptgletschers. Es waren zumeist Steinvielecke von einem Meter Durchmesser; innen befand sich ein untergeordnetes Netzwerk aus Spalten. Den Steinrand bildeten vornehmlich schieferige Steine, was auch im Nordland die Regel ist. Diese Steine waren nicht tiefer als 5–7 $\frac{1}{2}$ cm in den Schlamm versenkt. Darunter war kein gefrorener Boden festzustellen. Versuchsweise schob ich einige der Randsteine aus der Reihe, konnte aber innerhalb der kurzen einmonatigen Beobachtungszeit keine Ortsveränderung wahrnehmen, obgleich der Boden inzwischen stark austrocknete. Neben diesen zusammengesetzten Stein- und Spalten-Polygonen gab es auch Netze aus ganz kleinen Spaltenvielecken, die verhältnismäßig junge Bildungen waren und mehr durch Austrocknung als durch Frost verursacht zu sein schienen.

Frühere Ausbreitung der Vergletscherung. Mit den Zeugen einer unzweifelhaft größeren Vergletscherung vor Augen wollen wir ein Bild des Höchststandes zu entwerfen suchen. Die Rückzugsspuren des Rongbuks habe ich schon erwähnt. Aber erstaunlicher noch ist, was man westlich vom Lamna sieht, wo gewaltige Moränen die südwärts in die Ebne mündenden Täler umringen. Den größten Eindruck macht das Tal, in dessen Hintergrund der Kyetrakgletscher liegt. Riesige 60 m hohe Moränenwälle erstrecken sich in die Ebene von Tingri. Sie sind heute 24 km von der Gletscherzunge entfernt. Die Stelle, wo Tingri liegt, muß also gänzlich unter Eis vergraben gewesen sein. Während unsres Marsches in Sikkim durch die Täler des Tschiblung Tschu und Phung Tschu bezeugten Terrassen an den Hängen die ehemalige Ueberflutung der Täler. Soweit ich feststellen konnte, waren diese Leisten niemals reine Flußanschwemmungen. Die Schuttanhäufung auf der Lingga-Ebene und der mustergültige Geschiebelehm in der Scharte westlich von Kyischong sind fluvio-glaziale wenn nicht rein glaziale Bildungen. Im Hügelgelände um den Ruli La und besonders in einem Tale nördlich von Dra konnte man Terrassen und Uferwände aus Geschiebelehm sehen, die stellenweise merkwürdig unterhölt waren, was vielleicht auf Gletscherrinnsale der Schrumpfzeit zurückzuführen ist.

Auf dem Pusi La im Talschluß des Rongschar machten wir einen auffälligen Fund. Beetham hob einen runden Stein auf, dessen abgespaltene Seite die Windungen eines Ammonitenausgusses enthüllte. Das Stück war demnach zweifelsfrei jurassisch. Das Anstehende ist hier durchwegs präjurassisch-metamorphisch, so daß es nur drei mögliche Erklärungen gibt. Entweder ist das Fundstück durch Gletschereis von den 32 km im Norden liegenden jurassischen Vorkommen auf diesen 5200 m hohen Paß getragen worden. Das setzt aber einen Eismantel voraus, der über die tiefsten Pässe der Hauptkette abgeflossen wäre und den nördlichen Lauf vieler heutiger Gletscher umgekehrt hätte. Oder ein verschmitzter Tibeter hat den Ammoniten hinterlegt, um die europäischen Gelehrten aufeinander zu hetzen. Oder Heron hat ihn verloren – hoffen wir unabsichtlich –, als er 1921 mit Oberst Howard Bury diesen Paß überschritt. Ich neige zu der ersten Möglichkeit, obgleich sie mit allerhand Schwierigkeiten verknüpft ist. Leider konnte ich auf dem Pusi La sonst keine sicheren Spuren verfrachteter Gesteine ermitteln. Die abgerundeten Gletscherformen der Paßhöhe sind nicht notwendigerweise glazial, denn sie können auch durch andre Außenwirkungen zustande gekommen sein.

Machen wir uns auf Grund der Moränenfunde ein Bild vom höchsten Stande der Eiszeit, so müssen wir uns vorstellen, daß die Gletscher hier auf der Nordseite des Himalayas alle Täler erfüllten und sich in ihren Mündungs-gebieten vereinigten. Ob während der hiesigen Hocheiszeit eine ununterbro-chene Eiskappe auf dem Lande lag, bleibt fraglich. Erst müßte man weitere Belege haben, denn der Fund vom Pusi La ist zu vereinzelt.

Im Norden liegt ein Gebirge, das Sven Hedin Transhimalaya genannt hat. Bisher ist noch zweifelhaft, ob es als Fortsetzung von Godwin Austens Ladak-Kette aufgefaßt werden darf (Burrard und Hayden; *Geography and Geology of the Himalaya Mountains and Tibet, Part. II., p. 92*). Der große Eismantel müßte zumindest über die Pässe dieses Transhimalayas gequollen sein, so daß auch das tibetische Hochland im Norden übergossen wurde. Dieser Schluß wird unausweichlich, wenn man einem so hohen Erdraume wie Südtibet das-selbe Eiszeitklima zuschreibt, wie andern Gegenden.

Man muß sich überlegen, ob während der europäischen Eiszeit auch in Mittel- und Südtibet genug Niederschlag fiel, um eine so gewaltige Eiskappe anzuhäufen. Hedin hat mir versichert, daß er so weit südlich (Transhimalaya) auf keine deutlichen Anzeichen einer Eisdecke gestoßen ist. Immerhin muß man wenigstens zwischen Himalaya und Transhimalaya eine sehr große eis-zeitliche Vergletscherung annehmen, denn die allgemeine Zugrichtung der Regenwinde kann damals nicht viel anders gewesen sein als heute. Die Tekto-nik der Gegend deutet auf eine allmähliche Hebung des Himalayas seit dem Diluvium, vielleicht infolge des Abschmelzens der Eislast oder infolge eines andern isostatischen Ausgleichs. In diesem Falle war der Wall gegen den Mon-sun niedriger als heute und ließ größere Niederschlagsmengen eindringen.

Wie dem auch sei, in bezug auf den Pusi La müßten wir zunächst einen Eis-zuwachs von mindestens 300 m im Tingri- und Kyetrak-Gebiete annehmen, um den Kyetrakgletscher auf die nötige Höhe zu bringen. Dieser Betrag ist ja gering, zumal wenn man die inzwischen fortgeschrittene Tiefenerosion be-rücksichtigt. Diese 300 m genügen aber nicht. Man muß die Eisanschwel-lung noch sehr viel höher werden lassen, damit sie eine Südströmung gegen und über den Pusi La bekomme. Nur dann konnte die Versteinerung aus ihrer Urlagerstätte im Norden auf die Paßhöhe befördert werden. Solch ein Eismantel würde durch die niedrigeren Pässe des Großen Himalayas abfließen und Gletscher südwärts in viel tiefere Lagen schieben, als die heutigen Glet-scher erreichen.

Im Rongschar fand ich keine Glazialzeugen unterhalb von 4267 m. Ich saß zu sehr in einer wahrscheinlich »übertieften« Schlucht gefangen. Ich bin aber davon überzeugt, daß man noch Moränenreste entdecken wird, die mindestens ebenso weit hinunter reichen, wie die von Garwood im Latschentale (Sikkim, 2680 m) ermittelten. Bei Tritang (3657 m) im Rongschartal sieht man am Talhange eine Terrasse, die einen sehr altglazialen Eindruck macht. Schon vor vielen Jahren wies Blanford auf deutliche Anzeichen im Latschentalschlusse, die dafür sprechen, daß Zungen eines tibetischen Eiskuchens die Wasserscheide überleckt haben. Garwood hat sich dieser Meinung angeschlossen *(Round Kangchenjunga p. 299)*.

Ohne eingehendere Untersuchungen sind meine folgenden Annahmen vielleicht noch etwas kühn. Ich setze voraus, daß die großen Querschluchten des Himalayas das Werk von Gletschern waren, die von der tibetischen Eiskappe herabsanken. Diese eiszeitliche Masse nebst ihren Moränen muß insbesondere beim Rückzuge gewaltigen Einfluß auf das Flußnetz gehabt haben. Man denke an den sonderbaren Verlauf des Aruns bei Yö Ri und an den Oberlauf des Yarus. Diese reizvollen Aufgaben lassen sich erst lösen, wenn die politischen Hindernisse beseitigt sind, so daß man sich in die Geheimnisse dieses innersten Winkels im großen Himalayagebirge vertiefen kann.

4. LICHTBILDNEREI

von Bentley Beetham

Obgleich Noel der amtlich bestellte Lichtbildner des Unternehmens war, nahmen die Filmaufnahmen seine Zeit so in Anspruch, daß die Stehbilder größtenteils von uns andern besorgt werden mußten. Noel war unermüdlich und suchte das Leben der Reisegesellschaft in allen seinen Aeußerungen zu erfassen. Schon früh ritt er voraus und kam abends als Letzter ins Lager. Unterwegs sah man ihn auf strategischen Punkten aufgebaut, von wo er die Karawane beschoß. Sein lichtbildnerischer »Heldengesang vom Everest« ist ja mit Recht berühmt.

Aber das Wandelbild ist eine Angelegenheit besonders ausgebildeter Fachleute. Die Ausrüstung ist so umfangreich, daß die kostspielige Schlepperei sich nur für Geübte lohnt. Noel brauchte ein eigenes Aufgebot von Trägern und Maultieren; außerdem hatte er seinen eigenen Dolmetscher. Zu seinem

Gepäck gehörte ein Dunkelzelt mit Zubehör, das Noel allen Lichtbildnern freigebig zur Verfügung stellte. Er selber brauchte die Dunkelkammer seltener, weil er die Filmstreifen umgehend nach Dardschiling schickte, wo man eine Entwicklungsanlage eingerichtet hatte. Auf der Reise entwickelte er nur Probeabschnitte.

Wir andern begnügten uns mit den üblichen Touristenkammern. Zehn Mann besaßen neun Handkameras, vom Postkartenformat bis zum kleinsten. Die winzigen Kammern (V. P. K.) eigneten sich vorzüglich fürs Arbeiten hoch oben in den Bergen, wo leichtes Gewicht und einfache Handhabung außerordentlich wichtig sind. Mit einer solchen Kleinkammer machte Somervell seine prachtvollen Aufnahmen aus 7600 m Höhe.

Die folgenden Winke sind also für die gewöhnlichen Teilnehmer an einer Tibetreise.

Es gibt zwei Möglichkeiten, nämlich unterwegs zu entwickeln oder in Dardschiling. Am besten ist der Mittelweg, indem man gelegentlich Probeentwicklungen von Doppelaufnahmen macht. So vermag man die Belichtungszeit und den Apparat zu prüfen, ohne die Hauptmasse der Bilder zu gefährden. Infolge der mangelhaften Behelfe setzt man die Platten oder Filme zu sehr allerlei Beschädigungen aus, die Vergrößerungen und Glasbildern so sehr im Wege stehen.

Zu einer planmäßigen Ermittlung der Stärke des wirksamen Lichtes gelangten wir erst im Standlager. Im tropischen Sikkim neigten wir alle zur Unterbelichtung, im arktischen Tibet zur Ueberbelichtung. Auch die Leute mit Belichtungsmessern machten es nicht viel besser. Sonderbarerweise mußte man die Standentwicklung verlängern, denn die in den Vorschriften angegebene Zeit reichte nicht, auch wenn man die Lösung auf die richtige Wärme brachte. Das Mindeste war eine Verdoppelung der Entwicklungszeit. Somervell arbeitete sogar mit einer Vervierfachung und verdoppelte noch dazu die Stärke der Lösung.

Anfänglich kriegte auch Noel keine ordentliche Kraft in seine Negative. Wir benutzen nur Roll- und Flachfilme. Mit Glasplatten hätten wir eine ununterbrochene Scherbenfährte durch Tibet gelegt. Ist man einmal oben auf dem Hochlande, so findet man günstige, wenn auch nicht gemütliche Bedingungen. Die Luft ist wunderbar klar, wenn auch die Finger im eisigen Winde erstarren. Dieser Mangel an Luftstimmung erschwert künstlerische Aufnahmen. Erst nach dem Einfall des Regenwindes wird das anders. Es fehlt die Abstufung der Ferne; man sieht kaum Zwischenräume zwischen den Bergketten. Doch ist Tibet darum keineswegs häßlich. Aber die Schönheit liegt mehr in der Farbe als in der Gestalt, so daß eigentlich der Maler besser daran ist als der Lichtbildner.

Die Belichtungsbedingungen sind also nicht durchaus schlecht. Aber das Entwickeln wird zum Alpdruck. Wer sich mit dem Koche gut stellt, kann sich warmes Wasser zum Fixieren verschaffen, so daß die Filme nicht im Kasten einfrieren, wie es bei mir einmal geschah. Die Hauptschwierigkeiten beginnen mit dem Wässern und Trocknen. Nach der abendlichen Entwicklung pflegt es spät und kalt zu sein. Der kleine Bach, in den man die Filme vertrauensvoll versenkt, ist am näehsten Morgen fast bis auf den Grund gefroren. Lagert man bei einem seichten See, so kann man ein Loch in die Eisdecke brechen und den Wässerungskasten vorsichtig eintauchen, so daß er den Schlamm nicht aufrührt. Da das Wasser hier aber still steht, muß man den Kasten von Zeit zu Zeit bewegen. Jedesmal bildet sich dann eine neue Eishaut über dem Loch, die man durchstoßen muß, um den Kasten zu heben. Nachdem man dergestalt häufiger mit entblößten Armen nach dem Kasten gefischt hat, bekommt man plötzlich sehr optimistische Ansichten über die Kürze der notwendigen Spülzeit.

Zumeist wässerten wir in den Entwicklungsschalen und ließen die Träger eimerweise Wasser herschaffen. Das ging sehr gut. Aber nächtliches Planschen in Tibet war niemals beliebt, weder bei den Herren noch bei den Dienern.

Nach dem Wässern kommt die noch schwierigere Frage des Trocknens. Das im Zelt aufgehängte Negativ gefriert und hört auf zu trocknen. Das Auftauen hilft nicht mehr viel, denn die Eisblumen hinterlassen ihre Spuren in der lichtempfindlichen Schicht. Ich nahm einst den Wasserkasten mit in den Schlafsack und hängte die Filme am nächsten Morgen zum Trocknen auf, als die Sonne schon das Zelt erwärmte. Abgesehen davon, daß der Spülkasten ein kalter Schlafgeselle war, kam es meist so, daß das Lager abgebrochen wurde, ehe die Filme trocken waren. Oder die warme Sonne brachte einen Wirbelwind, der die Negative mit Staub überschüttete. Schließlich zogen wir fünfzig bis sechzig Filme gleich nach dem Waschen auf einen Faden und hängten sie in den Giebel von Noels doppelwandigem Zelte. Dann trugen wir Pfannen mit glühendem Jakmist hinein und stellten sie auf den Boden, um eine warme Luftströmung zu erzeugen. Die Wärme war indessen mit Rauch verbunden, so daß wir abwechselnd husten und lachen mußten.

Noel beschwerte sich, weil er im Zelte schlafen sollte; wir warfen ihm vor, daß er der einzige Weichling mit geheiztem Schlafzimmer sei. Das Verfahren hat sich im allgemeinen bewährt. Trotzdem ließ sich nicht vermeiden, daß der eine oder andre Film am nächsten Morgen Eisblumen zeigte. Mit einem ordentlichen Spiritusvorrat könnte man diesen Schwierigkeiten aus dem Wege gehen und viele Aufnahmen retten. Im Standlager ließ uns Hingston von seinem Weingeiste ab, was die Trocknerei außerordentlich erleichterte.

Besondre Kammern sind nicht notwendig. Begnügt man sich mit einer einzigen, so muß sie wohl eine Handkamera sein. Ich sehnte mich oft nach einer Standkammer mit festem Dreibein, Mattscheibe und Kassette. Durchaus erforderlich ist sie aber nur für gewisse technische Zwecke. Sehr schön wären hier oben Farbenaufnahmen, sowohl der Landschaft wie der Tiere und Pflanzen.

Flüssige Lösungen wie Rodinal wären oft angenehmer als Pulver oder Tabletten. Wir haben einen Satz schöner Bilder verloren, weil wir mit dem Entwickeln begannen, ehe das Pulver sich vollkommen gelöst hatte. Auf diesen Reisen sind Zeit und Geduld ohnehin recht kurz. Etwas Fixiernatronzerstörer sollte man nicht vergessen. Für gelegentliche eilige Arbeiten wäre auch eine Flasche mit saurer Fixierlösung erwünscht.

Immer bedenke man, daß alle Geräte einer sehr groben Behandlung ausgesetzt sind. Daher muß man imstande sein, Beschädigungen auszubessern, denn in Tibet gibt es noch keine Läden.

5. VOM SAUERSTOFF

von N. E. Odell

Unter den Teilnehmern der zweiten Everestreise von 1922 bildeten sich zwei Ansichten über den Nutzen des Sauerstoffes. Nach der einen war der Sauerstoff nicht nur wünschenswert, sondern unentbehrlich, wenn man noch größere Höhen erreichen wollte, als bisher ohne Sauerstoff. Es hieß sogar, daß »der Sauerstoff zweifelsohne zu den wichtigsten Behelfen späterer Evereststürmer gehören wird«. *(Mount Everest – Der Angriff 1922, Seite 147)*. Im andern Lager meinte man, daß »die Erfolgsaussichten besser erscheinen, wenn man ohne Sauerstoff vorgeht«. (Ebenda, Seite 176). Man sagt sich dabei, daß der Sauerstoff die natürliche Höhenanpassung ersetzt, so daß sich der Bergsteiger in schlimmer Lage befindet, sobald die Zufuhr einmal versagt. Es sei also besser, viele Versuche mit kleinen, gut eingewöhnten Gruppen zu machen, anstatt alles auf die Karte eines großen Ansturmes mit vielen Trägern und Sauerstoffflaschen zu setzen.

Außerdem gab es Leute, die für den Mittelweg schwärmten, weil Für und Wider noch nicht restlos bewiesen seien. Ließe sich das Gerät leichter machen und habe man genug Träger, so sei die Mitnahme von Sauerstoff doch wünschenswert, weil er in Notfällen gute Dienste leiste.

Der Führer der Sauerstoffschule war Finch, der mit Bruce 8300 m erreichte und von 6400 m ab unablässig Gas lutschte. Er hält wirkliche Anpassung nur bis an den Gürtel zwischen 6400 und 7000 m möglich. Infolge der großen Kraftverluste in diesen Höhen müsse man mehr als eine Nacht oberhalb des Nordsattels (7000 m) durchaus vermeiden. Der Gipfelangriff muß in eine möglichst kurze Zeitspanne zusammengedrängt werden. Finch vergleicht die Leistungen und meint, daß seine Sauerstoffmannschaft gute Aussichten gehabt hätte, die Spitze zu erreichen, wenn das Wetter nicht so schlecht gewesen wäre. Finch vergißt nicht zu sagen, daß er einen Sauerstoffvorrat vorbereitet wünscht und zwar 300 m über dem Hochlager, von dem aus der Schlußangriff stattfinden soll (8080 m). Das Einrichten der dazu erforderlichen Trägerstaffeln ist eine schwierige Sache, wie die Erfahrung gezeigt hat.

Somervell war der führende Sauerstoffverzichter. Er kam 1922 mit Mallory und Norton auf 8200 m. Neben seiner außergewöhnlichen Ausdauer müssen wir auch seine physiologischen Fachkenntnisse berücksichtigen. Seine sorgfältig überlegten Ansichten über die Höhenanpassung verdienen Beachtung. Zu den soeben kurz gestreiften Meinungen kommen nun noch die Theorien zahlreicher Forscher, die sich mit der Höhenluft, Ballonfahrten, Tauchkästen und Druckluftkammern beschäftigt haben.

Die dritte Expedition machte sich somit mit geteilten Ansichten auf den Weg. Der Ausschuß hatte beschlossen, das Unternehmen wiederum mit Sauerstoff auszurüsten. Ich wurde zum Sauerstoffoffizier ernannt, obgleich eine Reise nach Persien im vorhergehenden Winter mich daran verhindert hatte, an den Vorbereitungen teilzunehmen. Wir brauchen die Beschreibung der Gerätschaften hier nicht zu wiederholen (s. Mount Everest – Der Angriff 1922). Nur die Verbesserungen seien erwähnt. Die Flaschen waren ein neues und etwas größeres Muster. Das Gesamtgewicht war indessen nicht geringer geworden, sondern betrug 14.4–14.9 kg einschließlich des Gasvorrates. Auf der Reise durch Tibet entdeckten wir Mängel an der Atemvorrichtung. Trotz mannigfacher Hindernisse gelang es Irvine, den Atmer umzubauen und dabei noch 2 ½ kg einzusparen. Ohne Irvines handwerkliche Kunst wäre die ganze Einrichtung vielleicht wertlos geworden. Die von ihm umgebauten Geräte waren sehr handlich. Allerdings traute ihnen mancher nicht, weil so viel daran herumgebastelt worden war. Diese Arbeiten hatten sich indessen als notwendig erwiesen, um eine Menge von Schwierigkeiten zu überwinden.

Mit Hinsicht auf unsre Erfahrungen und den Wert des Sauerstoffes will ich mich kurz fassen. Der einzige Besteigungsversuch mit Sauerstoff war diesmal der, von dem die Bergsteiger nicht heimgekehrt sind, um Bericht zu erstatten. Vordem waren Sauerstoffanstiege durch schlechtes Wetter vereitelt worden, da man nicht genügend Träger voranschicken konnte, um die höchste Niederlage auszufüllen. Das war der Hauptgrund. Der Mangel an Vertrauen einiger Teilnehmer in das umgebaute Gerät spielte keine so große Rolle. Hätten wir von vornherein tadelloses Gerät und gutes Wetter gehabt, so wäre der Sauerstoff schon früher angewendet worden. Natürlich wären unsre Erfahrungen über die Anpassung des Menschen an die dünne Luft dann weniger klar ausgefallen. Jedenfalls hegte die Reisegesellschaft als Ganzes kein Vorurteil gegen den Sauerstoff.

Bei einem Sauerstoffversuche auf den Bergen bei Schekar Dsong (während des Anmarsches) kam ich zur Einsicht, daß das Gas nicht auf alle Menschen gleich wirkt. Mallory, Irvine und Somervell waren bei mir. Wir alle hätten dasselbe auch ohne Sauerstoff leisten können. Beim Felsklettern erwies sich das Gepäck nicht als besonders angenehm; über das sanftere Gelände des Gipfels schritten wir schnell dahin. Beide Male merkten wir keinen Vorteil. Die Höhe betrug allerdings nur 4600 m. Durch den schon drei Wochen währenden Aufenthalt in Tibet hatten wir uns ihr bereits angepaßt.

Geoffrey Bruce und ich benutzten Sauerstoff, als wir einst unter sehr schlechten Verhältnissen zum Nordsattel aufstiegen. Ich fühlte mich etwas unwohl und erhoffte vom Gase gründliche Aufpulverung. Der Luftschnaps verpuffte jedoch so gänzlich, und die Last war so drückend, daß ich froh war, einen Träger damit beladen zu können. Auch Bruce empfand keinen Vorteil, was um so merkwürdiger ist, weil es seinen Erfahrungen vom Jahre 1922 widersprach.

Bis dahin hatten wir schon fast drei Wochen auf Höhen von 6400 m und mehr verweilt, wozu gelegentliche Vorstöße auf 6700–7000 m kamen. Wir waren somit gut eingewöhnt.

Als ich später elf Tage das Lager IV auf dem Nordsattel betreute – nur einmal tiefer als 7000 m übernachtend – kam mir der Wert der Anpassung so recht zum Bewußtsein. Bei meinem zweiten Vorstoße auf die Höhe von 8200 m verwendete ich Sauerstoff vom Lager V ab (7600 m). Aber bei 7900 m kam mir der Nutzen des Sauerstoffes so gering vor, daß ich ihn abstellte. Ich hatte bis dahin verhältnismäßig geringe Mengen gebraucht, etwa einen Liter in der Minute. Vor dem Abstellen erhöhte ich die Zufuhr auf zwei Liter in der Minute oder mehr. Professor Dreyer hat für die größten Höhen 2.4 l empfohlen *(A. J. XXXIV/224, p. 242)*. Ich empfand aber nur eine kleine Abnahme der Ermüdung in den Beinen. Vielleicht war es auch nur Einbildung.

Als ich aber das Lager VI erreicht hatte, wo ich das Gerät liegen ließ, fühlte ich beim Weitersteigen eine nennenswerte Erleichterung, die wohl hauptsächlich auf das Abschütteln der Last zurückzuführen ist. Im Abstiege störte mich die Höhenluft so wenig, daß ich den Weg von VI nach V in einer Stunde machte und von da zum Nordsattel in dreißig Minuten, wobei ich oberhalb des Sattels abfahren konnte.

Ich wollte damit nur zeigen, daß die Höhengewöhnung eine Tatsache ist. Es ist nicht ausgeschlossen, daß sie bis in die Höhe des Mount Everest oder sogar noch weiter hinauf wirksam bleibt. Natürlich müßten die Vergleichsbedingungen die nämlichen bleiben, was aber schwer zu erreichen ist. Das Wetter ändert sich; die Kälte wechselt; die chemischen Vorgänge im Blute werden heftiger. Soviel steht fest, daß man in 7000 m Höhe sehr lange aushalten kann. Mithin kann die von Finch behauptete Akklimatisationsgrenze unterhalb 7000 m nicht stimmen. Somervell meint, daß noch in 7300 m Anpassung stattfindet. Ich glaube, daß wir überhaupt keine Grenze nachgewiesen haben.

Die Anpassung ist eine Tatsache. Läßt sie sich noch weiter steigern als bisher, so muß das Mitschleppen der schweren Sauerstoffgeräte ein fragwürdiger Vorteil sein. Finch hat sich auf seinen führerlosen Fahrten in den Alpen ans Tragen schwerer Lasten gewöhnt, so daß er die Sauerstoffgeräte nicht besonders spürte. Der springende Punkt ist aber, daß Finch gar keine Anpassung an jene großen Höhen durchgemacht hatte und eben deshalb den Sauerstoff als außerordentlich wohltätig empfand. Er und Geoffrey Bruce waren unmittelbar vom Standlager aufgebrochen und hatten sich nur drei Tage im Lager III aufgehalten, als sie ihre Höhenfahrt antraten.

Richtige Eingewöhnung verlangt, daß man eine Mindestzeit (etwa eine Woche) in einem sehr hohen Lager verbringe und von dort aus viele Ausflüge in noch größere Höhen mache. Dieses Anpassungslager darf nicht höher liegen als der Nordsattel, weil weiter oben nur sehr schlechte und dem Sturme ausgesetzte Zeltplätze zu finden sind. Der Nordsattel ist nur insofern schlecht, als man auf Eis bauen muß. Lager III befindet sich auf Felsen und kann bei fast jedem Wetter erreicht werden. Dieses Lager muß aber unbedingt wohnlicher gemacht werden, wenn man die Leute bei guter Laune halten will. Man braucht einen bessern Wetterschutz als die Zelte. Am besten wäre wohl ein zerlegbares Holzhaus nach Noels Vorschlag. Bringt man die Bergsteiger hier drei Wochen unter und schickt sie oft in die Höhe, so werden sie nach zwei bis drei Wochen eine so gute körperliche Verfassung entwickeln, daß die Mehrzahl für Gipfelangriffe in Betracht kommt.

Es handelt sich nicht so sehr darum, ob der Gipfel ohne Sauerstoff erreichbar ist, sondern um die Erfolgsaussichten des Durchschnittsteilnehmers mit oder ohne Sauerstoff. Welche Kampfweise ist vorteilhafter? Ich glaube, daß die natürlichen Fähigkeiten hier zuverlässiger sind als künstliche Hilfen. Der Himalayaforscher wird sich freuen, wenn er die Kosten für Anschaffung und Beförderung der Sachen sparen und die eignen Kräfte schonen kann. Die einzige Voraussetzung bleibt dann die Anpassung, für die er geeignete Orte bestimmen und genügend Zeit erübrigen muß.

Auf zukünftigen Everestexpeditionen sollte diese Sparsamkeit jedoch nicht den Ausschlag geben. Andrerseits darf die Leitung sich nicht zu sehr nach den Physiologen richten, die in den Bergsteigern Versuchskaninchen sehen. Die Belange der Wissenschaft und die der Bergsteigerei werden besser gewahrt, wenn man sie auseinander hält. Will unser Medizinmann seine Drohung mit noch schwierigeren Aufgaben wahr machen, so möchte ich ihm doch empfehlen, zu diesem Zwecke besonderes »Menschenmaterial« mitzubringen. Dann braucht er uns genugsam bedrückten Bergsteigern nicht die quälende Zwangsvorstellung einzureden, daß wir erst ein gewisses Maß »physiologischer Würdigkeit« erkämpfen müssen, ehe wir es wagen dürfen, den Gipfel anzugehen. Glücklicherweise gingen einige von uns armen Menschen mit fliegenden Fahnen aus den Rechenaufgaben hervor, die uns in großen Höhen gestellt wurden. Man vergesse auch nicht, daß Versuche an Menschen in Druckluftkammern etwas andres sind, als Versuche an Bergsteigern, besonders deshalb, weil im Laboratorium die Höhenanpassung fehlt. Man läßt die Zeit außer acht, die ein Lebewesen braucht, um sich seiner Umwelt anzuschmiegen.

Ich befürworte also das Mitnehmen von Sauerstoff, trotzdem ich überzeugt bin, daß ein gründlich an die Höhe von 7000 m gewöhnter Mensch ohne künstliche Hilfen bis 8800 m steigen kann. Ich rüge vorläufig nur das allzu große Gewicht der Ausrüstung. Es hebt die etwaigen Vorteile auf. Für eine ununterbrochene zwölfstündige Zufuhr muß man sehr viel schleppen. Wir sind jetzt dabei, ganz neue und leichtere Geräte zu bauen, die mit einem geringen aber genügenden Sauerstoffvorrate nur 5–5 1/2 kg wiegen sollen. Diese leichte Ausrüstung wäre vielleicht für Leute nützlich, die sich aus irgend einem Grunde nicht gründlich anpassen konnten. Man wird sie etwa für den letzten Ansturm oder als Rettungsmittel benutzen.

Noch wissen wir nicht recht, ob der Sauerstoff das beste Anregungsmittel in großen Höhen ist. Jedenfalls fanden wir, daß er die Kehle ausdörrt und reizt. Spelterini, der so viele hohe Ballonfahrten gemacht hat, meint, daß der Sauerstoff nicht besonders empfehlenswert ist, daß er leicht Unbehagen verursacht und zu den spezifischen Arzneimitteln gehört. Sein Heiltrank gegen Höhenschwäche war ein leichtes weingeistiges und sprudelndes Getränk, nämlich Sekt. Die Versuchskaninchen unsres Stabsarztes würden den Ersatz des Sauerstoffs durch Schaumwein lebhaft begrüßen. Das wäre besser, als die Bergsteiger auf dem Everest allerlei Gefahren auszusetzen.

Was immer die Erfahrung uns noch lehren wird, einstweilen tut der Bergsteiger am besten, sich auf seine natürlichen Leibesfähigkeiten zu verlassen, die ihn rechtzeitig warnen, ob er die Grenzen seiner Kraft überschreitet. Mit künstlichen Hilfsmitteln setzt er sich der Möglichkeit plötzlichen Zusammenbruches aus, wenn das Gerät versagt.

6. DIE EINRICHTUNG DES UNTERNEHMENS

nach Tagebuchaufzeichnungen der Teilnehmer auf dem Heimwege

A. Vorbereitung, Ausfahrt und Marsch

von Oberstleutnant E. F. Norton, D. S. O.

1. *Vorbereitung.* Dem Anführer des Ganzen steht die entscheidende Wahl der Teilnehmer zu, denn er muß mit ihnen leben und arbeiten. Den Feldzugsplan sollte man wenn irgend möglich schon daheim vor der Abreise festlegen. Die Trägerausrüstung und die Futterkisten für die Hochlager hängen gänzlich von der Einteilung ab. Störend wirkt die oft unvermeidliche Abwesenheit eines der leitenden Bergsteiger (der beispielsweise in Indien lebt), dessen Ansichten man hören muß. Das ist nur ein weiterer Grund, um die Vorbereitungen monatelang vor der Abfahrt zu beginnen. Dann hat man Zeit, brieflich anzufragen. Schlimmstenfalls bespricht man den Plan in Dardschiling vor dem Abmarsche. Die frühjährlichen Verhältnisse auf dem tibetischen Hochlande eignen sich nicht zum Austragen von Meinungsverschiedenheiten.

Der Vorsitzende des Rüstausschusses muß ein erfahrener Mann sein. Er braucht sich nicht mit Einzelheiten zu befassen, muß aber alles im Auge behalten, Lücken schließen und Zeitverluste vermeiden. Die ganze Ausrüstung, einschließlich des Sauerstoffes, soll drei bis vier Monate vor der Verschiffung bereit liegen. Nur dann vermag man alles nochmals gründlich durchzugehen und nachzubessern. Auf den zwei letzten Reisen hat sich viel Ausrüstung stark verspätet.

2. *Schiffsreise.* Jeder sollte Nepalisch oder Tibetisch lernen oder mindestens sein Hindustanisch auffrischen. Die Wichtigkeit guter Verständigung mit den Trägern läßt sich gar nicht übertreiben. In vier Wochen kann man sich einen Schatz von 200 Wörtern zulegen, womit man schon sehr viel leistet. Den Bergsteigern sei auch vorgeschlagen, Morsezeichen zu üben, damit sie sich von Lager zu Lager verständigen können.

3. *Dardschiling.* Der Anführer und mindestens ein Fuhrparksoffizier müssen vier Wochen früher in Dardschiling eintreffen. Dort muß ein Vertreter bestimmt sein, der die Expedition schon lange vorher bekannt macht und Träger zur Auswahl sammelt. Er kauft auch Mehl und dergleichen als Nahrungsmittel für die Träger an. Er erweist sich als unersetzlich, wenn es gilt, die

hundert Kleinigkeiten zu beschaffen, die man im letzten Augenblicke unbedingt braucht. Nach dem Abmarsche zahlt er die Familienunterstützungen (Vorschüsse) aus oder fertigt Dienerschaft ab, die man heimgeschickt hat.

Von indischen Bahngesellschaften sind vielleicht auch Preisnachlässe zu erwarten. Mr. Stephan hat uns immer sehr gastfrei im Mount Everest Hotel in Dardschiling aufgenommen.

Deputy-Commissioner in Dardschiling um Erlaubnis bitten, die Rasthäuser (Dak Bungalos) in Sikkim zu benutzen. Ebenso an Politischen Vertreter in Gangtok schreiben wegen Unterstützung jenseits des Dschelep La. Wegen der Vorausbeförderung Abmachung mit den Verfrachtern J. F. Madan & Co., Dardschiling oder R. B. Mintri & Co., Kalimpong; beide zuverlässig, wenn auch teuer.

4. *Auf dem Marsche.* Bequemlichkeiten unerläßlich, wenn Bergsteiger in guter Verfassung an den Berg gebracht werden sollen. Auf Grund früherer Erfahrungen läßt sich da viel verbessern. Erwägenswert, ob man Phari und den rauhen Donka La umgehen soll, indem man die Bergsteiger über Gangtok nach Kampa Dsong schickt. Gemütlich durch Tibet reisen, um Uebermüdung zu verhindern und Anpassung zu erleichtern; Rasttag alle drei bis vier Tage, am besten an den Gepäckstapelplätzen. So berechnen, daß man auf diese Weise spätestens am 1. Mai im Standlager ist.

Jeder Teilnehmer sollte sein eigenes gutes Pferd haben, das er in Dardschiling kauft oder durch Mr. Macdonald in Yatung besorgen läßt. Ist teurer als Mieten, aber unerläßlich, wenn man sorglos reisen will. Bergsteiger sollen nicht zu viel zu Fuß laufen. Jeder muß eignes Sattelzeug haben nebst Putzzeug, Woilach, Futtersack, Hufbeschlagswerkzeug, Halfter. Auch sollte man einen eingeborenen Diener haben, der den Hufbeschlag versteht. Man kümmere sich andauernd um die Pferde und besichtige sie im Mai und Juni mindestens einmal, während sie in Taschidsom oder Tschodsong untergestellt sind. Futtermenge erhöhen, wo nötig.

Das Eßzelt von 1924 war vorzüglich; grade das Richtige für Marsch und Standlager. Auch die Whymperzelte sind gut; jedem eines, und dazu ein überschüssiges. Sehr gut sind die Meade-Zelte, von denen wir diesmal 23 Stück hatten, die vollkommen genügten. Ebenso waren 6 leichte Meade-Zelte ausreichend. In Kampur kriegt man zweckentsprechende Trägerzelte. Zu den Eßtischen nehme man auswechselbare Kurzbeine mit, damit man sie im Lager III auf Kisten sitzend benutzen kann. Vier Kranzowlampen mit

Uhrwerk haben sich tadellos bewährt. Jeder Teilnehmer muß seinen eigenen Stuhl mitbringen. In Vorrat zwei Notstühle.

In Sikkim muß man alles Wasser kochen. Dreimal haben wir nun an der Ruhr gelitten, die vermutlich in Sikkim unter 2100 m erworben wurde. Eigentlich Angelegenheit des Stabsarztes, aber Anführer soll auch dran denken. In Tibet erweisen sich Maultiereimer als nützlich, um gutes Wasser aus der Entfernung zu holen. Zur pünktlichen Beförderung des Eßzeltes muß man zwei gute Maultiere haben.

Anführer sei mit einem anständigen Anzuge ausgerüstet für Besuche bei tibetischen Beamten. Für diese habe man sorgfältig ausgewählte Geschenke: Hüte (nicht zu billig), Feldstühle, Armbanduhren, gute Taschenlampen, Thermosflaschen, Schneebrillen usw.; Halstücher nicht gewürdigt. Wer den Osten kennt, weiß wie die Dsongpens und andern Beamten zu behandeln sind. Der Dolmetscher wird die verschiednen Höflichkeitsformen und die Regeln über Gastgeschenke erklären. Man vergesse nicht, daß wir Gäste in Tibet sind und einen widerspenstigen Dsongpen nicht so kurz angebunden in seine Schranken weisen können, wie einen indischen Tesildar. Der Dsongpen hat fünften Rang. Doch sei man fest in bezug auf Preise und denke an etwaige Nachfolger. Guten Eindruck hinterlassen, aber Preise nicht verderben.

Träger in Zucht halten, sonst ist auf dem Heimwege die Hölle los. Abgelöhnte Träger vorausreisen lassen ist gefährlich, weil die Bande auf dem ganzen Wege, dem man folgt, möglicherweise böses Blut macht. Pferdetreibern leider nicht mehr ganz zu trauen; Dieberei hat zugenommen. Diebe nicht selber aburteilen, sondern den Behörden übergeben. Davon abgesehen sind die Knechte ganz gemütliche Burschen und für ermunternde Worte empfänglich. Sie sind unendlich langsam und ungeschickt; ein tibetisch sprechender Träger, dessen Obhut man sie empfiehlt, tut da oft Wunder. Für besonders lange Tagemärsche die Troßknechte schon in der Nacht auf die Beine bringen, damit man um 7 Uhr aufbrechen kann. Es *muß* gehen. Wertvoll ist ein Freund am Hofe zu Lhassa (wie zum Beispiel General Dsasa Laden La).

Unterwegs viel laufende Arbeit. Sauerstoffgerät hält zwei Herren dauernd in Atem. Trägerübungen mit Gletscherseil und Pickel. Sonst aber Pickel verpacken und nicht austeilen, weil sonst unfehlbar zerbrochen werden. Vorräte immer wieder nachsehen. Morsezeichen üben; Befehlsausgabe an Gurkha-Unteroffiziere; Berichte schreiben. Messeverwalter vielbeschäftigter Mann.

Die Landespost (Dak) machte 1924 viel Aerger; wurde häufig ausgeraubt. Einzige Möglichkeit, eigne Leute über die Strecke zu verteilen: Phari, Kampa, Tinki, Schekar. Die Presse ist ein schlüpfriger Boden. Vor Abreise mit der Zeitung sehr genau Anzahl und Länge der Drahtberichte vereinbaren. Für die Pressenachrichten hatten wir 1924 Botenstaffeln eingerichtet, die sich gut bewährten. Mr. Macdonald beaufsichtigte sie. Die »Times« hat 4000 Mark dafür bezahlt.

Eine gute Bücherkiste ist ein großer Segen. Man nehme sich ihrer mit Liebe an und wähle zunächst 20 Bände. Allmählich füge man die ausgelesenen Eigenbücher der Teilnehmer hinzu. Einen Laden von Dingen mitführen, die den Mitgliedern immer wieder ausgehen: Seife, Zahnpulver, Zahnbürsten, Schwämme, Schreibpapier, Hüllen, Briefmarken, Bleistifte, Leim, Gummibänder, Nadeln.

5. *Standlager.* Muß ein gemütliches Heim für absteigende Alpinisten und Träger sein. Sorgfalt verwenden auf Bequemlichkeit, Essen und Kanalisation. Anführer braucht nicht dauernd dort zu sein, sobald alles klappt. Aber ein Europäer muß immer da sein wegen der Geldkiste. Mit der Außenwelt ist wenig Verkehr, der aber gelegentlich um so wichtiger. Der Vertreter des Dsongpens besorgt die laufenden Geschäfte mit Tibetern. Der jeweilige Lagerkommandant muß Vorräte häufig überprüfen, weil grade hier viel Schwund. Möglichst einfaches und sicheres Verfahren ausarbeiten, nach dem ein Weißer dem andern den Lagerbestand übergibt. Ganze Expedition vom Rongbuk Lama einsegnen lassen, was gut wirkt.

6. *Tibetischer Geleitbrief.* Es gehört noch ein Absatz hinein, daß die Dsongpens für glatten Postbetrieb zu sorgen haben.

In den früheren Briefen wurde den Beamten aufgetragen, Tiere und Leute zu »landesüblichen Preisen« zu stellen. Ist bedeutungslos, weil es keine Markt- und Tagespreise in Tibet gibt. Nach unsrer Erfahrung sind 4 Tankas täglich ein anständiger Satz für Tiere (Reitpferd, Jak usw.). Das Festsetzen eines solchen Preises würde viel Zeitersparnis bedeuten, vom ersparten Geld zu schweigen. Im Gesuche an die Indische Regierung die genauen Bezirke angeben, durch die man zu reisen gedenkt. In diesem Jahre fehlte beispielsweise Tingri (zu dem Rongschar gehört). Glücklicherweise ließ sich die Schwierigkeit durch ein Empfehlungsschreiben des Dsongpens von Schekar umgehen.

B. Einheimische Hilfskräfte

von Hauptmann J. G. Bruce, M. C.

1. *Angestellte.* Dazu gehören Dolmetscher, Sirdar, Gurkha-Quartiermeister, Gurkha-Unteroffiziere, Köche, Schuster, Diener, Lagergehilfen, Tafeldiener, Träger und tibetische Träger.

Auf die Auswahl dieser Leute kann man nicht genug Sorgfalt verwenden, denn nach Verlassen von Dardschiling ist kein Gesindewechsel mehr möglich.

Der Dolmetscher muß gebildet sein und einigermaßen wohlgefällig aussehen. Mit Sitte und Zeremoniell der Tibeter sei er gründlich vertraut. Muß außerdem anstellig sein und zu allen möglichen Arbeiten bereit.

Der Sirdar ist eigentlich der Rottenführer der Träger. Indessen fanden wir es besser, unmittelbar oder durch die Gurkha-Unteroffiziere mit den Trägern zu verkehren. Ein Sirdar wie Gyaldschen ist sehr viel wert. Man kann ihm Lastkarawanen oder allein heimkehrende Europäer anvertrauen; außerdem dient er als Ersatzdolmetscher.

Für den Posten des Gurkha-Quartiermeisters fanden wir diesmal keinen so recht geeignet. Vorschlag, beim nächsten Mal einen älteren und gebildeten Feldwebel aus der Gurkhatruppe zu nehmen, der von Anbeginn die Bestände übernimmt. Er bleibt im Standlager und muß wissen, wo alles ist. Wegen der großen Ehrlichkeit der Gurkhas ist er vortrefflich für diesen Posten geeignet.

Die Gurkha-Unteroffiziere wählt man vornehmlich als Lageraufseher für Hochlager, weniger als Bergsteiger. Sie sollten imstande sein, notdürftiges Hindustani mit lateinischen Buchstaben zu lesen und zu schreiben, so daß man brieflich mit ihnen verkehren kann. Sie müssen selbständig sein und Trägerabteilungen befehligen können.

Köche müssen bis zum Lager III hinauf verwendbar sein. Stammesangehöriger Scherpa, Bhotia oder Leptscha, damit sie sich auf tibetisch verständigen können, weil sie sonst nicht kriegen, was sie brauchen. Vier Köche sind erforderlich, einer im Standlager, drei weiter oben.

Bisher ward das Amt des Schusters nicht ganz zu unsrer Zufriedenheit versehen. Man braucht einen wirklich geschickten Flickschuster, der Nägel in die Bergstiefel schlagen kann. Er verstehe auch allerlei Segelmacherarbeit. Starker und gesunder Kerl.

Persönliche Diener überflüssig. Wer einen braucht, wähle ihn aus den Landeskindern. Indische Diener werden in Tibet zur Last. Burschen wie Shebbeares Tippu sind Goldes wert und erweisen sich in der Messe nützlich.

Die Auswahl der Träger gehört zu den schwersten Aufgaben, die der Leiter zu lösen hat. Die reinrassigen, leicht und gut gebauten Leute haben sich am besten bewährt, entweder Scherpas oder Bhotias. Der Regierungsarzt in Dardschiling ist mit der ärztlichen Untersuchung gern behilflich. Alte dürfen nur wieder eingestellt werden, wenn ihr vorjähriges Betragen musterhaft war. Einige Altgediente sind natürlich erwünscht, müssen aber sehr sorgfältig ausgesiebt werden. Im übrigen sind eifrige Neulinge vorzuziehen, die sich nicht als »alte Soldaten« aufspielen.

Die Reitknechte werden zumeist aus den Trägern genommen. Mit Ausnahme von dreien, die auf dem Gletscher arbeiten sollen, werden sie mit den Pferden ins nächste Dorf geschickt bis man sie wieder braucht. Selbstverständlich müssen es Leute sein, die gut für die Pferde sorgen, mit denen sie sechs Wochen allein sein werden. Sie sollten den kalten Hufbeschlag einigermaßen beherrschen. – Die meisten Leute brauchen einen Monatslohn als Familienvorschuß vor der Abreise von Dardschiling. Später beschwört man den Teufel herauf, wenn man mehr auszahlt als die tägliche Essenlöhnung.

Dem Vertreter in Dardschiling zeigt man die Angehörigen, denen Zuschüsse ausbezahlt werden. Die Bank weist ihm die entsprechende Monatsumme an. Diese Unterstützungsgelder erfreuen sich großer Beliebtheit.

2. *Kleider und Ausrüstung.* Die Zelte für die Reise durch Tibet kauft man am besten bei den Elgin Mills in Kanpur. Sie müssen leicht, winddicht und leicht aufstellbar sein. Für die Trägerzelte kriegt man nach der Heimkehr nicht viel in Indien, denn sie sind innen rauchgeschwärzt und haben viele Risse. Es wird ja immer im Zelt gekocht. Daher schaffe man Zelte an, die knapp aushalten und dann fortgeworfen werden können.

Die Wolldecken und Schlafsäcke waren gut. Jedem Manne wird in Kalimpong oder Phari eine Decke zugeteilt. Diese begleitet ihn überall hin. Im Lager II muß ein Deckenvorrat von 20 Stück lagern. Für Lager III und weiter oben braucht man insgesamt 40 Eiderdaunenschlafsäcke. Wir hatten nur zwanzig, was viel zu wenig war.

Der Wert der Lederwesten ist fraglich, zumal die mitgegebenen keine Aermel hatten. Wir schlagen eine Windjacke aus Segelleinen vor. Von Wollschlüpfern und Hemden sollen 5 übrige auf je 100 da sein.

Man nehme folgende Stiefel: 5 Paar Größe 9; 10 Paar Größe 8; 55 Paar Größe 7. Die gelieferten Größen waren richtig. Es ist aber sehr wichtig, daß die Stiefel über Gurkha-Leisten geschlagen wurden.

Die Wadenbinden, Hosen und Halswärmer waren gut. Reserven wie oben. Socken nach Heeresmuster in Indien zu haben. Für jeden Gletscherträger mindestens 5 Paar. Als Vorrat noch eine dickere Sorte, die man im Lager III über die Heeressocken zieht. Nur für Hochträger.

Die Wollfäustlinge waren zu dünn und hielten schlecht. Müssen dick sein mit Lederbesatz auf der Handfläche. Großer Ersatzvorrat notwendig.

Für große Höhen braucht man Windjacken und Windhosen (siehe oben) aus starkem Segelleinen. Die mitgegebenen Schneebrillen waren gut. 200 die richtige Anzahl.

Wir hatten bloß 20 Paar Steigeisen. Viel zu wenig; müssen 50 sein. Sollten außerdem ebenso kräftig sein wie die der Herren. Die Bindungen waren gut; aber zu wenig.

Die Schaffellfäustlinge waren gut; aber es hätten doppelt so viele sein sollen, nämlich 40.

Hochgebirgsbergstiefel waren ausgezeichnet; wir hatten 10 Paar Größe 7; 6 Paar Nr. 8; 4 Paar Nr. 9. Das nächste Mal doppelt so viel. Raum für Extrasocken berücksichtigen.

Koch- und Eßgeschirr kriegt man in Dardschiling.

3. *Von Dardschiling zum Standlager.* Auf dieser Strecke sind jedem Herrn zwei bis drei Träger zuzuteilen. Sie bilden zugleich die fliegende Abteilung mit dem Eßzelt. Man lade ihnen kein Großgepäck auf, sondern nur Kleinzeug wie Instrumente oder Lampen. Jetzt richtige Gelegenheit, Träger aufzufüttern und bergkräftig zu machen. Bis Rongbuk genügt das Eßgeld von 6 Annas täglich. Man achte indessen darauf, daß sie das Geld für Nahrung und nicht für Gesöff ausgeben. Zwischendurch eine besondere Fleischzulage. Wichtig ist die tägliche Gesundheitsbesichtigung durch einen der Gurkha-Unteroffiziere, da die Leute sonst leicht ein kleines Unwohlsein verschweigen, das bei sofortiger Behandlung im Keime erstickt werden kann. Der fürs Heer der Angestellten verantwortliche Herr tut gut, die Leutezelte jeden Abend abzugehen, am besten während der Mahlzeit. Dann sieht er, ob alle gesund, zufrieden und gut genährt sind.

Beschäftigung der Gurkha-Unteroffiziere: a. Mit Eßzelt voraus, damit es an günstiger Stelle richtig aufgebaut werde; b. Geldkisten überwachen und abends übergeben; c. am letzten Lagerplatze zurückbleiben bis das letzte Stück aufgeladen. Einer hinter dem Schlußtier, um Diebstahl durch Tibeter zu verhindern. Bei Ankunft Berichterstattung. Es wäre gut für die Hälfte der Unteroffiziere und Lagerdiener (Köche usw.) unterwegs Reitpferde zu mieten; zugleich für Kranke und Schlappe. Dolmetscher und Sirdar werden zumeist ihr eignes Pferd haben.

4. *Standlager.* Von jetzt ab werden die Nahrungsmittel ausgeteilt, und die Verpflegsgelder hören auf. Die Träger bilden jetzt allesamt die Trägergruppe ohne Rücksicht auf ihre Tätigkeiten während des Marsches durch Tibet. Sehr wichtig ist es, daß man bei der Einteilung einen Trupp unabgekämpfter Mannschaft bereit halte, der in die Bresche springt, wenn die Hauptmasse unter ungünstigen Verhältnissen zu leiden hatte und entmutigt ist. Dieser Ersatz darf nicht von Anbeginn zum Einrichten der Hochlager herangezogen werden. Im richtigen Augenblicke eingesetzt, dient er auch dazu, die andern wieder aufzurappeln.

Es lohnt sich, den Versuch zu wiederholen, Trägerobmänner zu ernennen. Doch befördere man nicht vor der Ankunft im Standlager. Man frage sie, ob sie mit den ihnen zugeteilten Leuten zufrieden sind.

Lager I und II werden diesmal selbständig von Gurkhas mit tibetischen Arbeitern eingerichtet, was sich bewährt hat. Dergestalt erspart man den Herren und den Bergträgern unnötige Schinderei. Die Tibeter besorgt der Dsongpen von Schekar. Er gibt einen Tschonsai oder Aufseher mit, der als sein Vertreter wirkt. Dieser Tschonsai wirbt unterwegs geeignete Leute an und bezahlt sie. Unsre letzte Abmachung lautete: Trägerdienst bis zum Lager II (aber nicht weiter) gegen 4 Tankas täglich bei Selbstbeköstigung und eignem Bettzeug. Diese Bedingungen schienen günstig zu sein, denn bei der Ankunft im Standlager hatten wir 151 Tibeter, die schon am folgenden Morgen zum Lager I aufbrachen. Nach drei Tagen waren Lager I und II beziehbar, und die Tibeter konnten entlassen werden. Man muß diese Leute natürlich nett behandeln und ein großes »Festfressen« stiften. Mit weiser Mäßigung angebrachte Trinkgelder und Zigaretten helfen ebenfalls.

Gurkhas beaufsichtigen nun Lager I und II; Köche sorgen für die durchkommenden Bergsteiger. Die Gurkhas sind verantwortlich. Sie schicken Lastenkarawanen mit Begleitzetteln; empfangen Lasten und stellen Inhalt fest; erbitten Vorräte zur Ergänzung ihres Lagers, ehe völlig erschöpft (sie unterlassen es gewöhnlich bis zum letzten Augenblick, wenn nicht scharf ermahnt); sorgen für durchkommende Träger oder Tibeter; teilen persönlich Essen aus; halten das Lager und dessen Umgebung sauber. Die Herren mögen sich im Schreiben von Nachrichten an diese Gurkhas üben (Hindustani oder Khaskura in lateinischer Schrift) und während des Marsches durch Tibet herausfinden, ob man sie versteht. Das kann gelegentlich lebenswichtig werden. In III und IV werden gewöhnlich Herren anwesend sein, wenn das Lager bezogen wird. In III sollte ein Gurkha oder Trägerobmann Daueraufsicht haben und so selten wie möglich gewechselt werden. Alle Leute, die in III oder höher übernachten, müssen einen Daunenschlafsack haben. Diese Säcke seien Lagereinrichtung, die man nicht auf und ab zu schleppen braucht. Dürfen nicht als persönliches Eigentum gelten.

Auf dieser Reise war Jakmist (Sching) als Brennstoff für alle Lager bis II bestimmt. Der Tschonsai hatte für Lieferung zu sorgen. Die nicht leichte Versorgung der Lager mit genügendem Brennstoff obliegt einem Herrn im Standlager. In III und höher brennt man Petroleum oder Meta. Bei jeder Trägerabteilung muß ein Koch und Ersatzmann gründlich mit diesen Heizarten vertraut sein. Der Koch trägt die leichteste Last, denn er ist nachher für das Essen verantwortlich.

Für die Träger hatten wir folgende Lasten aus Dardschiling ins Standlager geschafft: 2160 kg Reis, 972 kg Ata, 252 kg Ghur, 72 kg Dhal, dazu Pfefferschoten, Dharria, Nelken und Gilbwurz (Tumerik); 7 1/2 kg Tee, Zigaretten. Für jedes Lager wurden Verpflegssätze ausgearbeitet, an die der Lagerobmann sich genau halten mußte. Die Sache hat sich bewährt. Die folgende Tafel zeigt die Verpflegung von 40 Mann an 20 Tagen in den Lagern I bis IV.

Ghur	113.6 g	mal	800	90 kg
Tschamfa und Hartbrot	681.6 g	mal	800	540 kg
Suppe	113.6 g	mal	800	90 kg
Tee	56.8 g	mal	800	45 kg
Salz	14.2 g	mal	800	11 kg
Obstmus	113.6 g	mal	800	90 kg
Milch	113.6 g	mal	800	90 kg

Fleisch besorge man durch den Tschonsai und schicke alle vier bis fünf Tage hinauf. Um oben Brennstoff zu sparen, koche man alles Fleisch im Lager I. Die Leute essen gern tibetische Butter, die man zugleich mit dem Fleisch beschaffen kann. Im Lager I läßt sich Tschamfa durch Reis ersetzen; weiter oben braucht er zu lange zum Garwerden.

Hier die ungefähren Zeiten für beladene Träger bei guten Verhältnissen:

Standlager bis I	3 Stunden hinauf	1¾ Stunden hinunter
Standlager I bis II	4 Stunden hinauf }	4½ Stunden hinunter
Standlager II bis III	3¾ Stunden hinauf	

5. *Heimweg.* Einige Bergsteiger streben rasch heimwärts, andre wollen sich erst in mäßiger Höhe etwas erholen. Nur Träger, die sich sehr gut geführt haben, dürfen die Erholungsgruppe begleiten. Die andren auf kürzestem Wege nach Dardschiling, wo der Vertreter sie abfertigt. Der Sirdar wird sie führen müssen, weil die Gurkhas wahrscheinlich bei den Nachzüglern bleiben. In Rongbuk beginnt wieder die Essenlöhnung. Träger auf dem Heimwege möglichst leicht beladen, weil sie dann weniger zu Ausschreitungen neigen.

6. *Sprachschwierigkeiten.* Groß aber nicht unüberwindlich. Jeder Teilnehmer sollte mit handlichen hindustanischen oder nepalischen Sprachbrocken ausgerüstet sein. Er muß jeden Mann beim Namen kennen, was die erste Bedingung guter Beziehungen zwischen Herren und Dienern ist. In den Hochlagern muß sich einer der Bergsteiger ums Wohl der Träger kümmern. Das ist so wichtig, weil diese Leute sehr von ihren Herren abhängig sind, zumal hoch oben auf den Bergen. Mut und Stimmung sinken, wenn man sie nicht täglich in ihren Zelten besucht. Obgleich ein Herr auf dem Marsche durch Tibet alle Personalangelegenheiten unter sich hat, sollten die Bergsteiger sich schon jetzt auf guten Fuß mit den Trägern stellen, denn später wird es sehr darauf ankommen, wie man die Leute anzufassen versteht.

7. *Trunk.* Hauptgefahr auf Hin- und Rückweg. Wird eingeschränkt, indem man außer dem Essengeld keine Barzahlungen macht und die ersten Sünder sehr hart bestraft. Betrunkene beginnen regelmäßig Schlägereien mit den Landesbewohnern und bringen die Expedition in Verruf.

Nach den ersten zwei Reisen ist die Ehrlichkeit der Träger und Tibeter sehr gerühmt worden. Diese Ehrlichkeit scheut aber nicht gelegentliche Griffe in Vorratskisten und Herrengepäck, wenn Entdeckungsgefahr gering. Diesmal wurde in den Gletscherlagern bedauerlich viel von den eignen Trägern geklaut. Ueberraschende Durchsuchungen und schwere Strafen sind das einzige Gegenmittel.

C. Schreibstube und Geld in Tibet

von Hauptmann J. G. Bruce, M. C.

Eine Kiste in Handkoffergröße genügt als Schreibstube. Einige Aktendeckel, um Briefwechsel zu ordnen. Reiseschreibmaschine fast unentbehrlich. Remingtons haben uns welche geschenkt.

Fürs Geld starke Holzkisten mit Zinkfutter, damit Papiergeld trocken bleibe. Größe der Munitionskisten. Vier bis sechs erforderlich, je nach Menge des Hartgeldes. In diesem Jahre begannen wir mit 18,000 Rupien, was nicht genügte; mußten 5000 Rupien durch Macdonald nach Schekar nachsenden lassen. Für Unternehmen gleichen Umfanges nehme man 23–25,000 Rupien, hauptsächlich Papier. In Silber dürften 500 Rupien genügen. Der Britische Handelsvertreter in Yatung besorgt Umwechseln in tibetisches Geld, muß es aber vierzehn Tage vorher wissen. Man braucht 12–15,000 Rupien Tibetgeld. In Phari wird indisches Geld angenommen; kleine Beträge werden auch von nepalischen Händlern in Schekar und Tingri gewechselt. Im Standlager kann man nur tibetisches Geld brauchen.

Wie auch in Indien, sollte jede Zahlung durch einen Herrn oder in seiner Gegenwart geschehen. Von den Dsongpens lasse man sich ins Einzelne gehende Quittungen über Beträge für Beförderung und Post ausstellen. Diese Belege halte man ihnen vor, wenn sie auf dem Heimwege zu erpressen suchen.

Unterwegs lasse man Geld und Akten durch Gurkhas bewachen. Im Lager müssen sie in einem Herrenzelte gesichert werden.

D. Heilkunde

von Major R. W. G. Hingston, I. M. S.

1. *Kongokiste.* Sehr gut. Empfehle folgende Aenderung: je eine Portion Ergotin, Ingweressenz und Phenazetin weglassen (von jedem sind zwei Schachteln da). Dafür zufügen: je eine Schachtel Kaliumchlorat, Quin. bihydrochlor., Ipekak. mit Meerzwiebel.

2. *Chirurgische Ausrüstung.* Zweckentsprechend wie geliefert.

3. Als Ergänzung zu Obigem:

Kleine Tabletten-Apotheke für erste Hilfe.

3 Paar Schneebrillen.

280 g Chloroform.

150 verschiedne Binden.

230 g Rizinusöl.

2 kg Magnes. sulph.

1 m Gummischlauch.

6 Rollen verschiedne Heftpflaster.

12 Senfpflaster.

1 kg Zyanidgaze.

8 Dosen Borsäure.

2 Wärmflaschen.

4 Fl. zu je 100 Tabletten Quin. hydrochlor. 0.33 g.

12 Röhren (je 25) Tabletten Aspirin 0.33 g.

4 Röhren (je 25) Tabletten Kalomel 0.065 g.

50 Tabletten Koffein.

25 Tabletten Quecksilberkaliumjodid.

200 Tabletten Cathartic comp.

200 Bleizuckeropiumpillen.

100 Tabletten Ipekakuanha.

400 Pillen Ipekakuanha mit Meerzwiebel.

4 Flaschen Rizinusöl.

2 Flaschen Kruschen Salz.

Auswahl von Nadeln.

1 Päckchen Katgutfäden.

1 Päckchen Seidenfäden.

6 Gipsbinden.

6 Pfund Watte.

3 Pfund Verbandmull.

1 Schachtel Guttaperchazahnfüllungen.

50 Santoninpillen 0.065 g.

3 Tragbahren.

6 Töpfchen Lanolin.

6 Töpfchen Vaselin.

24 Dosen Gletschersalbe.

250 g Oelseide.

36 Dosen Eukalyptusbonbons.

2 1/2 kg Jodtinktur.

4. *Als entbehrlich erwiesen sich:*

Sechehaye-Salbe.
Milton.
Fleischsaft (nach Valentine).
Sauerstoffeinflößer.
Tabletten zum Entkeimen von Wasser.
Knoblauchessenz.
Patentnährmittel (nach Shaw oder Allenbury).
Rucksack.
Anusansuppositorien.

5. *Zur Krankenpflege seien empfohlen:*

Fleisch- und Hühnerbrühe.
Mondamin oder Maizena.
4 Flaschen Weinbrand.
2 Flaschen Sekt.

6. *Zusammenstellungen für die Hochlager:*

Müssen daheim fertig gepackt sein; gesonderte Kistchen mit Aufschrift »Arznei Lager I«, »Arznei Lager II« usw.

I.
50 Tabletten salicylsaures Natrium 0.33 g.
50 Tabletten Doversches Pulver 0.33 g.
50 Tabletten Opium mit Bleizucker 0.25 g.
50 Tabletten Quin. hydrochlor. 0.33 g.
100 Tabletten Aspirin 0.33 g.
100 Tabletten Kaliumchlorat 0.33 g.
25 Tabletten Kalomel 0.13 g.
50 Tabletten Natron (mit Pfefferminz).
50 Tabletten Ipekakuanha mit Meerzwiebel 0.25 g.
50 Tabletten Koffein 0.33 g.
4 Dosen Eukalyptusbonbons.
100 Tabletten Borsäure 0.65 g.
12 verschiedne Binden.
250 g Verbandmull.
250 g Gaze.
1 m Oelseide.

1 Rolle Pflaster, 5 cm.
1 Schere.
1 Verbandzange.
1 Wundmesser.
II und III wie I.
IV.
25 Tabletten Doversches Pulver 0.33 g.
25 Tabletten Opium mit Bleizucker 0.25 g.
25 Tabletten Quin. hydrochlor. 0.33 g.
50 Tabletten Aspirin 0.33 g.
25 Tabletten Kalomel 0.33 g.
50 Tabletten Koffein 0.33 g.
6 Binden.
125 g Verbandmull.
125 g Gaze.
1 Rolle Pflaster, 5 cm.

Pflichten des Stabsarztes

a. In Dardschiling. Untersuchung der Träger; oder durch dortigen Amtsarzt als Vertreter. Träger impfen und gegen Wurm (Ankylostomum) behandeln.

b. Unterwegs. Stabsarzt ersucht Oberleitung um Unteroffizier für Krankenappell. Dieser läßt alle Kranken eine Stunde nach Ankunft im Lager zur Besichtigung antreten. Auf dem Marsche Latrinen weniger wichtig, weil Lager täglich geräumt wird. Dagegen muß das Wasser fortlaufend geprüft werden, weil die Ruhr sehr zu fürchten. Insbesondere dürfen die Europäer kein ungekochtes Wasser genießen, es käme denn unmittelbar aus dem Felsen, Schnee oder Gletscher (ohne Möglichkeit der Verunreinigung weiter oben). Chemische Entkeimung ziemlich wertlos; Kochen zuverlässig.

c. Im Standlager. Stabsarzt wird wahrscheinlich wochenlang dort sein, so daß er auch einige Verwaltungsarbeit übernehmen kann. Latrinen im Auge behalten, was schwierig, weil Tibeter und Träger nicht an Ordnung gewöhnt. Man zwinge sie zum Gebrauch der vorschriftsmäßigen Oertlichkeiten.

d. Während der Bergbesteigungen. Der Arzt befindet sich im Lager III, wo er vor der erwarteten Rückkehr der Bergsteiger anwesend sein soll. Zwei Tragbahren und sonstige ärztliche Ausrüstung stehen bereit. Arzt muß Kranke notfalls ins Standlager begleiten.

E. Die Hochlager

von T. H. Somervell

1. *Lage.* Lager I und II standen an guten Plätzen, die nicht besser sein könnten. Neue Leute werden sie an den Mauern und Steinhütten wiedererkennen.

Lager III ist dem Winde ausgesetzt, der uns 1924 arg belästigte. Ein geschützterer Ort befindet sich 800 m weiter oben fast am Ende der Steinmoräne des linken Ufers. Nur wäre die Entfernung von II etwas zu groß und ermüdend für die Träger. Verlegt man III höher, so wird eine Zwischenablage für Lasten notwendig, die man allerdings wegen der Versuchung zum Diebstahl lieber vermiede.

2. *Bestimmung und Größe der Lager.* Nr. I ist nur Durchgangslager. Whymperzelte für 4 Herren; Steinhütten mit Zeltdächern für 20–30 Träger.

Nr. II ist für die Träger wichtig, während die höheren Lager eingerichtet werden. Whymperzelte für 4 Herren; Steinhütte oder Zelte für 40 Träger erwiesen sich 1924 als erforderlich.

In Nr. III braucht man Raum für 10 Herren und 20–30 Träger. Es ist der vorgeschobene Posten, wo Herren wie Träger oft tage- oder wochenlang ausharren. Bequemlichkeit daher durchaus notwendig. Boden gründlich ausebnen; gute Windschirme bauen. Man sorge für ein Wohn- und Eßzelt. Gemütlicher Aufenthalt ausschlaggebend für Erfolg. Im Jahre 1924 hatten wir Meadezelte in zwei Größen. Im größeren können zwei, notfalls drei Herren unterkommen; im kleineren drei Träger. 1922 gab es hier andauernd laufendes Wasser; 1924 erst ab 20. Mai, so daß man Schnee schmelzen mußte. Daran denke man bei der Brennstoffberechnung. Alle Kocherei hier auf Primus.

3. *Brennstoffe.* Lager I und II können mit Sching versorgt werden, den Tibeter hinaufbefördern. Anders darf hier nicht geheizt werden; daher keine Primus- oder Metakocher unterhalb Lager III ausgeben (außer in Notfällen). Frühzeitig gegen unerlaubten Petroleum- oder Metaverbrauch einschreiten.

Im Lager III haben wir 1924 nur Primuskocher verwendet. Wann immer dieses vorgesehen, darf Meta nur in wirklichen Notfällen gebrannt werden, mit Ausnahme der (entbehrlichen) Metastifte zum Anheizen des Primus.

Im Lager IV sowohl Primus wie Meta wünschenswert. Weiter oben nur noch Meta. Daher Unnakocher oder sonstige Metakocher nicht unterhalb von IV ausgeben. Werden die dazugehörigen Kochnäpfe im Lager III gebraucht, darf man nicht vergessen, sie mit hinauf zu nehmen.

4. *Bettzeug.* Keine bestimmten Vorschriften. Doch diene bisherige Verteilung als Muster:

Nr. I. Zwei Feldbetten im Lager. Mehrbedarf muß mitgebracht werden.

Nr. II. wie Nr. I.

Nr III. Alles übrige Bettzeug hierher, denn man wird viel für die höheren Lager brauchen. Verbleibender Ueberschuß erhöht Wohnlichkeit von III.

Nr. IV. Jedes Bett bestand aus Matratze, Schlafsack, Hülle und Tragsack. Wegen des steilen Anstieges nur das Notwendigste. Mir persönlich genügten Matratze und Schlafsack.

Nr. V und VI. Nur Schlafsäcke, und zwar zwei für jeden Herrn. Einer dient als Matratze und zugleich als Aushilfe für unerwartete Gäste, bei Unfällen usw. Für jeden Träger ein Schlafsack.

5. *Eispickel.* Erst im Standlager auspacken, da sonst als Knüttel, Brechstangen usw. benutzt werden. Jedem Träger einen und zwar feierlich persönlich, damit er das anvertraute Gut hüte.

6. *Steigeisen.* Waren 1924 zwischen Lager II und III unentbehrlich; zwischen III und IV angenehm. Weiter oben zwecklos. Jedem Träger einzeln zuweisen. Viele Ersatzbindungen. Viele Steigeisen 1924 zerbrochen, weil zu schwach. Nächstes Mal stärkere mit Ersatzteilen.

7. *Gletscherseile.* Auf ausgetretenen Anstiegen ist das Seil nicht überall erforderlich. Bei der ersten Begehung von II nach III und IV anseilen wegen der Spalten. Später entbehrlich, wo leitender Herr es verantwortet. Nach Neuschnee wieder anlegen, bis Spur ausgetreten. Von III nach IV müssen Träger immer anseilen, solange kein wirklich zuverlässiges Geländer angelegt wurde. Die 1922 und 1924 verwendeten Eishaken waren gut. Man konnte die Träger oft allein absteigen lassen, weil die Sicherungen es erlaubten. Allerdings haben sie 200 m Seil verschlungen.

8. *Sonstige Hochausrüstung.* Oberhalb von Lager I müssen alle Menschen Schneebrillen tragen, auch auf Fels. Bei jeder Abteilung einige Ersatzbrillen, Hüte bieten den meist genügenden Schutz gegen Sonnenstich. Wer empfindlich ist, trage einen Tropenhelm. Die beste Vorbeugung gegen Gletscherbrand ist Gletschersalbe und nachheriges Einreiben mit Lanolin. Bärte empfehlenswert, wenn während des Tibetmarsches erlangbar. Auch schütze man die Hände gegen die Sonne.

Wir hatten diesmal keine Strickleiter, mußten aber eine machen (20 m). 30–40 m leichter Leiter ratsam, weil man dann die lawinensicheren steilen Eishänge zum Nordsattel gangbar machen kann.

Die mitgenommene starre Seilbrücke wurde nicht benutzt. Unter glücklichen Umständen findet man sie 1930 vielleicht noch vor. Sie sollte gähnende Klüfte auf dem Nordsattel überbrücken; es waren aber keine da.

9. *Wissenschaftliche Geräte.* Temperaturen nicht viel wert, wenn nicht gleichzeitig an verschiednen Orten gemessen. Jedes Lager habe einen Satz Thermometer mit Anleitung über Beobachtungszeiten usw.; dazu ein Beobachtungsbuch, das an vereinbarter Stelle aufbewahrt wird und zugleich als Logbuch über Lagerbewegungen dient.

10. *Ernährung.* In I, II und III ist die Ernährung ziemlich die gleiche wie auf dem Marsch und im Standlager, nur mit der Ausnahme, daß man die Kocherei zumeist aufs Erwärmen von Blechfutter beschränken wird, weil andre Künste zu umständlich sind. Bis III hat man ziemlich ungetrübten Hunger, wenn auch schwere Mahlzeiten weder verlockend noch förderlich sind. Im Standlager zubereitete frische Fleischspeisen und Kuchen werden freudig begrüßt. In den Dosenvorräten herrsche so viel Abwechslung wie nur möglich.

Oberhalb des Lagers III gelte Folgendes: In der von den Herren betriebenen Küche sehe man auf Einfachheit und Brennstoffersparnis. Höhengeschmack empfindlich; Fleisch meist zuwider, aber in Pflichtmengen zu genießen, der Kräfte wegen. Empfehlenswert sind Rindfleisch, Zunge, Sardinen, Pemmikan, Tee, Kakao, Milchkaffee (in Dosen), Zwieback, Ingwerknusperchen, Plasmon, Parmena, Obstmus, Gutserl, Pfefferminzplätzchen, Spaghetti (fertig in Dosen), Käse, kandierte Früchte, Ingwer, Bordeauxpflaumen, Rosinen, gehackte Bratenfüllungen. Damit sind die begehrenswerten Nahrungsmittel ungefähr erschöpft.

Im Jahre 1924 hatten wir im Lager IV keinen Koch; wäre vielleicht doch möglich. Weiter oben nicht.

11. *Thermosflaschen.* Im Lager III und tiefer entbehrlich. Weiter oben erfüllen sie doppelten Zweck. Bei der allabendlichen Kocherei füllt man sie mit dem Morgengetränk, denn das Kochen in der Frühe ist eine vermeidliche Plage. Sodann dienen sie dem Mitnehmen. Allerdings vergaßen wir 1924 unsre einzige Flasche im Lager. 12 große und 8 kleine genügen für alle Hochlager.

Der Umtrieb im Hochlager

Bis zum Lager II besorgen Tibeter fast alles Schleppen. Einige bleiben im Dienst, um I und II mit Jakmist zu versorgen. Weiter oben verkehren nur Bergträger. Lasten für III nicht größer als 18 kg. Im Standlager oder in II nach Wichtigkeit zu ordnen und in dieser Reihenfolge abzufertigen. Daher genaue Liste, an die man sich hält, wenn mögliche böse Folgen vermieden werden sollen.

In II sind während des Aufbaues von III viele Träger – sage 40 –, die nach III tragen und am nämlichen Tage wieder nach II absteigen. Ein Ruhetag dazwischen. Daher Schlafgelegenheit für 40 Mann.

Ueber II hinaus sind Seile und Steigeisen erwünscht. Weg von II nach III ist wegen der Eistürme sehr verwickelt und muß bei der ersten Begehung von gutem Gletschermanne festgelegt werden. Verändert sich alljährlich. Einmal gefunden, bietet er keine Schwierigkeiten; unter Umständen darf man Träger allein gehen lassen.

Jenseits III ist alles ganz anders. Die Hänge zum Nordsattel sind steil und teilweise lawinengefährlich. Herren planen den Weg, der lieber sicher als bequem sei. Gute Stufen schlagen, denn die Träger sind auf Eis ungeschickt. Erste Abteilung nimmt Seile und Pflöcke, um an schweren Stellen Geländer zu machen. Lawinenneigung des Himalayaschnees berücksichtigen; Alpenerfahrung allein nicht ganz maßgeblich. Ist dieser Weg einmal gebahnt, dürfen Träger möglicherweise allein gehen (wie 1922). Aber 1924 sind sie immer von Herren begleitet worden. Den Umständen entsprechend zu beurteilen.

Lager IV befand sich immer auf einer Leiste in der Ostflanke 15 m unterhalb der Jochschneide. Nicht mehr als 10 Quartiermacher hinaufschicken, die noch am selben Tage absteigen können, wenn gewünscht. Ob jemand schon vor den Besteigungsversuchen hier schlafen soll, hängt von Anpassungsabsicht usw. ab. Träger hier nie allein lassen, weil sie abergläubisch sind und Angstzustände kriegen könnten.

Die Träger für den Dienst oberhalb von III waren in Rotten zu je 10–12 Mann eingeteilt, jede unter einem Obmanne. Diese drei Rotten A, B und C wechselten ab. A trug von II nach III; B ruhte in III; C trug von III nach IV und kam zurück. Am folgenden Tage ruhten A und C während B von III nach IV trug.

Da sich aller Bedarf für V und VI in IV ansammelt, muß jedes Stück genau aufgeschrieben und vorgemerkt werden, damit es kein Durcheinander gibt. Genaue Reihenfolge der Beförderung einhalten, die mit Besteigungsversuchen klappen muß.

Wegen des schlechten Wetters mußten wir 1924 den ursprünglichen Betriebsplan abändern. Die vereinfachte Form sei hier mitgeteilt, um Nachfolgern Anhaltspunkte zu geben. War indessen nur Notbehelf, um bei den ungünstigen Verhältnissen größte Stoßkraft in die kürzeste Zeit zu drängen.

Bewegungen der Bergsteigergruppe

1. Tag. 2 Herren und 8 Träger gehen auf 7600–7800 m und nehmen mit:

3 leichte Meadezelte.

8 Herrenschlafsäcke.

4 Trägerschlafsäcke.

Essen, Kocher und Meta für mindestens 2 Tage.

Sie bauen 2 Zelte auf, eines für Herren, eines für Träger; behalten 4 Träger oben und schicken 4 nach Lager IV zurück, weil Abstieg ohne Aufsicht möglich. Man kocht das Abendessen und die Frühstücksgetränke, die in Thermosflaschen verwahrt werden.

2. Tag. Die 2 Herren und 4 Träger – oder so viele wie verfügbar (3 sind nötig) – tragen weiter hinauf:

1 leichtes Meadezelt.

Herrenschlafsäcke.

Essen, Kocher und Meta für mindestens 24 Stunden.

1924 machten wir das nächste und höchste Lager in 8140 m; aber man trachte auf 8290 m grade unter die Nordostschulter zu gelangen, um dort das Zelt aufzubauen. Träger gleich nach IV hinunter, was sie in 3 Stunden erledigen. Um in einem Tage fertig zu werden, früher Aufbruch unerläßlich. Gehgeschwindigkeit von 7600 m bis 8200 m ist sehr gering; 8 Stunden ist schnell gegangen. Herren kochen und essen, so lästig beide Verrichtungen sein mögen; sie schlafen, so gut sie können.

3. Tag. Sehr früher Aufbruch mit Hoffnung, den Gipfel zu gewinnen. Dann Abstieg nach IV. Für den Fall einer zweiten Nacht im Lager VI nehme man genug Vorräte mit.

Bewegungen der Hilfstruppe

Im Jahre 1922 machte man den ersten Vorstoß ohne Rückenstützung, woraus Nahrungssorgen und Gefahren entstanden. Daher wurde 1924 Nachschub beschlossen, der aus Herren besteht, die den absteigenden Gipfelstürmern entgegengehen, labend und helfend.

1. Tag. 2 Herren als Rückenstützer auf dem Nordsattel angetreten.

2. Tag. Gehen mit Nahrung versehen nach Lager V, wo sie ja 4 Schlafsäcke und Kochgerät vorfinden. Sie übernachten dort.

3. Tag. Wenn nur zur Deckung bestimmt, bleiben sie hier auf einem Beobachtungsposten mit möglichst großem Blickfelde. Sollen auf Zeichen achten und die Gipfelbesteiger fortwährend im Auge behalten. Je nach Umständen dienen sie als Abstiegshelfer zum Lager IV oder bereiten Mahlzeit in V oder IV vor.

Soll zweite Abteilung gleich als Ersatzstürmer vorrücken, falls erste abgeschlagen, muß sie am 3. Tage mit Essen und Brennstoff nach VI aufsteigen. Dann ist sie zugleich beste Stütze bei Unfall oder Krankheit, da näher bei den ersten. Sind diese zurückgeschlagen, aber noch fest auf den Beinen, können sie allein tiefer absteigen, während die zweite Abteilung am 4. Tage gegen den Gipfel vorrückt. Jedenfalls hält zweite Gruppe am dritten Tage Thermosflaschen mit Krafttrunk für alle bereit.

Notruf

Das beste Notzeichen sind wohl Magnesiumfackeln, die man mit Brenndauer von einer Minute haben kann. Von unten gesehen bedeutet der Ruf, daß man ungesäumt und unter Aufbietung aller Kräfte zu Hilfe eilen muß. Vortrefflich wäre ein Fernsprecher zwischen III und IV. Sonst Morsezeichen, mit Lampen, Flaggen usw. zu bestimmten Tageszeiten.

1924 hatten wir einen sehr einfachen und beschränkten Schlüssel ausgearbeitet. Die Zeichen wurden mit Decken gegeben, die man in gewisser Ordnung auf den Schnee legte.

Ernährung in den Hochlagern

Vom Essen der Herren haben wir oben schon gesprochen. Man wappne sich jedenfalls für eine überzählige Nacht. Hat die erste Abteilung reichlich Träger zur Verfügung, so wäre es gut, Lager V und VI gleich für alle Gruppen zu verproviantieren. Dann braucht die Stützgruppe nicht soviel zu tragen und ist von Trägern gänzlich unabhängig.

Für die Träger: Tschamfa in kleinen Mengen nebst Fleisch und Gemüse; dazu Rindfleisch, Obstmus, Käse, Hartbrot, Dosenmilch aus Herrenkisten. Reis taugt in dieser Höhe nicht, da er zu viel Brennstoff beansprucht.

Brennstoff

Für jedes Lager oberhalb von III braucht man für 2 Herren für 2 Tage 5–10 Pakete (50–100 Stück) der runden Metakerzen. Wir haben 1924 etwa 20 Stück für jedes Abendessen und Frühstück verbraucht.

F. Sauerstoffausrüstung und Küche

von N. E. Odell

Folgende Hauptpunkte sind zu beachten, wenn die Geräte zufriedenstellend arbeiten und keine Bürde sein sollen.

Gewicht vermindern; höchstens 9 kg, womöglich 6 3/4 kg. Das bedeutet, daß auch die Flaschen leichter werden müssen, von den Verbesserungen der Atmer abgesehen. Müssen Flaschen kleiner gemacht werden, so kann man vielleicht ihren Füllungsdruck erhöhen, indem man Stahl von noch größerer Zugfestigkeit nimmt als den »Vibrax«. Drei geladene Flaschen wogen 11 1/4 kg, was bei 120 Atmosphären einem Inhalte von 1605 Litern entspricht. Diese Menge genügt, weil bei 2 l in der Minute für 12 Stunden ausreichend. Zwei Minutenliter sind bisher sogar in 8200 m Höhe als ausgiebig empfunden worden. Sind Niederlagen eingerichtet, dann braucht kein Bergsteiger mehr als zwei Flaschen mit dem bisherigen Fassungsvermögen zu tragen. Drei der jetzigen Flaschen sind zu klobig und stören außerdem das Gleichgewicht des Bergsteigers auch auf den unschwierigen Felsen des Mount Everest.

Alle gelieferten Atmer waren fehlerhaft und leckten in den Verbindungsstücken, so daß wir sie neu aufbauen mußten. Vor allem entledigten wir uns der schweren Aufhängegabel, die über die linke Schulter geht und furchtbar stört. Statt dessen wurde der Zufuhrregler leicht sichtbar und erreichbar vorn am Rock aufgehängt. Gummischläuche verbanden ihn mit dem Mundstück und – unter dem rechten Arm hindurch – mit der Flasche. Der Druckmesser saß nun hinten nahe an der Flaschenmündung; man konnte das Ventil mit der rechten Hand erreichen. Allerdings mußte der Druckmesser vom Begleiter abgelesen werden; aber man sparte ein langes Stück Hochdruckleitung. Das Gewicht wurde viel geringer; die nach unten zeigenden Flaschenhälse störten nur, wenn man mit dem Gesicht nach auswärts steilere Felsen hinabstieg. Mit diesem gebastelten Notbehelf als Vorbild, sollte man ein leichteres und besseres Gerät entwickeln.

Vielleicht erfindet man noch einen ganz leichten Apparat für flüssigen Sauerstoff. Dazu eine Anlage für das Erzeugen flüssigen Sauerstoffes in der Nähe des Berges. Dann stünden wir nahe vor der Lösung der Atemfrage auf dem Everest und andern hohen Bergen.

Kocher

Am besten hat sich der Unnakocher bewährt, der nach Angaben von Mr. Unna von der Metagesellschaft in der Schweiz hergestellt wurde. Er kann mit Metabrennstoff und mit dem Primus verwendet werden. Nur sollte er zwei (ineinanderpassende) Näpfe haben anstatt des einen. Dieser Doppelnapf war der Hauptvorteil des von Dr. Longstaff entworfenen Kochgerätes, das allerdings auf einen Brennstoff beschränkt war. Da die Flamme eine möglichst große Bodenfläche bestreichen soll, empfehle ich noch größeren Durchmesser im Verhältnis zur Höhe des Napfes. Ein Inhalt von mehr als drei Litern ist erwünscht, solange Umfang und Gewicht nicht übermäßig wachsen. Der gelieferte Unnakocher wog mit Zubehör nur 1 1/2 kg. Der Wind- und Flammenschutz aus Duralumin gewährt Feuersicherheit in der Enge des Zeltes, wo man den Kocher oft auf dem Schlafsack aufbaut. 15 Stück genügen.

Sehr gut war auch der zusammenlegbare große Primuskocher. Die mitgelieferten Ersatzteile waren nützlich und notwendig. Um in der dünnen Luft mehr Druck zu kriegen, könnte man den Pumpenkolben wohl vollkommen abdichten. Platzen des Behälters durch übermäßiges Pumpen kaum zu befürchten, weil er für einen Druck von 6 kg auf den Geviertzentimeter geprüft wird. Nur der stille Brenner bewährt sich. Alle »Heuler« erwiesen sich als unzuverlässig, auch wenn sie besonders für große Höhen konstruiert waren. Ein Dutzend solcher Primuskocher sollte genügen.

Als flüssigen Brennstoff benutzten wir eine Mischung aus 1 Teil Benzin und 2 Teilen Petroleum. Eine Mischung aus gleichen Teilen war im Primus bis zum Nordsattel (7000 m) verwendbar. Man lasse die Mischung in Indien herstellen und in verlötete Kanister füllen, die man in Holzkisten verpackt. Jedoch behalte man etwa ein Viertel unvermischten Petroleums für die Lampen im Meßzelt.

In den Lagern oberhalb von 7000 m benutzten wir nur den vorzüglichen festen Brennstoff Meta. Er ließ sich jederzeit leicht entflammen und verlor in der trocknen Luft auch nicht an Heizkraft, wie die Hersteller vermutet hatten. Die Meta-Stäbchen zum Anheizen der Primuskocher wurden selten gebraucht, weil es auch mit dem Petroleum ging.

Brennstoffe dürfen nur von einem Herrn ausgegeben werden, der die Vorräte vor seinem Zelte aufstapeln läßt und mit haushälterischen Augen überwacht.

G. Beförderungswesen

von E. O. Shebbeare

Vorratskisten. Die diesjährigen Kisten hatten je nach Inhalt verschiedne Größe und Form, so daß alle ungefähr dasselbe Gewicht von 18 kg hatten. Diese Anordnung ist nachahmenswert. Mit wenigen Ausnahmen enthielt jede Kiste das gleiche. Daher mußten wir in Kalimpong viel umpacken, als wir die Hochlagerkisten zusammenstellten. Ebenso mußte der Messebedarf verschiednen Kisten entnommen werden. Da man die angebrochene Kiste nicht immer gleich fand, wurden oft mehrere Kisten gleichen Inhalts aufgemacht. So bekam es der Lagerverwalter mit einem Gemisch voller und halbleerer Kisten zu tun.

Dem Besitzer eines Schraubenziehers waren alle Kisten zugänglich. Für ein Viertel der Kisten hatten wir Schließbügel, die man an jeder beliebigen geöffneten Kiste anbringen konnte. Um Verwirrung zu vermeiden, besaß fast jedermann einen Einheitsschlüssel, wodurch die Vorsichtsmaßregel einigermaßen hinfällig wurde. Ich glaube, daß das Mausen zu sehr begünstigt wird, wenn man angebrochene (obgleich wieder zugeschraubte) Kisten auf den Stapel zurückstellt.

Man sollte schon daheim drei Arten von Kisten bilden:

1. Marschkisten für Tibet;
2. Hochlagerkisten;
3. Ersatzkisten.

In den ersten zwei Kistensorten ist die gemischte Verpflegung für eine bestimmte Anzahl von Kopftagen verpackt. Die Ersatzkisten dienen zum Nachfüllen. Durch die vom Messeverwalter vorgeschlagenen A-B-C-Kisten erreicht man Abwechslung.

Der Messeverwalter fordert die Marschkisten nach Bedarf an. In jeder befindet sich ein gedrucktes Inhaltsverzeichnis, von dem er alles Verbrauchte abstreicht. Ueberschüssige Vorräte verschenke man lieber, weil die Beförderungskosten größer sind als ihr Wert. Etwaige Mängel gleichen die Teilnehmer am besten dadurch aus, daß sie ihre Gelüste bändigen, bis die nächste Marschkiste geöffnet wird. Auf dem Ausmarsche sollten Ersatzkisten nur in Notfällen angebrochen werden. Angebrochene legt man nicht auf den allgemeinen Stapel zurück, sondern übergibt sie dem Quartiermeister.

Die Kisten werden paarweise sattelrecht verbunden und kreuzweise mit versiegelten Blechstreifen umwunden. Der Lastenverwalter hält sich einen Vorrat von Streifen und Bleisiegeln, damit er bei Umpackereien neue Verschlüsse anlegen kann.

Bei windigem Wetter kann man den Troßknechten nicht gut verbieten, daß sie die Kisten zu Windschirmen aufbauen. Es schadet auch nichts, wenn man nur unangebrochene Kisten zuläßt.

Die Gepäckstücke müssen auf allen Seiten deutlich gezeichnet werden, ganz besonders an den Schmalseiten, damit das Zeichen auch ohne Wälzen und Abbauen sichtbar sei.

Lagerbuch. Unsre Liste war insofern fehlerhaft, als sie nur zeigte, in welchen Kisten Dinge bestimmter Art zu finden waren. Die Packer hatten aber kein Verzeichnis des Inhaltes jeder Kiste geliefert. Daher mußten wir uns in Kalimpong mit dem Aufstellen der Kisteninhalte plagen. Hierauf sind die Verfrachter aufmerksam zu machen.

Bezahlung. In Tibet ist die Vorausbezahlung der Pferdemieten an den Dsongpen üblich. Die Treiber werden also nicht unmittelbar abgefertigt.

In einzelnen seltenen Fällen haben sich die Dsongpens zu einer Ermäßigung herbeigelassen, weil wir den Treibern Trinkgelder versprachen.

Dieses Verfahren hat sich bewährt.

Unterwegs. Ueberall, wo die Lasttiere gewechselt werden, muß unser Fuhrherr bis zuletzt bleiben, darauf achtend, daß alle Lasten weiterkommen. Solange man dieselben Tiere behält, genügt ein Unteroffizier als Schlußmann. Ein Unteroffizier reitet mit dem Meßzelt voraus; die andern bewachen die Feldkasse. Gegen etwaige Ueberfälle gebe man ihnen noch ein halbes Dutzend Träger mit.

Maultiere und Pferde. Sie unterstehen dem Fuhrherrn der Expedition, es sei denn ein andrer Teilnehmer besonders pferdevorständig.

Von Kalkutla nach Phari. Der beste Sammelplatz für die Teilnehmer bleibt wohl immer Dardschiling. Sie sollten aber möglichst wenig Gepäck mitbringen. Das Hauptgepäck geht geradewegs von Kalkutta nach Kalimpong. Hier teilt man es in zwei Haufen. Der eine enthält, was man bis Phari braucht. Der andre wird den unter A genannten Verfrachtern übergeben, die sich vertraglich verpflichten, die Sachen innerhalb einer bestimmten Frist in Phari abzuliefern. Zu diesem Behufe reist der Lastenverwalter nach Kalimpong voraus. Den Rest des Gepäcks, der überall mitgeht, hält er zur Verfügung der Teilnehmer bereit.

H. Die Messe

von Bentley Beetham

Der Ruf unbedingter Ehrlichkeit ist in Tibet leider dahin. Ueberall wird geklaut: Unterwegs, im Lager, besonders in zeitweiligen Niederlagen. Daher Vorsicht geboten. Möglichst wenig Kisten öffnen; angebrochene sind besonders gefährdet. In Zukunft wird man die Hochgebirgskisten in London packen und dadurch viel Umräumerei in Tibet vermeiden. Desgleichen sollte man Meßkisten mit dem Speisezettel für einige Tage haben. Sie tragen die Nummer A1, A2, A3 –, B1, B2, B3 –, C1, C2 usw. Alle A-Inhalte sind gleich; B, C usw. sind verschieden. Man verbraucht sie in der Reihenfolge A1, B1, C1, D1; A2, B2 usw. So vermeidet man das tägliche Einerlei, die Hauptquelle der Nörgelei. Zugleich vermindert sich die Zahl der laufenden Entnahmekisten auf etwa vier. Eine nimmt den Inhalt der aufgemachten Vorratskiste auf; die zweite birgt allgemeine Kochstoffe und Gewürz, zwei weitere enthalten mannigfache Nahrungsmittel und Ergänzungen, da man den Tagesbedarf ja nicht haarscharf berechnen kann.

Wasser. Erfordert größte Aufmerksamkeit. Auf allen drei Reisen gab es Ruhrfälle, die fast immer vor Tibet auftraten. Die eingeborenen Köche sind gleichgültig und nehmen das nächste erreichbare Wasser. Nur gekochtes Wasser trinken; Dosenmilch nicht mit ungekochtem Wasser anrühren.

Trotz der verbreiteten gegenteiligen Ansicht scheint das trübe Gletscherwasser den Magenwänden nicht zu schaden. Ein klarer Trunk gehört oft zu den Dingen, die am schwierigsten zu beschaffen sind. Man sehnt sich nach einem Becher frischen Wassers. Es lohnt sich, ein Maultier mit Behältern oder Schläuchen mitzuführen, die gefüllt werden, sobald man an einer guten Quelle vorbei kommt. Sekt ist zu schwer; Whisky nicht. Ein paar Sparkledsodawasserbereiter wären nicht schlecht; desgleichen Brausepulverlimonaden.

Zucker, Milch, Obstmus und Tee schwinden am schnellsten und bedürfen der Aufsicht. *Kerzen, Zündhölzer, Rollenpapier, Seife* müssen jederzeit erreichbar sein. Kartoffeln sind ab Juli in Tibet käuflich. Von Sola Khombu in Nepal kann man sie ab Mitte Mai beziehen. Sie bilden eine sehr willkommene Abwechslung in der Kost. *Frische Sachen* kaufe man, wo immer zu haben, beispielsweise Eier, Hühner, Hammel. In Gegenden, wo das Töten verboten ist, verschaffe man sich lebende Tiere. Keine Polizei erkundigt sich nach ihrem Schicksal. Die Köche schlachten kurz vor dem Kochen. Aber in Tibet hält sich das Fleisch wochenlang und wird immer besser. In wärmeren Tälern weiß der gute Koch mancherlei *wilden Grünkram.* Nesseln und ähnliche Pflanzen ergeben vorzüglichen Spinat. Auch findet man schmackhafte Pilze. Junge Bambusschößlinge mit Käse gebraten sind ein Leckerbissen.

Beleuchtung. Die vier Kranzowlampen konnten nicht besser sein. Nur ist Petroleum im Küchenzelt ein aufdringlicher Geselle, den man gar zu leicht in den Speisen zu schmecken bekommt. Es wird auch viel beim Feueranzünden verschwendet, wenn man den Leuten nicht scharf auf die Finger paßt.

Sching. Die Ausgaben für Jakmist sind verhältnismäßig groß. Für den Tagesverbrauch sind bis zu 250 kg angefahren worden. Wir setzten später 2 Rupien täglich fest. Obgleich die Summe, landesüblich besehen, ungeheuerlich ist, war mit ihr die Zufriedenheit des Küchenpersonals doch billig erkauft. Am Lagerplatze kann man gewöhnlich ein schwarzes Tibeterzelt aus Jakhaaren als Küche mieten (10 Annas). Sonst nimmt man Sonnensegel vom Whymperzelt.

Im Morgenlande ist die treueste Ehrlichkeit mit Maklerlohn vereinbar, der aber ins Ungemessene wächst, wenn man nicht aufpaßt. Man beuge sich dem Unentrinnbaren, so lange es sich in vernünftigen Grenzen hält, beschneide aber wuchernde Triebe. Keine langen Reden; einfach beschneiden.

Meßzelt. Wird sehr früh auf besonderen Maultieren voraus geschickt und zwar vor dem Frühstück. Nur die Tische bleiben einstweilen zurück. Der

Morgenkaffee an der tibetischen Frischluft ist zwar nicht erfreulich, aber am Abend nach dem Marsche ist die Gemütlichkeit zehnmal wichtiger. Zudem scheint morgens oft die Sonne.

Sofort nach dem Frühstück entführt der Koch Möbel und Geschirr. Das Gabelfrühstück hängt schon vorbereitet auf dem Küchenpferde, so daß wir bei der Ankunft nicht zu warten brauchen. Auf sehr langen Märschen wird man eine Taschenmahlzeit einstecken müssen, die Vorsichtige übrigens immer bei sich haben (Fisch- und Fleischpasteten in kleinen Dosen, Schiffsbrot, Schokolade, Dörrobst). Man sorge für recht viele Schokoladearten, weil die Schokoladeessserei sonst furchtbar langweilig wird.

Standlager. Die Bewirtung sei großzügig, denn das Klima schwächt. Absteigende müssen sich hier sehr wohl fühlen. Der beste Koch gehört ins Standlager. Da fast alle Menschen unterwegs sind, hat er während der Gipfelangriffe nicht viel zu tun. Daher mache er sich nützlich durch Zubereiten von frischen Kuchen, Pasteten, Kartoffeln, die man täglich in die Hochlager schickt, wo die Leute sehr dankbar sind, weil ihre Kochkünste sich aufs Anwärmen von Dosen beschränken.

Messebedienung. Nur Dienerschaft hat Zutritt zum Kochzelt. Herumlungerer verursachen Schwund. Der Koch legt jeden Abend eine Abrechnung vor, die besagt, welche Vorräte er verbraucht und welche Kleinbeträge er verauslagt hat. Für diese gebe man ihm einen Haushaltsvorschuß von etwa 50 Rupien. Zwei Tage vor Dardschiling genaue Bestandsaufnahme und sofort nach Ankunft daselbst.

Teammitglieder der Everest-Expedition von 1924

Brigadegeneral Charles Granville Bruce	Expeditionsleiter, Kolonialoffizier. Ein heftiger Fieberanfall zwang ihn, nach kurzer Zeit nach Indien zurückzukehren. Er hatte bereits die Expedition von 1922 geleitet.
Oberstleutnant Edward Felix Norton	Technischer Leiter. Nach der Erkrankung von Charles Bruce wurde er zum Expeditionsleiter ernannt. Mitglied der Expedition von 1922
George Leigh Mallory	Nach der Erkrankung von Charles Bruce wurde er zum Technischen Leiter ernannt. Mitglied der Expeditionen von 1921 und 1922
Noel Ewart Odell	Geologe, erfahrener Alpinist
Hauptmann Geoffrey Bruce	Transportbeauftragter, Mitglied der Expedition von 1922
Edward Shebbeare	stellvertretender Transportbeauftragter, Beamter des indischen Forstministeriums
Major Richard Hingston	Expeditionsarzt, Naturforscher, Sanitätsoffizier
Hauptmann John Noel	Expeditionsfotograf, Mitglied der Expedition von 1922
Bentley Beetham	stellvertretender Expeditionsfotograf, erfahrener Alpinist
Andrew Comyn Irvine	Expeditionsmechaniker, Student an der Oxford University
Theodore Howard Somervell	Missionsarzt, Mitglied der Expedition von 1922
John de Vere Hazard	erfahrener Alpinist

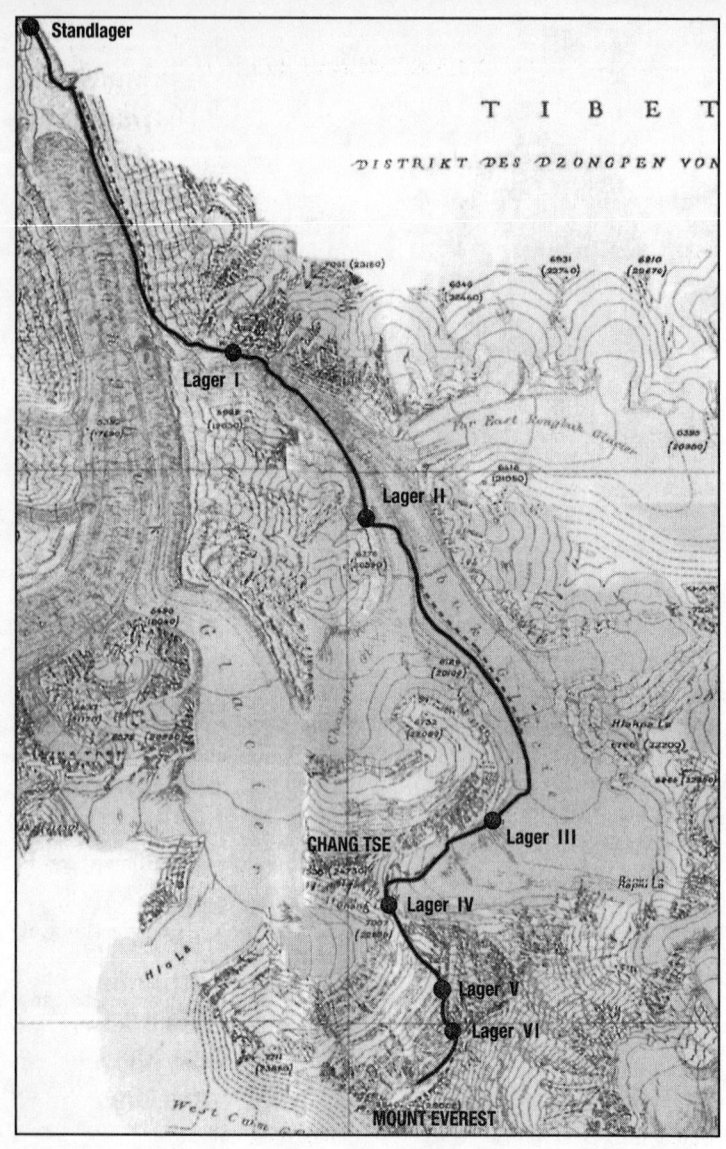

Route der Expedition von 1924. Ausschnitt einer Karte,
die Charles Jacot Guillarmod 1925 für den Everest-Ausschuß gezeichnet hat.

SACH- UND NAMENVERZEICHNIS